赖千坚 · 著

JOSEPH
CONRAD
1857—1924

康拉德
评传

文化艺术出版社
Culture and Art Publishing House

图书在版编目（CIP）数据

康拉德评传 / 赖干坚著. —北京：文化艺术出版社，
2021.6
ISBN 978-7-5039-6448-0

Ⅰ.①康… Ⅱ.①赖… Ⅲ.①康拉德（Conrad,
Joseph 1857–1924）—评传 Ⅳ.①K835.615.6

中国版本图书馆CIP数据核字（2021）第095561号

康拉德评传

著　　者　赖干坚
责任编辑　董良敏
责任校对　董　斌
书籍设计　姚雪媛
出版发行　文化艺术出版社
地　　址　北京市东城区东四八条52号（100700）
网　　址　www.caaph.com
电子邮箱　s@caaph.com
电　　话　（010）84057666（总编室）　84057667（办公室）
　　　　　　　　84057696—84057699（发行部）
传　　真　（010）84057660（总编室）　84057670（办公室）
　　　　　　　　84057690（发行部）
经　　销　新华书店
印　　刷　国英印务有限公司
版　　次　2021年7月第1版
印　　次　2021年7月第1次印刷
开　　本　880毫米×1230毫米　1/32
印　　张　12.5
字　　数　300千字
书　　号　ISBN 978-7-5039-6448-0
定　　价　68.00元

目　录

第一篇

历尽沧桑的传奇人生

第一章

阴郁悲苦的早年生活（1857—1874）

　　1772—1793 年波兰被奥地利、普鲁士和俄国瓜分。康拉德的父亲阿波罗·柯詹约夫斯基（Apollo Kozenniowski）生于一个没落贵族家庭，他们家祖先传下的土地，由于他们家族参与了 1831 年反抗俄国的最后一场大规模的斗争而被褫夺了。那时阿波罗试图经营一块租来的地，这块地位于波兰边界的省份（如今属于乌克兰）。阿波罗和康拉德的母亲爱娃（又称伊芙琳娜·波布罗夫斯基）都出身于波兰贵族阶层。康拉德自己后来提到他们时，称他们为"农耕绅士"，把他的祖先从贵族中游离出来。由此可知，他们的祖先从财富和社会圈子来看，属于相对不那么显耀的世系。波布罗夫斯基（Bobrowskis）和柯詹约夫斯基（Kozenniowskis）与欧洲贵族或富裕的、有权势的波兰权贵相比，有很少相同之处。这个贵族阶层人数众多，他们的财产不多，从事的职业较低，但是从他们有权佩带武器，和他们自认为继承了从封建时代以来统治阶级的传统这一意义上说，他们属于贵族阶层。这种贵族传统，对康拉德产生了很深的影响。日后，康拉德一直保持着许多传统的武士气概、习俗以及他们的社会观和对生活的期望。

康拉德于 1857 年 12 月 3 日诞生于乌克兰的波狄切夫（Bordichev）（曾经是波兰属地）。约瑟夫·康拉德原名为约泽夫·特奥多·康拉德·柯詹约夫斯基（Jozef Teodor Kenrad Kozenniowski）。他的父亲阿波罗·柯詹约夫斯基毕业于彼得堡大学，是诗人、剧作家、翻译家，曾翻译狄更斯的《艰难时世》和莎士比亚的《错误的喜剧》。康拉德出生后，他给儿子写了一首洗礼歌：《致诞生于俄国压迫第 85 年的我的儿子》。歌词说："你没有土地，没有爱，没有国家，没有人民，因为你的母亲——波兰被埋葬在坟墓里。"

康拉德的父亲阿波罗·柯詹约夫斯基以学者的坚强的节操从事革命活动，成为爱国的理想主义者。除了革命活动之外，他对法国文学和英国文学有强烈的兴趣，曾把维克多·雨果、莎士比亚、狄更斯和维尼的作品翻译成波兰语。在康拉德出生之后五年，阿波罗来到华沙创办一份文学杂志，取名为《双周评论》。他以文学活动掩护政治活动——反抗俄国的压迫，为争取民族独立而斗争。他协助组织秘密的民族委员会，经常把他家当作聚会的地点。但是在著名的 1861 年华沙反抗俄国统治的起义之前，他就被捕并被判处流放。康拉德母亲的娘家一方在政治上却稳健得多。波布罗夫斯基也是一名爱国者，但他在从事政治和军事活动时，比阿波罗小心谨慎得多。

康拉德的母亲伊芙琳娜·波布罗夫斯基是个受过良好教育的、敏感的女子，她和她丈夫意气相投，所以，在阿波罗被判处流放后，她请求当局允许她和她的孩子跟随她丈夫一起到离乌拉尔山不远的流放地朋姆（Perm）去。

他们历尽千辛万苦，于1862年6月16日来到流放地。简陋的木头房子难以抵御冬季的严寒。一家老小遭受了巨大的折磨。

不久以后，当局允许阿波罗一家迁往南方气候较暖和的契尼科夫（Chernikhov）。在那里，康拉德和母亲还得到准许，前往120英里之外的位于诺沃伐斯托（Nowofastow）的波布罗夫斯基庄园。在那片辽阔的、没有围栏的田野里，康拉德和他的表姐，一个讨人喜欢、性情和蔼的小姑娘，在夏日的阳光下愉快度过了三个月。

回到契尼科夫后，康拉德母亲的肺病日益恶化，不幸于1865年4月18日去世。阿波罗埋葬他妻子后向朋友坦承："我的最深的信念动摇了；怀疑毁坏了我的整个思想。"他在他儿子身上所能取得的安慰，就是"今日作出的一切必要的牺牲以保证他的明日"。为了康拉德受教育，他卖掉了爱娃特别喜爱的一张书桌，以便有钱给他买课本。尽管他做了努力，但他还是敏锐地意识到，因为自己无力照顾好儿子，而将面临的情感危机。"可怜的孩子"，他在一封信中写道，"他不知道当今的游戏伙伴是什么；他瞧我这副衰朽的悲哀的容颜，谁知道这一瞥使他的年轻的心灵受到多大伤害，使他觉醒的灵魂变得多阴暗呢！"

阿波罗和康拉德住在位于市镇边缘的一幢孤零零的屋子里，父子俩沉浸在文学与学术的氛围里。为了补贴家用，阿波罗从事翻译。康拉德日后回忆道，他父亲仍穿着丧服，他爬到他父亲的椅子上，看他父亲翻译的莎士比亚的《维洛那二绅士》，为了表示他的大胆，他竟带有挑战意味地大声朗读起来。康拉德习惯了这种练习。几星期以前，他已从父亲的译稿读了雨果的《海上劳工》。这些作品最早触发了他人生的两个目标：当海员和当作家。

阿波罗的健康状况日益糟糕。他的儿子早慧，已能顺利阅读，并且已会说法语，因此他被送往波布罗夫斯基庄园居住，这期间他曾回到契尼科夫小住。康拉德现下生了一种奇怪的病；这病在他早年曾复发多次，它像是神经性的，又像是肉体的病痛。他到基辅去看了专家，根据他们的建议，他再次到诺沃伐斯托居住。尽管他得到外婆和舅舅的宠爱，又有机会和同龄的伙伴玩耍，但他极其想念他的父亲。

康拉德和阿波罗重逢是 1867 年秋天在艾尔沃夫（Lwow）——波兰的奥地利统治区域首府。阿波罗被允许前往那里。该地自由的氛围减轻了他的压抑感。尽管如此，在当时一位年长的邻居的记忆中，阿波罗是个"遭受苦难，身心交瘁的男人。苍白，黑头发，长胡须，极其衰弱，愁容满面"。他依然悉心呵护他的儿子，他越来越觉得儿子和爱娃很相像。他曾对一位朋友描述他的爱妻"是让他活在世上的唯一力量"。

康拉德不被允许进当地学校。他不在四周事物中，而在文学中寻找伴侣和冒险。他结交的少量朋友被拉进他的逃避现实的幻想世界中去。后来，其中一位朋友回忆这位"奇怪的男孩"时说：

> 他给我们——他的玩伴——讲最不平常的故事。它们经常是海洋、船舶和远方的国土。……它们显得古怪、奇异，几乎令人难以置信。但是他向我们讲述的方法却让我们相信它们是实际发生的。把故事编造得像是确确实实发生在眼前的那种力量来自他本人。[1]

---

1. 本篇所述材料主要引译自《英国作家生平丛书》（*The British Library Writers' Lives*）中克里斯·弗莱契（Chris Fletcher）所著《约瑟夫·康拉德》一书，后面引述材料也主要出自此书，恕不一一注明出处。

另一位女性朋友回忆道，这位"小暴君"导演他自己的爱国戏剧；在剧中，"大纸板盒充当舞台背景"，而"破碎的椅子和工具"伴随着起义者和俄国敌人之间的战斗。"至于爱"，阿波罗写道，"他热爱那些我对他指出的值得尊敬的人们。"

在康拉德 11 岁那年，他和父亲被迫迁往克拉科（Cracow）。在他们到达那座重要城市几个月内，阿波罗的文学和政治抱负被残酷地根除了。由于阿波罗持续患病，那座旧房子的压抑气氛带给这个孩子难以忘怀的阴郁的严肃感。康拉德日后回忆当日的情景时写道：

> 那间宽大的、墙上镶了板壁的、空荡荡的客厅，有着笨重的柱子、高高的天花板，在昏暗的荒凉中两支蜡烛照出一小圈暖人心的亮光。我坐在一张小桌子旁，烦躁地用蘸墨水的笔写着，直到全部家庭作业做完。作业结束后，无事可做，我呆坐在那里，注视着寂静得可怕的、病态的房间；我但愿冲出紧闭的门，冷漠地披露我受惊的心灵。

阿波罗在 1869 年 5 月 23 日去世，留下一个悲伤的、身心交瘁的孩子。康拉德日后坦承："当时我没流一滴泪。"

康拉德的父亲去世后，培养这位孤儿的重担便落在了康拉德的舅舅塔丢兹·波布罗夫斯基（Tàdeusz Bobrowski）的肩膀上。用他外甥日后的话来说："他是一个尽心竭力的、思想高贵的、热心肠的'监护人'。"塔丢兹·波布罗夫斯基的相貌显示，他是个强有力的、外表精明的男人，不像是个乐于受罪的傻瓜。作为一个实用主义者，他常常用怀疑惋惜的口气说他的妹夫滥用了柯詹约夫斯基的"浪漫主义"。

不过，他对康拉德保证："你要知道，我会把对你双亲的情感用在你身上。"他在这封慰问信中继续谈起这个孩子不稳定的教育："你的学习对象不是容易的、吸引人的东西，而是有用的、尽管一时感到困难的东西。"塔丢兹·波布罗夫斯基的担忧进入更深层次，他关心康拉德的心态。他在信中写道："你应努力避免对你的年龄不适当的情感和思想。"

康拉德继续待在克拉科，他们在这里找到了一座供膳宿的房子。他的外婆狄奥费拉（Teofila）留在这里关照他，直到12月。这时，他父亲的文学执行人斯蒂芬·布兹珍斯基（Stefan Buszezynski）成为他的监护人。康拉德的教育是杂凑的。当局不让他上正规学校学习，于是一位23岁的医学学生亚当·帕尔曼（Adam Palman）被指定做他的私人导师。在喀尔巴阡山度过的短暂夏季假期改善了他的健康，不过他的身体仍然虚弱。1870年12月，康拉德的外婆狄奥费拉回来了，和他一起度过随后的三年。

舅舅劝康拉德日后从事律师或医生、技工、工程师这类实际的工作，但他的建议没被采纳。于是他采取更严厉的办法：把康拉德送进艾尔沃夫一所收留孤儿的供膳宿的机构。由于他不适应这机构的烦琐的规定和学究式的训练方法，又和那些同龄的伙伴难以相处，康拉德痛恨这个机构。

1874年夏天，帕尔曼又作为他的导师带领他去度假，以减轻他的严重的偏头痛，因为这时对他的身体而言，继续学习已不可能。出发前，帕尔曼深情地警告他："我的心情将会很好……所以你得和我的脾性配合，忘掉在艾尔沃夫的病痛和悲哀。你只要带少量的书籍，你必须做好准备，心甘情愿地去跳，绕圈跑步，快速步行，表现出好胃口，等等。"事实上，帕尔曼已变得和康拉德更亲密。他看出这个学生潜在的天才。"我期望我的学生不要给我丢脸，变为一个只懂得花钱的人。"他继续说道，"所以尽管你头痛，但必须振作起精神来"。

当康拉德进入他人生的下一阶段时，他和帕尔曼失去了联系。但是康拉德并没有完全忘记他。一封来信终于使他想起过往那些日子。他说："我站在停泊在加尔各答港口一艘船的甲板上时，打开一封信，它告诉我他的令人羡慕的人生结局，他的岁月如此短促，而他给我的印象却是那么清晰。"据可靠资料，帕尔曼死于医生的工作，康拉德对他怀着敬爱和悲悼的情感。

康拉德心里渐渐滋生了离开波兰，前往法国从事航海的念头。他之所以把奔赴的目的地选在法国，是因为他知道，法国海港有许多商船船队，而且他熟悉法语，在那里生活没有语言障碍。再说，在法国有众多波兰移民。早年生活的辛酸、他父亲流放期间一家人遭受的磨难、现下父母双亡，这一切都成为康拉德决定离开波兰的理由。他的祖国波兰虽是内陆国家，但他舅舅曾带他游历过俄国的海港奥德塞，让他领略过大海的迷人之处。他读过的描写海洋生活的小说，也促使他对航海冒险充满浪漫的向往。他的家族祖先（包括他的父亲）遗传给他的冒险奋斗精神，更是他作出这一决定的内在因素。但是，当他向他舅舅表白自己的念头时，遭到他的强烈反对，他家的亲友也认为这孩子疯了。

他舅舅三番五次劝说他放弃这念头，但都无法动摇他的决心。1874 年秋天，他舅舅不得不屈从康拉德的意愿，让他到海上去。舅舅本想为康拉德申请澳大利亚国籍，但是作为俄国的子民、罪犯的儿子，康拉德得先去服 25 年兵役。只有去航海，才可逃脱这可悲的命运。再说，康拉德按照传统的观念来看，不是个好学生，他在仕途上可能没多大希望，干体力活也许对他最合适。从健康方面说，清新的空气对他的身体也大有好处。最后，他已到了能自食其力的年龄，再依赖为他吃尽苦头的亲戚已说不过去。他已到了自己去谋生的时候了。

康拉德从 1857 年 12 月 3 日出生至 1874 年 10 月 5 日离开波兰前往法国马赛，在波兰生活的日子将近 17 个年头。但实际上有两次间断：第一次是他父亲流放于俄国时期（从 1862 年 5 月至 1868 年 1 月），在这期间他还去探望舅舅塔丢兹；第二次是 1873 年他在瑞士度过的数月。

在以后的岁月里，康拉德曾经两次回到波兰：第一次是 1890 年，在他前往刚果之前，专程去探访他的舅舅塔丢兹；第二次是第一次世界大战前夕，他偕同妻儿回到久违的故国。

康拉德离别故国投身航海的行为不为亲友们理解，在他们当中激起轩然大波，抱怨、责难之声一直不断。有的说他自私、不爱国，正当祖国在危难之际，他弃之不顾；有的更指责他叛国求荣。对于亲友们的责备，甚至咒骂，他无法为自己辩解，只好在心里忍着。久而久之，它成为揪心的心结，冥冥之中，似乎总有一个严厉的声音斥责他的背叛行为。这种心结，在他日后的创作中，不管自觉还是无意识，总要表露出来。譬如在《吉姆爷》中，吉姆一念之差，逃离面临危险的"帕特纳"号，事后觉得自己的行为背叛了海员的职责和良知，成为自己一生中抹不掉的污点。这个心灵的阴影让他一直处于忧伤抑郁之中，不得安宁。这正是康拉德自己心灵的写照。

康拉德在祖国生活的日子虽然不长，但那正是在他开始感知、认识世界的年龄阶段。祖国的山山水水、风土人情，特别是祖国遭受列强侵略、压迫的深重灾难，包括他的先祖和父母在内的无数志士仁人为祖国的自由解放英勇奋斗的英雄行为、高贵品格，以及他们的企求和斗争的悲剧性结果，都深深地感染着年轻的康拉德，在他的心里留下悲剧性的阴影。这些可以称之为波兰的民族性或民族精神的元素，主宰着康拉德的灵魂，融化于他的血脉之中，浸润着他的年轻的心灵，日后潜移默化地影响康拉德的思想性格和文学创作，成为他的创作的艺术个性的重要因素。

第二章

奔赴海洋　寻求梦想（1874—1894）

一、驻足马赛期间的航海活动（1874—1878）

康拉德是以法国马赛为据点开始走向海洋的。从 1874 年至 1878 年，他一共在法国逗留了三年半时间，但他在赴西印度群岛的三次航行期间离开了法国。"我确信"，康拉德在他的《个人纪事》一书中写道，"像我作为一个民族和祖先的孩子从原地跳出种族的环境和关系，是绝无仅有的例子"。1874 年，他踏上马赛的土地时，说得一口流利的法语，具有颇为谨慎的责任心，并且体验到从未有过的自由。这得感谢他的舅舅。他给了康拉德一笔可观的生活津贴以及崭新的衣服，几本波兰书籍、家族的照片和能帮助他在一个城市立足的朋友的名单。

在他舅舅介绍的朋友中，有一位名叫巴普忒斯丁·索拉利

（Baptistin Solary）的波兰人。他是个安静、快活的年轻人。当康拉德经受旅途劳顿，在一个位于老港口码头附近的朴素的旅馆中睡了一宿醒来时，索拉利便向他讲述这座城市和它的居民的生活以及港口的领航员的情况。第一天他便受邀坐上庞大的、半甲板的领港船巡游了一下港口。不久，他被允许随时可使用这艘领港船。

闲暇时他在码头上的咖啡馆周围游荡，或者在老市区的巷子里尽情欢乐。康拉德和富裕的德勒斯顿一家一起打发时间。正是在德勒斯顿先生的船上，康拉德第一次正当地开船。德勒斯顿先生那个傲慢的第二任妻子被这个乳臭未干的、漂亮的年轻男子迷住了。她亲自陪伴他乘马车在市区的时髦区域游览，尽管她不得不忍受——用康拉德自己的话说——"一个在陌生的人群中饱尝新的体验和奇异的感觉的小伙子的唠叨"。

康拉德在法国逗留的三年多时间，没有留下书信，关于他这时期的经历或社会关系知道得极少。有可能在 1877 年，他牵涉一宗支持西班牙保皇党的枪支弹药走私案。翌年初，他又在胸脯上受了枪伤，他后来声称这是一场决斗的结果。但枪伤不严重，显然是半心半意或者有意让它造成不成功的自杀尝试的结果。这种迹象明显不像决斗造成的，倒像一种自杀行为。但他为什么要自杀？有一种说法是，他赌博输了钱，或是投资失败，或是用度无节制，负了债，无法偿清，到了走投无路的境地。但是，他身为一个天主教徒，知道自杀是一种罪过、耻辱，因此，他对外宣称枪伤是决斗的结果。不管怎样，他的舅舅接受了这种说法，接到康拉德的告急信后，赶到马赛，发现他身体还好，枪伤并不严重，对他进行了一番训诫之后，把他从经济困境中解救出来。他的马赛经历，包括假定的枪支走私和决斗，便形成了他后期小说《金箭》(*The Arrow of Gold*)的蓝本。另一部晚期小说《流浪者》(*The Rover*)也是根据他在法国南部生活的经历写成的。

康拉德发现,在法国从事商业航海有种种苛刻的限制。于是,当他舅舅把他从经济和其他麻烦中救出来之后,他就决定离开法国,但问题马上来了:他下一步往哪里去?若回到波兰,他免不了要在俄国人管理下服兵役。这时候不管怎样,他决心从事水手的职业。按照《个人纪事》的说法,他许久以前就决定,假如要当海员,那么就当一名英国海员。不管这一说法是否真实,他上了一艘英国船,前往英国。

二、作为英国海员的航海经历(1878—1894)

康拉德说,他第一次说英语,是 1878 年 4 月他在马赛登上驶往东地中海的一艘英国汽船的时候。当这艘汽船停泊在罗威斯托夫特(Lowestoft)港时,他第一次踏上英国的土地,那时他才 21 岁。他游览了伦敦。同年 10 月,他再一次游览了伦敦。在这两次游览伦敦期间,他乘另一艘船,在罗威斯托夫特与纽卡索(Newcastle)之间做了三次旅行。这事被他舅舅知道后,他舅舅用毫不含糊的言语数落他:"天知道,你为什么跑到伦敦去。你明明晓得你无法自理,两手空空,不认得一个人。……老实说,像你这般年纪的人不至于做这样的傻事!你让我无法容忍。"他舅舅接着说:"我只同意让你随英国船航行,可没同意你在英国逗留,跑到伦敦去,在那里花光我的钱。"接着,舅舅对他晓之以理,动之以情:"想一想你的父母,想一想你的外婆,他们为你做出多大的牺牲。你也要记住我为你做出的牺牲,记住我对你父亲般的纵容和宽厚。从此洗心革面—认真工作—精打细算—谨慎地、顽强地追求你的目标；用你的行为而不是言语来证明你值得我的祝福。"

康拉德后来还想起当时他走进伦敦这座大城市时的心情，就像一个旅行者深入广袤的、未经开发的原野那样孤单。舅舅的谴责取得了预想的效果：7月11日，康拉德已成为航行于罗威斯托夫特与纽卡索之间的"海上摩托快艇"上的一名正式水手。在纽卡索，他遇到凄凉的海岸……满布着像脚手架似的、巨木构建的东西；它们高耸的头顶被可怕的青砂般的煤烟云所笼罩。

康拉德在10月回到伦敦这座"奇异的城市"。从纵横交错的街道旁的隐蔽处，走进密密麻麻的房屋中的一个庭院；再从一个不引人注目的像秘密通道般的拱廊走进屋里。他为了要找一份航行于"深海"上的船舶的正当工作，打断了那位上了年纪的运货代理商正在享受的羊排美餐，询问他的申请有什么结果。申请书是早先他在罗威斯托夫特寄出的（这是他用英语写的第一份作品）。对方笑容可掬地回答道："你的申请被批准了。"

他加入了开往澳大利亚的名叫"萨特兰德公爵号"的一艘4吨快速帆船。这艘船从伦敦出发，航行了109天才到达悉尼。一到达那里，康拉德便写信给他舅舅，抱怨在英国船上的不舒服情况。尽管如此，他舅舅看得出，他喜欢他的职业。

分派给康拉德的工作之一是在港口守夜。康拉德说："让我干这份差事，大概考虑到我年轻、天真、喜欢沉思的习性。"这份差事的确很适合他：在船上很安全，又可以免费感受城市的夜生活。

康拉德结束航行回到英国是在1879年10月。他在信中动情地向他舅舅描述了这趟航海生活；毫无疑问，他要让舅舅觉得他增长了航海的经验。可是舅舅却表示，他需要了解更为个性化的东西，"因为这比风向之类的事情让我更感兴趣"。这趟航行充满冒险，也很寂寞。多年以后，康拉德描写道：

> 船被拉向、吹向闪闪发亮的大海，水花四溅，从甲板到桅杆顶端的木冠都被溅湿了。她的降下的帆布在蓝墨色的空中像一堆黝黑的煤块似地鼓突着。那时我还年轻，既困倦，又寒冷，质量不佳的油布缝隙透水，我渴望有人作伴，便离开船尾楼甲板，来到水手长（一个我不喜欢的人）身旁，在一块稍为干燥的地方坐下。这儿雨水最多时漫到膝盖上。

这趟航程的最后部分，是他平生第一次驶向泰晤士河——一条对年轻水手产生深远影响并且在他一生中继续产生影响的河。康拉德如此描写它：

> 它沿岸一带不是按有计划的目的，而是像偶然撒下的种子生长起来的建筑群呈现出混杂、多样、叫人猜不透的样子，让人想起热带的丛林。像是未经开发的原野，灌木丛生，藻蔓覆盖的静默的深沉，他们称这正是伦敦无限的多样、充满活力、播种生命的深奥……水畔中的水畔。

舅舅经常提醒康拉德"逗留在陆地上会对他产生不利的影响"。所以当他得知康拉德不久在"欧罗巴号"船上找到一份工作时便放心了。康拉德在这艘船上只待了七星期。这位年轻水手像是只想到自己在那趟澳大利亚航行之后被挫伤了锐气。假如他像他舅舅一样把地中海看作不过是一个"大湖"，参与另一艘船航行必然碰到麻烦。向"疯船长芒罗"咨询过后，舅舅劝导心灵受伤的康拉德："既然我们无法改变英国人，那么我们就得应付他们，使自己适应他们。"这种面对文化逆境的斯多噶主义对舅甥俩至关重要，现在舅舅作出一个断然的决定：康拉德应该立志成为英国子民。

他舅舅担心自己年事渐高，日后若有个三长两短，康拉德便没有依靠了。所以他建议康拉德扎下根来，让自己有个适当的归属。其实康拉德在伦敦并不孤单，他结交的朋友中有两个人值得提一提，因为他们都有海事背景。一个是银行家阿道尔夫·克里格（Adolf Krieger），另一个是公司主管乔治·贺普（George Hope），后者就是《青春》（Youth）和《黑暗的心》（Heart of Darkness）中公司主管的原型。

这时康拉德又没了船。康拉德考虑从事美国的赚钱行当，可是舅舅警告他："这样的转换会使人丧失社会地位，使你虚度一生，必须把你的未来连结在某个职业上，把你的精力和决心都投到上面，这才更有尊严、更实在。"康拉德在1880年通过了二副的考试，这使他舅舅深感欣慰。"这是天大的喜事，是我得到的第一个回报。"他舅舅在信中写道。使他深感高兴的是，他外甥终于表明他自己有能力取得让人看得过去的东西。

考试成功后，康拉德可以在远航的船上找到适当的职位。可是在8月21日他在"洛奇·艾特夫号"（Loch Etive）船上只担任三副。不过，现在他毕竟取得了被认可的、承担责任的职位。有段时间，他甚至取代生了病的二副的职位。

康拉德写给他舅舅的信行文流畅、生动，这促使他舅舅向他建议，不妨写些旅行见闻之类的东西投给华沙报刊，这既可以给你带来经济上的实惠，又可以使你的读者得到娱乐。但是，康拉德没按他舅舅的建议去做，没向华沙的报刊投稿，但是他舅舅的建议却促发了他一个念头：现实生活中的冒险也许可以表现为有力的虚构作品。

事实上，在他舅舅向他提出鼓励性的建议不久，康拉德便以梦幻手法写了他的第一篇航海故事。不过，这篇东西与其说是娱乐，不如说是欺骗。他向舅舅写了封"告急信"，说他遇上了一场海难。舅舅震惊之余，寄了一笔钱给他，让他置换损失的行李。康拉德已达到他的目的，不曾发生海难，他现在身上有了 10 英镑，境况好多了。不过几天以后，康拉德在保持他的故事的同时，把钱退还给舅舅，显然他为自己的谎言引起舅舅的悲伤而感到罪过，命运不该用这样的故事诱惑他。他加入的下一艘船"巴勒斯坦号"（The Palestine）让他遭遇到比他的丰富的想象力所构想的危险大得多的情况。

在《青春》中，查理·马洛（Charley Marlow）所说的"朱迪埃号"（Judea）航行的故事，就是以康拉德自己驾驶"巴勒斯坦号"的经历为蓝本的。康拉德第一次航行到东方是个有深远意义的事件。波布罗夫斯基指责他的外甥以二副的身份上这条船，而且每月只有 4 英镑薪水，船长又是个很糟糕的人。"巴勒斯坦号"运载煤炭，在 1880 年 11 月 29 日从英国纽卡索出发前往泰国的曼谷，驶过英吉利海峡时遇上风暴。这艘破船的帆被风吹跑了，船又进水，包括康拉德在内的十三名水手全部拒绝再冒险航行，要求把船开进费尔茅斯港（Falmouth）。船体在费尔茅斯港停泊了好几个月，似乎越修理，水就流出得越少。在《青春》中，查理·马洛叙述了当时康拉德必定感受到的那种受挫的压抑感：

> 那日子实在不好过，精神上的痛苦比为活命而抽水的疲劳更加难受。我们好像被世界遗忘了，既没有人来管，也去不了任何地方；我们好像中了魔法，只能永远永远地呆在内港，成为一代代沿海游民和奸诈船工的谈资笑料。[1]

康拉德也很可能像马洛那样选择这种方式来舒缓压抑的心理。他口袋里装了三个月的薪水，决定到伦敦去享受一番：

> 我去过一家音乐厅，在摄政大街的一家高级餐馆用中餐、晚餐和晚点。当我按时返回时，作为三个月的劳动所得，只带回一套《拜伦全集》和一条新的旅行毛毯。[2]

不管康拉德是否已仔细读过他在逛伦敦时购买的《拜伦全集》，他倒惦记把一部5先令版的《莎士比亚全集》在费尔茅斯白天的零星时间里，伴着捻船缝工人敲木槌的噪音潜心读起来。终于在1882年9月17日，"巴勒斯坦号"修理完毕，开始出海，向曼谷驶去。这时，尽管在风暴中扬帆有困难，但他们仿佛心中有数，能够安全到达目

---

1. 康拉德：《青春》，朱炯强译，载朱炯强编选《康拉德精选集》，山东文艺出版社1999年版，第142页。

2. 康拉德：《青春》，朱炯强译，载朱炯强编选《康拉德精选集》，山东文艺出版社1999年版，第142页。

的地。

灾难却神不知鬼不觉地开始了。1883年3月11日,人们闻到不祥的焦味。次日,人们发觉货舱里冒烟。大伙意识到舱里运载的煤炭在缓慢地燃烧这可怕的事实,于是尝试在火势可能蔓延的区域注水,同时救生船被放到海里。13日,危险程度上升,急需采取强有力的补救方法:往海里倾倒了4吨煤,向舱里灌注更多水。但是这些措施仍然无法抑制火势。在《青春》中,马洛对不可避免的一场爆炸的描述再现了当时的情境:

> 爆炸发生时,货舱中悬浮的煤炭粉都烧着了,发出暗红的闪光。……甲板上到处都是碎木片,横七竖八地像被飓风刮倒的森林;一大块结实的破布在我跟前飘舞,那是被炸成布条的主帆。……我不知道我这时已经没有了头发,没有了眉毛,没有了睫毛,刚刚蓄起的小胡也被烧掉了,我满面乌黑,一边脸颊上开了道口子,鼻子被割破了,下巴流着血。[1]

康拉德和水手们一恢复知觉,便将给养送进救生船,向苏门答腊海港进行应急联系,同时向另一艘船"S. S. 萨牟瑟特号"发了灾难信号;她前来牵引罹难的"巴勒斯坦号"。微风助长了火势,火苗戏剧性般地冲向天空。"S. S. 萨牟瑟特号"松开绳索,水手们放弃了船。按照官方的报道:"大副和四名水手乘一条船;二副和三名水手乘另

1.康拉德:《青春》,朱炯强译,载朱炯强编选《康拉德精选集》,山东文艺出版社1999年版,第148—149页。

一条船，而船长和三名水手乘一条长长的船。"救生船绕着大船飘荡，这时，"她猛烈地燃烧，像是夜里点燃的火葬柴堆般悲切、动人，四周是海洋，繁星在天上俯视"。15日早晨，"巴勒斯坦号"头朝下沉没了，发出水汽巨大的咝咝声。康拉德初次身负谦恭的指挥职责，驶向"神秘的东方……像花儿般芬芳，像死亡般寂静，像坟墓般黑暗"。

他经历了13小时的航程，到达苏门答腊海岸外的蒙托克岛（Montock）。他在东方的初次经历是永志难忘的重要事件。他通过马洛的眼光回顾这一令人敬畏的时刻：

> 从此我知道了东方的魅力，看到了它的神秘的海岸、平静的海水和棕色民族居住的土地，在那儿，复仇女神悄悄地埋伏着，伺机追击许许多多自以为有智慧、知识和力量的征服者。但是，对我来说，东方的一切都包涵在我当时的青春一瞥之中，包涵在我睁开年轻的眼睛看见它的那一瞬间，我是在同大海搏斗后见到它的，当时我还年轻，我看见它在注视我。[1]

翌年4月1日，设在新加坡的海运质询法庭开庭调查"巴勒斯坦号"的丢失事件。结论是，船舶并非事先放弃，船长、高级船员或水手没有罪过。作为二副，康拉德曾被询问有关事项。

1883年9月10日，康拉德以二副身份参加1500吨位的"威利斯德号"（Rwerisdall）的航运工作。船到达印度的马德拉斯港（Madras）

1.康拉德：《青春》，朱炯强译，载朱炯强编选《康拉德精选集》，山东文艺出版社1999年版，第164页。

时，因与船长 L.B. 麦克唐纳德争吵，康拉德离开了这艘船。在 1884 年 4 月 17 日签署的解职书上，麦克唐纳德无法评判他的这位高级职员的"品格和行为"。不管事情如何，倒认真到上法庭的地步。康拉德打赢了控告他的前任船长的官司。

康拉德回到伦敦，作为二副上了"水仙号"船。这趟航行，在《"水仙号"上的黑水手》[1]（*The Nigger of the Narcissus*）这部作品里，做了不同凡响的、极其有力的描述。船绕过好望角时，遇到凶猛的风暴，这是他亲身经历的情景：

> 阵阵洪大沉闷的风，吹得船儿浑身发抖，她被泼到甲板上的波涛压迫着，不住地颠簸。有些时候，她迅速地扶摇直上，仿佛要永远离开这个地球的样子，她好一阵子悬在半空，使得船上人们的心脏完全停止了跳动……有时在不堪忍受的瞬间，会爆发出更凶猛可怕的吼声，船儿老侧向一边，颤抖而又静止，那静止状态比最狂烈的动荡更怕人。[2]

康拉德在 10 月 16 日到达法国的敦刻尔克（Dunkirk）。他一回到伦敦，便潜心学习，并参加大副的考试。11 月 17 日的首场考试没有通过。随后在 12 月 3 日那场考试，他幸运地通过了。翌年 4 月，他

---

1. 也有译为《"水仙号"的黑水手》，本书采用流行译名《"水仙号"上的黑水手》。以下引文，均出自此译本，恕不一一注明。
2. 康拉德：《"水仙号"的黑水手》，袁家骅译，载赵启光编选《康拉德小说选》，上海译文出版社 1985 年版，第 216 页。

以二副身份参加了"忒尔刻曳斯特号"的航行。这艘船是在英国海港城市赫尔（Hull）注册的，准备开往东方。这艘帆船在远航至新加坡之前却进了加狄夫（Cardiff）的海港。在加狄夫，他深得他遇到的波兰水手的好感。他要偿还另一位同胞给他的一小笔贷款。他一到那里，就立刻和这位债权人的儿子斯皮里狄昂·克里兹夫斯基成为好朋友。

康拉德于9月到达新加坡，整个航程顺利。他趁机和他的新加坡朋友通信联系。信是用英语写的，这是他最早写的英语信中保存下来的一封（信中有多处表达不恰当和拼写错误）。由于心头盘踞着对他们自己的国家的悲剧性历史的意识，年轻人在讨论英国政治时就松了一口气。彼此意见的交换促使康拉德考虑自身归属和效忠的整个问题。

康拉德意识到，在一个自由的、好客的国土上，我们种族中最受迫害的人也可以找到相对的和平和一定程度的幸福——至少在物质上。"家"这个词在他眼里意味着大不列颠好客的海岸。正是在这个时候，他决定放弃原先的姓"柯詹约夫斯基"，改用较少外国味的姓"康拉德"。

1886年8月19日以后，康拉德已成为英国子民。1886年末，康拉德在伦敦完成他的最早一篇短篇小说《黑伙伴》(The Black Mate)。

1887年2月16日，康拉德在阿姆斯特丹签合约，成为"高原森林号"的大副。因为船停在冰冷的海水中，他冻伤了，不得不住进新加坡的医院。他的舅舅为他的健康发愁。幸好住了几星期医院后，他的身体复原了。1887年8月22日，他成为近海航行的"维达号"的大副。在塞里比斯（Celebes）和婆罗洲（北加里曼丹旧称）沿岸港口运送声名卓著的漫游的商人达19个星期之久。这段经历为他早期的长篇小说和短篇小说提供了人物的原型和背景。

正当他溯流驶向贝尔罗河（Bearall River）时，他遇见了激发他创作第一部小说《奥尔迈耶的愚蠢》（*Almayers Folly*）的那个怪异的查尔斯·威廉·奥尔迈耶（Charles William Olmizer）(后来他就成为这部小说的主人公奥尔迈耶的原型）。他是个具有欧亚血统的荷兰人。他生活在被稠密的树林围住的定居点里，他的奇思异想经常令人吃惊，但是他的梦想总是被无情的现实摧毁。这个人的情况让康拉德着迷（他的航运工作之一便是为此人运送一头与他所处的环境绝对不相容的驴子）……康拉德也许从奥尔迈耶身上看到他自己年轻时执拗的浪漫主义。"假如我不是对奥尔迈耶有相当的了解"，他写道，"就肯定不会有我的一行字印出来"。

康拉德在 1888 年 1 月放弃了他现任的职务。尽管近两个星期来他明显感觉肝脏不舒服，但他还是在新加坡签订了在铁壳三桅帆船"奥塔哥号"上任职的合同。正当 30 岁时，他当上了船长。后来他对一个名叫波里（Pole）的伙伴说："这对一个毫无影响力的外国人来说并不坏。"他在 1 月 24 日于曼谷上了船，载了一船柚木。船于 2 月 24 日启航，驶往澳大利亚。他最初的体验至少像在"水仙号"上的那些日子一样是阴郁的。船刚航行时，水手中，除了厨子，全都患了严重的热病。到达新加坡时，船停泊在港口区域外。康拉德为大伙寻求医疗救助。当晚驶向悉尼时，增补了六名水手。大副名叫查尔斯·波姆（Charles Bom），给他留下一些不好的印象。

"奥塔哥号"从悉尼驶向毛里求斯（Mauritius）的路易斯港（Port Louis），在那里停留了八星期。康拉德的最早传记作者吉拉德·让·奥布雷（Gérad Jean Aubry）就是他在"奥塔哥号"上的同事之一。

1889 年 3 月 26 日，康拉德放弃了"奥塔哥号"的船长职务。他在这艘船上服务了 14 个月之后，渴望回到西方去。

康拉德作为一名乘客乘船离开澳大利亚，于 1889 年 6 月到达伦敦。他离开这座城市已有 28 个月了。他在屏利柯（Pimlico）的贝斯波罗花园（Besborough Gardens）找到出租的用具，又半心半意地寻找另一艘船："作为一名水手，离开了海洋，脱离了终日操劳、执勤的情境之后，已沉浸在懒洋洋的状态中。"他放弃了驶往墨西哥和西印度群岛的机会。

康拉德不大为将来操心，眼前的情景倒是摆在他的心头，奥尔迈耶的形象在他临近泰晤士河的住处时又袭上心头，这里的乳白色雾气倒和东方的贝尔罗极其相似。康拉德心中浮现出那个悲哀的荷兰人的形象，仿佛看见他"穿过一片烧焦的草地，一个模糊的、影影绰绰的形体"。他周围的环境也"静静地、不可抗拒地袭上他心头"。康拉德觉得他受到无形的力量驱使，不得不拿起笔，以这种方式书写他过去经历的事件和人物。

康拉德写他的第一部小说《奥尔迈耶的愚蠢》时，肯定没有把它当作赚钱的营生，他声称："在我坐下来写作之前，我并不奢望它会成为一本被印刷的书。"在写作的艰难过程中，他无法放下糊口的工作——航海。康拉德试图找到另一个职务的愿望是认真的。

在 1889 年 11 月，他去拜访设在布鲁塞尔的比利时刚果开发机构主任阿尔伯特·泰斯（Albert Thys），希望在他的非洲开发公司里找到一个职务。布鲁塞尔自身似乎就蕴含不祥的预兆，他回忆道："一条狭窄、荒凉的街道，阴沉沉的、高高的楼房，有无数个挂着软百叶帘的窗户，死一般沉寂，石头缝间冒出青草，许多沉重的、对开的门半开着。"康拉德小时候觉得非洲很神秘,地图上那个巨大的空旷的大陆几乎像海洋一样空白——激发他梦想神奇的冒险,"一个未知的地区,在我的想象中,在那里,可敬的、富于冒险精神和献身精神的人们,一步一步地进入边缘地带,在这里那里赢得一点点真实情况"。这种天真的遐想当时仍占据这个年近 32 岁的年轻人的心头。康拉德和泰斯商定,他作为河上汽船的高级职员在比利时的属地刚果服务三年。他和泰斯只有口头上的协议,而没有签订明确的协议书。他打算趁这时候去波兰探望他的舅舅波布罗夫斯基,因为舅舅的健康状况已越来越糟。

他打算途经布鲁塞尔时,抽空去看望他的远亲亚历山大·波拉朵夫斯基(Aleksander Poradowski)和他的妻子玛格丽特(Margurite)——一位美丽而聪明的小说家和新闻记者。康拉德在 1890 年 2 月 5 日到达布鲁塞尔,得知亚历山大患了重病。他在抵达华沙的下一段旅程中得知他的这位亲戚已去世。他写信慰问玛格丽特:"虽然我已离开你,但昨天我在思想上、精神上与你在一起,分担你的悲伤。自从我离开你之后,我一直是这样。"在他们相聚的短暂时间里,彼此建立了亲密的关系,随后通过互通款曲,他们的关系得到进一步发展。康拉德在玛格丽特身上发现许多东西是他盼望实现的:温文尔雅、多才多艺,令人羡慕,具有影响力。在他的下一封信里,他表白说,我已向别人宣称,"我已了解你,仁慈,可爱,富于献身精神,生气勃勃"。他身边带着《奥尔迈耶的愚蠢》的手稿,"仿佛这是一个护身符",或"一个宝贝"。他告诉她,他已读过她的近作《亚加》(*Yaga*)。

康拉德去看望舅舅的最后旅程乘的是雪橇。他穿了一件宽大的熊皮旅行外套,"怀着放学回家的学童那样欢天喜地的情感"。

我又看见平原上的落日，就像我小时候在旅途中看到的那样。它落在雪地上就像落在海面上一样，明亮的，红彤彤的，整个映入眼帘。自从我看见太阳落在那块土地上，已过去二十三个年头；我们驶过黑暗迅速降临的青灰色的雪地，出了连接缀满星星的天空的白色的土地，前面涌起黑色的形体——乌克兰平原上的村落附近的树丛。驶过一两座村舍和一排低矮的、长长的墙壁，接着透过枞树林的间隙，看见主人屋子里闪烁的灯光。

1890年2月4日，康拉德和61岁的舅舅波布罗夫斯基重逢。康拉德说他的舅舅"在长达四分之一世纪期间是最聪明、最坚定、最宽容的监护人，给予我父母般的关怀和爱护以及道德上的支持，即使我在地球的最遥远部分，我也能感到这种道德上的支持"。舅舅想到即将再看见他这个"游荡的外甥"，激动得无法睡觉。康拉德到达时，舅舅递给他一份材料，在这份材料上，从1869年开始，对培养康拉德的费用做了充分说明。这一行为表明，他在支持康拉德方面显示了非同一般的爱心，而现在他对康拉德的独立和成熟充满信心。

在前往乡下的短途旅行期间，康拉德继续创作《奥尔迈耶的愚蠢》，并不是一页一页地，而是一行一行地扩充。他因缺乏来自泰斯方面的音讯而犯愁，对玛格丽特抱怨说，他觉得前往非洲的计划成功的希望很渺茫。可是，不多久，他便接到公司的传唤，原来他的婶婶（他被告知这样称呼玛格丽特）站在他这一方进行了干预。他在回伦敦途中，特地前去向她表达谢忱。5月2日，他开始着手赴非洲逗留三年的准备。公司里一位汽船船长的暴死为33岁的康拉德提供了一个空缺。他的29岁的前任约翰尼斯·弗里斯勒宾（Johennes

Freisleben）在关于木柴或新鲜食物的争吵中被人杀死了。

康拉德在波都奥克斯（Bordoaux）登船开始他的第一阶段航程时，把相片和打成包的手稿与几个洋铁盒子、左轮手枪及高筒靴之类的东西塞在一起，寄给他的亲戚。坦内里夫（Tenerife）是他访问的第一个海港。在这里，他和玛格丽特都沉浸在阴郁不安的心绪中：

> 在一个令人沮丧的下雨天，我们离开了波都奥克斯，这是一次不开心的离别。一些萦绕于心的记忆，一些模糊的悔恨，一些依然朦胧的希望，有人怀疑未来，诚然——我问自己——为什么任何人都要相信它呢？一点儿幻想，许多梦想，在醒悟之后难得有幸福闪耀，一点儿愤怒，受许多苦，然后走到尽头。

康拉德也给舅舅写信，舅舅在回信中希望他的外甥"还未被放在火上烧烤，然后像块烤肉般被吃掉"。然后他用一种对康拉德开诚布公的语气说下去——他没有时间去考虑欧洲人在非洲的动机：

> 在你觉得足以形成并表达你的意见之前，你大概会看看周围的人和事，以及你成为其中一员的机构中的"文明"（该死的）事件。可是不必等到一切具体化为明确的句子，你且对我讲讲你的健康状况和最初印象吧。

这些特别的言辞被康拉德铭记心头。《黑暗的心》最主要的主题便是试图明确表达邪恶——尤其是白种"文明"人在非洲的邪恶。

航船在1890年6月12日到达正好位于刚果港湾之上的波玛

（Boma）。翌日，康拉德乘小汽船溯游而上到达玛它蒂（Matadi）。他先给他舅舅寄去一封信，信中写道：

> 没有新奇的事件。至于情感，也毫不新鲜。有的是烦劳。因为假如一个人能去掉心头的、记忆中的（也是一个人的脑袋中的）负担，获得一整套全新的事物，那么生活就会变成另一个样子了。这是不可能的，生活并没完全变样。真是可悲！

康拉德表示，他倒愿意把他的令人烦恼的生活变成更有魅力的生活。他写到这点时，完全明白，只有百分之七的公司雇员打算履行三年的协约。

从这时起，他开始了从玛它蒂到金夏莎（Kinshasa）坐牛车在陆地的长途旅行。在玛它蒂，他开始写日记。虽然简短，可是很有意义。除了成为他的挚友、以后成为爱尔兰的爱国者的罗格·卡斯蒙特（Roger Casement）之外，他觉得，他周围那些贪婪的、好争辩的欧洲人都是讨厌鬼。

他的日记表示"尽量避开熟人"的意向。当他深入这个国家的腹地时，比起新发现的可怕情景来，好争吵的商人带来的烦恼似乎已不算一回事了。7月3日，他遇上一具腐烂的尸体，他弄不清楚死者是否遭枪决的。第二天，他"看见路上躺着另一具尸体，一副沉思静卧的姿态"。7月5日，他"对这类玩意儿越来越感到极其恶心"，但是身不由己，只好忍耐。7月29日，他"路过一具绑在柱子上的骷髅"，还看见白人的坟墓——没有姓名。最后一次日记是8月1日，记载康拉德的应答祈祷，在经历这么多恐怖事件之后，面对世人对人类遭受的苦难表现出可怕的、普遍的冷漠，他试图做些善行。

> 搬运夫和一位自称政府雇员的人之间为一张草席争吵。手杖像雨点般狠狠敲打。制止此事。头领带了一位约莫十三岁的少年进来，他头上受了枪伤。子弹进入他的右眉上方约一寸之处，略进入里面出来……给他少许甘油……高兴看到这感觉迟钝的流浪者的结局。

康拉德在刚果期间，一直在比利时公司管辖下的汽船上工作。他觉得越来越沮丧，写信给他的表妹玛丽娅·泰兹柯娃（Maria Tysgkowa）说："我经历了这么长时间，认识到生活充满了不幸和悲伤，没人能逃脱。"

康拉德对内心郁结的怨愤，在 9 月 26 日致玛格丽特的信中做了倾诉：

> 这里的每一件事都令我讨厌，人和事，特别是人。而我也令他们讨厌。从那个不厌其烦地对所有人说我严重冒犯了他的非洲经理到最低级的技工，都有绝招刺激我的神经。……这位经理不过是个普通的、具有卑劣本能的象牙贩子，他自以为是商人，但他不过是非洲开小铺子的那类人罢了。

康拉德坦承，他的健康状况不好。他患了热病和痢疾，感到"身体衰弱，精神颇为萎靡"。他怀念"常常让他得到慰藉的开阔的大海"，他深感懊悔"绑住自己三年"。事实上，他的病情已变得严重，不得不与公司解除协约。写于 10 月 19 日的信让他舅舅波布罗夫斯基担忧的倒不是它的阴郁的内容，而是它的实际表现。舅舅给他的回信说："我发现你的笔迹变化得这么厉害——我认为这是热病和痢疾造成的后果。"在 1890 年的最后两个月，关于康拉德的情况知之甚少，只知道他的健康状况很不稳定。

康拉德在 1891 年 1 月末又出现在布鲁塞尔。他的一些沮丧、厌世情感通过《黑暗的心》中的马洛说了出来：

> 不，他们没把我埋掉，虽然我隐约记得有一段时间（想起来既让人惊喜不已又让人不寒而栗）我穿行于一个既无希望也无欲望的不可思议的世界中。我发现自己又回到那座坟墓般的城市，看到人们匆匆忙忙地在街上来来往往，去窃取别人的一点钱，吞下他们低劣的食物，灌下他们那不干不净的啤酒，做着他们愚蠢而又毫无意义的梦，看到这些我就愤怒。他们妨碍了我的思考。他们是侵略者，他们对生活的了解在我看来只不过是一种令人恼火的假象，因为我敢肯定我懂的东西他们根本就不知道。[1]

2 月 1 日，康拉德回到伦敦。他的头发变得稀疏，一条腿肿得厉害。"我几乎等不得跑去找医生。"他在给玛格丽特的信中写道。过了一星期，他告诉她："我觉得自己健壮多了，更有生活的意愿了。"这不是随便说说的。几年以后他回忆道："在离开载我回家的汽船之前，

1.康拉德：《黑暗的心》，章汝雯译，载朱炯强编选《康拉德精选集》，山东文艺出版社 1999 年版，第 121—122 页。

我诚心诚意，而且再三地希望自己死了的好。"

在刚果的日子，在肉体和灵魂两方面都影响了康拉德的余生。他在那里度过的七个月使他深为震惊，他洞察了人类行为和动机的愚蠢和可悲。康拉德的一位重要朋友爱德华·贾纳特（Edward Garnett）认为："从刚果发出的不祥之声，以其对人类的愚昧、卑鄙和贪婪的低声细语，扫除了他年轻时期宽容大度的幻想，让他注视着天边黑暗的深处。"

从一开始，梦魇就难以逃脱。当他回到伦敦时，报刊上充满关于 H. M. 斯坦利（H. M. Stanley）的成员远征营救艾明·帕莎（Emin Pasha）行为的惊人报道。在康拉德前往刚果历险的前两年，一个名叫詹姆斯·斯利果·詹姆逊，以博学和文明著称的该党成员，哗众取宠地允许在野党胜过他。他追求科学的热情到了极点，公然以六条手帕赢得特权去观察并描写一位年轻女奴被吃人族杀死吃掉的情景。当康拉德创作《黑暗的心》，特别是塑造库尔兹这个人物时，詹姆逊的这件丑事和他的其他败行恶德鲜活地呈现在他的脑海里。

没有适当的心态做事，他便果敢地尝试把最近的事丢到脑后去，前往苏格兰寻求航船的指挥权。2 月末，他回到位于东伦敦的德国医院戴尔斯顿（Dalston）。他告知玛格丽特，他的左腿患风湿病，而左臂神经痛。他舅舅的一封来信表示，他的精神上的健康需要同样注意。康拉德曾从医院写信给他，舅舅回信说："我深感悲痛，你给我的印象是，你萎靡不振，身体衰弱。"他要求康拉德再度和医生合作："别再无精打采，意气消沉。"这些鼓励的话无济于事。康拉德的第二封信洋溢着悲伤、沮丧的情绪。他的舅舅无法表达看了这封信之后他多么心烦意乱。5 月 1 日，康拉德告诉玛格丽特："我的神经失调，导致心悸，突然气喘吁吁。"

卢德威格医生建议，康拉德应该前往瑞士的谦帕尔（Champal）接受水疗。这是治疗精神错乱的一种方法。"我仍处在漆黑的夜晚，做的只是噩梦。"他在 5 月 17 日离开英国之前寄给玛格丽特的信中写道。他进了德·拉·罗萨累（de la Rosalaie）的膳宿医院之后，由于能安心坐下来写小说，也许有助于培养他对生活的兴致："在那一天，《奥尔迈耶的愚蠢》现存的只有七章"，但是，"我的历史的这一章……是长久、长久的疾病和非常黯淡的康复……谦帕尔医院会因奥尔迈耶的衰败历史中第八章的结局而永远著名"。

康拉德在谦帕尔医院疗养之后，回到伦敦又常与好友贺普在泰晤士河上乘游艇游玩，这稍微改善了他的精神状态。可是不久，他舅舅波布罗夫斯基发现，康拉德的消沉和忧虑仍在加深。在值得注意的 7 月 18 日信中，康拉德请求他的舅舅在统观他的 34 年生活之后坦率说说他的性格的缺点。这和先前他向玛格丽特表露的观点"我们都是命运的奴隶，甚至还没出生便是这样"比较起来，表明康拉德正在深入探查自己痛苦的根源。

他舅舅在复信中以同情、诚挚的态度说："我认为，你在果断方面缺乏耐心和恒心，表现在你的目标和愿望不稳定。"非洲历险之后，康拉德深知他舅舅的话一语中的。他舅舅在信中继续写道：

> 在规划时，想象超越了你自身——你成为一个乐观主义者；但是，你在遭到失望时，容易坠入悲观主义，因为你很自大，所以在遭到失望时，会比怀着更稳健的想象的人遭受更大的失望和痛苦。

康拉德不仅寻求最熟悉的人帮助他了解自己，而且希望借创作来对自己的内心矛盾进行探索。在《奥尔迈耶的愚蠢》中，康拉德便通过他的最重要的人物来探索自己内心深处浪漫主义与现实主义之间的搏斗。他似乎想借此引导我们对他的错误加以谅解。波布罗夫斯基似乎和他的外甥在心灵上是相通的，他在信中指出他的缺点时表示，"甚至有这些缺点的人也能让人爱"。

尽管在这点上得到理解和支持，但康拉德的忧郁症持续不断。他在伦敦为一家公司管理仓库；这个工作既令人讨厌又孤单，对他的健康实在无多大裨益。单独居住在靠近维多利亚车站的格林翰街十七号的朴实住房对他的健康也没有多大好处。"最好在年轻时死去，因为不管什么情况，人总要在某个时候死去。"他病态十足地向他舅舅表达他的心态。他舅舅决定，一劳永逸，现在该是说出康拉德的消沉是什么性质的时候了。回想起康拉德在马赛时的心理危机，他诊断康拉德的悲观主义是由于身体衰弱和病态的想象共同引起的；在这种情况下，一个人的抵抗力在梦想中消耗尽了，没办法对事实和各种生活问题作出清醒的判断，行动或抵制行动的能力失去了。

舅舅提醒他，作为波兰人，"我们是被宣布和通常不被认可的名声的集合物——一个没有人知道，没有人承认，也从没有人打算承认的东西"。因此，他应把不现实的梦想连同对同伴的轻蔑丢开，使自己适应于一种容忍和义务的生活。他声称："尽管这个世界不是人家所能想象出来的最好的世界，但它毕竟是我们知道的唯一的世界。"

舅舅猜想，康拉德的航海生涯与其说矫正了他的梦想，不如说促成了他的梦想。可是正因为他返回开阔的大海去，他才摆脱了消沉的情绪。康拉德在1891年11月14日给玛格丽特的信中写道："我又恢复到先前那样，由于整日工作，累得筋疲力尽，只想睡觉。但是……对你来说，首先，我得向你传递好消息。我已在'托兰斯号'（Torens）帆船上谋得大副职务，六天后就要启航前往澳大利亚。活动的生活，哪怕是最普通的，也是对悲观主义最佳的治疗。"他也向他舅舅报告这一情况。他的舅舅得知这一消息后，给他回信说，尽管他有保留，但是听说他的外甥不再待在伦敦，过那种越来越失去活力的生活，还是值得高兴的。

康拉德于1892年3月3日到达亚德赖德（Adelaide）港，一位不知名的乘客回忆道："他是船上的首长，有才能，有勇气，有点喜欢梦想。……水手和孩子们都很信赖他。"在航行途中，他对一位极其焦虑的乘客深表同情。在这位乘客看来，到了海上等于宣判了死刑。他后来评论这件事说："前不久，我自己曾患神经衰弱，精神极度低落。"9月4日回到格林翰街后，他写信给玛格丽特说，他现在的观点是他自己的黯淡的悲观主义与舅舅波布罗夫斯基的被看重的实用主义的奇妙结合：

> 个人只有在认识到他在宇宙的安排中的绝对重要程度时，才算是有用的。当个人靠他自己完全理解这点时，个人无足轻重，而人的价值，在于以手段和目的的真诚完成社会义务范围内的工作。只有这时，个人才是他的良知的主人，只有这时，个人才有权利称他自己是一个人。

10月25日，康拉德又登上了开往澳大利亚的航船，花了97天才到达。他因未来不确定而感到忧郁，"或者不如说"，正如他对玛格丽特所说的，"确凿无疑的是，始终如一的灰暗在等待我"。在这次航行中，在海角镇，他又写信给玛格丽特，祝贺她文学创作的成功，并且仔细考虑了他自己的处境：

> 你的生活在变得宽广，你的见识由于尽一切可能大量积聚而不断扩大，却并不合并。在这个由创造主一手制定的完善的圈子里活动，这是一个常常以我为中心的圈子，我注视着起伏的波浪，这是我能断定的它的唯一的活动，我相信你生活在心灵的激动中，观念的灵感正掀起猛烈的风暴。

康拉德在肉体上、心智上孤独的"阴暗圈子"，将要暂时解除了。《奥尔迈耶的愚蠢》的原稿现在变得褪色发黄了。尽管如此，船上一位乘客却对它很感兴趣。这个名叫威廉·亨利·贾克斯（William Henry Jacquec）的年轻人是位富有思想的、内倾的、患了晚期疾病的剑桥大学毕业生。他把小说原稿借去读，认为这部作品明显值得完成。康拉德问他是否觉得作品吸引人，得到的回答是"非常吸引人"。

在这次航程中，康拉德还遇见了他的终生朋友爱德华·桑德森（Edward Sanderson）和作家约翰·高尔斯华绥（John Galsworthy）。他们前往山摩亚（Samoa）群岛寻找罗伯特·路易斯·史蒂文森（Robert Louis Stevenson），却无果而回。高尔斯华绥在 1906 年写给记者、批评家威廉·亚奇尔（William Archer）的信中说："1893 年 3 月，我在停泊在亚德赖德（Adelaide）港（澳大利亚港市）的'托兰斯号'船上遇见康拉德。他正忙于称船上装载的东西，换句话说，'堆装货物'。疲惫、忧郁和脏分分的样子带有海盗的神态。当时我上船想选择航行技术（我们这次航行花了两个月前往海角镇）。康拉德是大副，他的船上的天文钟对我们来说是航海的珍宝——若是你知道他是个讲故事的人就会明白。那时他随身带了《奥尔迈耶的愚蠢》大约写了一半的原稿。他不愿意出示。"高尔斯华绥对康拉德的印象似乎是，他讲故事的才能胜过他的航海技术。而康拉德自己现在真正感到，"一个海员正在成为故事讲述者"。他放弃了他在"托兰斯号"上有前途的职务。他在出发去看望身体已很衰弱的舅舅波布罗夫斯基之前，在伦敦消磨了些时光。他在波兰庄园度过了夏天，再次高兴地受到亲人的宠爱，仿佛他"还是个孩子"，回到伦敦必然是个突然转变。

11 月初，康拉德从格林翰街写信给玛格丽特倾诉衷曲："有些时候我的思想懈怠了，几个月时间不知不觉就过去了。这期间希望似乎破灭了。我正经历这样一个时期。"他没有工作，决定继续写他那部过度缓慢的小说："我似乎觉得，我不曾看见什么，现在也没看见什么，并且会经常看不见什么。我敢发誓，我正在书写这几行时，房间墙壁外只是空空如也。"康拉德开始常出现在坐落在凡术奇（Fanehusch）街的伦敦商船船长会社。可是现在他已不求什么，只是再次投入职务生涯罢了。

11 月 29 日，康拉德任职于铁壳汽船"艾多瓦号"（Adowa）。这艘船计划从法国往加拿大运载移民。在逗留维多利亚船坞之后，这艘船在 12 月 4 日到达鲁昂（Rouen，法国港市）。他在这里滞留了一个多月。他终于明白，不管哪艘船都无法穿越西部洋面，康拉德利用这段时间写《奥尔迈耶的愚蠢》的第十章，给玛格丽特寄去这些"在零卖的含酒精的饮料激发下倾泻的东西"。他任职的那艘船终于回到伦敦。他在 1894 年 1 月 18 日签了辞职文件。这趟横跨海峡的航行是他作为职业水手的最后一次。

第三章

驰骋文坛的艰辛岁月（1894—1924）

"我舅舅在本月11日去世，似乎我身上的一切都死了。"康拉德在1894年2月18日写给玛格丽特的信中告诉她这一噩耗，寥寥几句话表达了他深沉而迷茫的悲痛。他舅舅在康拉德从婴儿、儿童、青年，直至成年男人的整个人生中扮演了父亲、朋友、顾问、银行家和忏悔神父的角色。在舅舅眼里，他的监护对象虽然有点任性，但是他总会找到宽恕和爱的许多理由。

康拉德以拼死一搏的态度决心把《奥尔迈耶的愚蠢》写完。"我吝惜花在这页上的每一分钟。"他对他舅妈说。他在他的信里放进原稿第一页的复本，还有一张和爱德华·桑德森在乡下他父亲的学校旁拍的相片，作为他写作进程的督促。4月24日他回到伦敦，告知他舅妈"加斯帕·奥尔迈耶在今天凌晨三点钟去世了"，"就在我醒来的这个早上"。他继续写道："我似乎觉得我把自己的一部分埋葬在我眼前的几页稿纸里了。不过，我感到一点儿一点儿——恰似发烧。"

康拉德并没有整个完成这部小说。他回来做了认真的修改，强调人物关系中父母之爱的主题。他把这部作品题献给塔丢兹·波布罗夫斯基。6月，康拉德把原稿寄给伦敦的出版商费肖尔·昂温（Fisher Unwin）。这部小说由两位专家鉴定，一位是 W. H. 查逊（W. H. Chesson），另一位是爱德华·贾纳特。后者成为康拉德的坚定的支持者和朋友。他是很有才能的文学评论家和专给天才除去污点的人。他被这部小说"热带氛围的新奇"与康拉德叙事的"诗的现实主义"深深吸引。不需要作者的预付金和写明姓名、地址的回信信封，贾纳特劝他的上司接受这部小说。10月8日，贾纳特与比他大10岁的康拉德相会，他回忆道，他面对的是"一个黑头发的男人，矮小，但是他的神经质的姿态极其优雅，具有机灵、爱抚的风度，他说话结巴，时而谨慎，时而唐突"。

康拉德的非同一般的变态的最后阶段已经结束。大海被抛到后面，他现在已是一位专业作家了。尽管贾纳特很早就承认了他的天才，可是多年来康拉德作为作家的生活并不轻松。二十多年后，他的文学天才得到广泛的尊崇。康拉德对人类易犯的错误所展现的阴暗而带刺激性的幻象，不屈不挠地用凝重的、困难的语言表述，因此难以让时下的小说读者大众所接受。麦克米兰公司出版了这部小说的美国版本。在1895年5月2日的一篇报道中，表达了爱抱怨的读者的见解：

康拉德先生懂得如何书写英语，他的作品极其真实，我可以想象，它描写的情景和人物是符合生活的；但它是奇异的、半野蛮的、肮脏的生活。需要一位艺术家，而不是照相师来使它变得生动如画，可怜的、半疯狂的、破产的荷兰人是这个极其压抑的画面的中心人物形象。聪明，诚然是同样的，但是，我相信，阴暗的、毫无益处的聪明不会给人快乐。

二十三年以后，尽管康拉德已经成为一位著名作家，但是他悲叹自己的创作受误导的解读。小说家休·沃波尔（Hugh Walpole）在他的日记中记述道，他和康拉德会见时，后者"诅咒民众不能区别创造与照相"。

1895 年 4 月，《奥尔迈耶的愚蠢》在英国出版。一个月后，康拉德写信给爱德华·诺布尔（Edward Noble）——一位欣赏他的读者，他也是水手，并且尝试写作。康拉德对这位后辈说的动人的鼓励的话语权衡了希望与恐惧。

康拉德也许不能断定自己是否会赢得广泛的读者。他至少可以确定有一名读者——杰西·乔治（Jessie George），一个家庭背景一般的打字员。1894 年末，他们由朋友贺普（Hope）介绍认识。按照杰西的看法，他们二人建立了"奇特的友谊"。康拉德把一本《奥尔迈耶的愚蠢》赠给一位约比他小 15 岁的女子，随后几个月便进入她的生活。两人之间的友谊渐渐变得密切。康拉德现在着手写《海隅逐客》（An Outcast of the Islands）（再次利用他在东方的经历），邀请杰西读他的原稿。她回忆起初次的情况："他坐在离我几尺远的地方，他的咄咄逼人的眼光注视着我的脸庞，我那时已意识到他内心有些不安的情绪，一种心灵深处的火几乎使我丧失说话的能力。我沿着密扎扎的打字稿上，穿插在行间的订正文字往下读。"作为酬劳，当他完成创作时，送给杰西一颗红宝石和一挂珍珠项链，这些东西大概是他在东方旅行时偶然获得的礼物。

在紧张的工作和在谦帕尔（Champel）短时间逗留之后，《海隅逐客》在 1896 年 3 月 4 日出版了。不到一星期之后，康拉德寄了一本给他的远房舅舅卡罗尔·扎戈斯基（Karol Zagorski），在对函内附件的说明信中，他郑重宣告："我将要结婚。"他又风趣地声称："对此没有人会比我自己更惊奇。不过，我一点不害怕，因为正如你所知道的，我习惯了冒险生活和面对危险处境。此外，我得声明，我的未婚妻并不给我丝毫危险的印象。"这对情侣举行了奇怪的订婚仪式，康拉德提议，在国家画廊订婚。他表明，他活不久，不要孩子。

他们的毫无魅力的婚礼于 3 月 24 日在婚姻登记的地方举行。他的两位朋友贺普和克里格（Krieger）做证婚人。作为婚礼准备工作的一部分，他残酷地坚持，他未来的妻子应该烧掉他从瑞士写给她的不多的信件。他亲自监督这件事，他悲哀地回忆道，"没有一封信能逃过"。

实际上，康拉德还活了好多年，这期间，杰西一直是爱与忠诚的巨大源泉。对于他的小说创作，她也起了不少的实际作用。她打字的技能对康拉德来说是非常宝贵的，尤其是从早年就起折磨他的风湿病和关节炎变得越来越严重的时候。康拉德夫妇的蜜月是在远离布列塔尼（法国地名）海岸一个名叫格兰德的小岛上的岩石丛中孤寂地度过的。康拉德何以选择这样一个孤寂的地方是个谜。不大敢肯定他是否不让人看见他们的幸福，或者"他们的愚蠢"。也许选择这样一个偏远的环境的理由就是要集中精力于创作。他在这里创作了《进步前哨》(*An Outpost of Progress*)，草拟了非洲回忆，并且开始酝酿《拯救》

（*The Rescuer*）和《"水仙号"上的黑水手》（*The Nigger of the Narcissus*）等小说。

《"水仙号"上的黑水手》的不平凡的"序言"显示了康拉德被广泛关注的创作哲学：

> 一部作品，不管多卑微，都追求艺术在每一行都具有正当性的境况。而艺术本身可以界定为一个单纯的心灵凭借揭示隐藏在每个方面下的多重的和单一的真实，试图赋予可见的宇宙以最高等级的正当性。

在康拉德看来，这不是浮华的或者惬意的，不是以无聊的故事给读者提供欢乐的某种东西。

康拉德和杰西搬出伦敦，迁到靠近艾塞克斯（Essex）的格雷夫森特的一座半独立的城郊小屋。这座小屋紧靠贺普的房子。他曾跟贺普在河上驾驶游艇游玩儿。关于这个区域，康拉德在《黑暗的心》开头做过激起他魂牵梦萦的描写：

> 泰晤士河的入海处在我们面前展开，就像是漫漫水路的开端。远处水面海天相连，融为一体。在这波光粼粼的海面上，随潮漂来的大驳船上褪色的风帆衬托在一簇簇尖尖矗起的红帆中，青漆漆过的斜杠闪着亮光。低低的海岸上笼罩着一层烟雾，那海岸平坦地伸向大海，消失在水中。格雷夫森特上空一片黑暗。再往远处似乎浓缩成一层悲怆的朦胧，一动不动地覆盖这座世界上

最大的城市。[1]

康拉德为了完成《"水仙号"上的黑水手》而紧张地工作。12月20日，他写信给扎戈斯基说："我无休无止地写作，现在一看到墨水池和笔我便感到愤怒和恐惧——但是，我还是继续写。"一年后小说面世，受到有辨别力的评论家赞扬，有人宣称："这是本年度最有力和非同寻常的著作之一。"在1897年3月13日，康拉德一家迁至邻近常青藤墙农庄的一座伊丽莎白时代的房子；它紧靠泰晤士河，康拉德可以听到船上熟识的钟声。现在他在创作《不安的故事》（*Tales of Unrest*），它终于在1898年3月面世。尽管这部小说集至少有一部分在艰难的程度上、思想倾向上和心灵的幻灭方面让他很费神，但他还是妥善地进行了处理，并且努力与《布拉克沃德杂志》及它的苏格兰编辑威廉·布拉克沃德（William Blackwood）建立了鼓舞人心的重要的关系。

1897年春天，康拉德突然收到珍妮娜·德·布鲁诺（Janina de Brunnow）的信。他最初认识她（可能爱她）是小时候在克拉科（Cracow），那时她叫珍妮娜·托贝（Janina Taube）。在10月2日致她的信中，他概要介绍了他的情况：

> 十八个月前我已结婚，从那时起，我不间断地工作，我已取得某种声誉——文学方面的——但是未来还不确定，因为我不是

1.康拉德：《黑暗的心》，章汝雯译，载朱炯强编选《康拉德精选集》，山东文艺出版社1999年版，第30页。

个受大众欢迎的作者，而且我可能永远不会成为受欢迎的作者。但是这一点不使我灰心丧气，因为我从未有野心为最强大的多数写作。我不喜欢民主主义，而民主主义也不喜欢我。我得到些精英的赏识，我不怀疑我最终会创造自己的大众。当然，人数有限，但是已为我赢得生计。我并不梦想发财，不管怎样，这并不是在墨水池里可以找到的东西。不过，我得承认，我梦想和平，梦想获得些认可，而把我的余生献给艺术，让我免受经济上的忧愁。……

在赞赏康拉德的少数精英中有享有国际声誉的亨利·詹姆斯，他和康拉德在 1897 年 2 月初次会面，还有作家和批评家 H. G. 威尔士、大学教师和作家亚瑟·托玛斯·奎勒－库奇，以及帮助并激励他写《诺斯特罗莫》的浮夸的苏格兰民族主义者 R. B. 康宁汉姆·格拉汉。康拉德写给这些人的炽热的信函，内容涵盖了文学的、政治的、个人的及哲学的诸方面问题。例如在 12 月 20 日的一封信中，他向理想主义者 R. B. 康宁汉姆·格拉汉解释他自己一直以来的虚无主义世界观：

> 有一架——我们暂且说——机器。它在乱七八糟的钢铁碎片外旋转（我是严格符合科学规律的），然后瞧哪！——它在接合。看到它的可怕的运作，我吓坏了，莫名惊诧地伫立着……它把我们接合，又往外接合。它接合时间、空间、痛苦、死亡、腐败、绝望以及全部幻想——却无关紧要。

三天以后他从完全不同的视角写信给奎勒－库奇，说他曾希望

《"水仙号"上的黑水手》获得成功："我想为海员做的事正如密尔勒特（Millet）为农民所做的……我关心人——只关心人，得知你看重他们深感欣慰——因为没有把他们当作野蛮人和暴徒打发掉。"另一桩新的但苦涩而短促的文学友谊是在 1897 年 10 月他与美国年轻小说家斯蒂芬·克兰（Stephen Crane）建立起来的。克兰在 1900 年死于结核病。但是许多年之后，康拉德还谈起他对那个精力旺盛的、瘦小的、身体孱弱的、生活紧张而短促的人之间持久的感情。

1898 年 1 月 17 日杰西生下第一个孩子。四天后，康拉德高兴地向他的远房姑母安尼拉·扎哥斯卡（Aniela Zagorska）宣告这个喜讯："医生告知说，是个漂亮健壮的男孩。他有一头黑发，大大的眼睛——看起来像只猴子。让我心烦的是，我妻子坚持认为，他非常像我。"孩子的名字反映了康拉德的波兰与英国的民族性——奥费雷德·波里斯·康拉德·柯詹约夫斯基（Alfred Borys Konrad Korzanniowski）。这一年康拉德仅写了三篇评论和短篇小说《青春》，小说于 9 月登在《布拉克沃德杂志》。做父母的职责和受到的挫折诚然让他吃尽苦头。但是也还有其他因素。远房舅舅卡罗尔·扎戈斯基于 1 月 19 日去世的噩耗使他深感悲痛。他在 4 月 12 日写信给他的未亡人安尼拉说："两个月来，我不能把握自己的思想或写下一两行字。"经济上的急需一如既往地迫使他再拿起笔来，但受到故土传来的消息的影响，他拿不定主意对于他眼前的身份是忠诚还是厌恶，"因此强烈的悲伤塞满我的心田"，他向她坦承，"我写小说是为了让英国人快乐"。他在 9 月前往苏格兰，想找一艘船，结果却失望而归。

尽管他被痛苦所包围，但是这一年对康拉德文学创作的发展绝非不重要。他开始撰写《吉姆：一个素描》，后来它发展成为他的杰作之一《吉姆爷》(*Lord Jim*)。在这一年的岁末，他以《黑暗的心》弹奏出新的、可怕的调子。他还和青年作家福特·墨多克斯·福特(Ford Madox Ford)交朋友，他们有相同的品格和文学态度，合作了各种作品。

康拉德一家在 10 月 20 日迁至肯特郡的潘特农庄(Pent Farm)。距离大海很近的这幢房子是由福特租下的，出于直接的需求，他说："我觉得在老地方无法工作。"在他描写新居的环境之前，他写信给安尼拉说："一条道路沿着小山的山麓通到房子附近——这是一条非常荒凉的、笔直的道路。(人们私下传说)已于 80 年前去世的老爵士洛克斯贝(Roxby)曾常常在田间独自驾驶四轮马车……在小花园的另一边伸展着一片安静的荒地，它被篱树隔开，稀稀落落地长着橡树或是一丛小桉树。三个小村庄隐蔽在小丘里，只有教堂的尖顶才看得见。乡村呈现出褐色、灰白色和黄色等色调。在这中间，远处看得见如同绿宝石般的草地。"

威廉·布拉克沃德在 1899 年 2 月至 4 月连载了《黑暗的心》。1898 年末，作者在写给布拉克沃德的信中向他概述了作品的轮廓："当处理非洲的开发工作时，无能的犯罪行为和纯粹的自私是一个被证明恰当的观念。这个题材是这个时代富于特征的——尽管没有当作主要论题来处理。这个故事和我的《进步前哨》差不多，但是，可以说更易领会，稍为广阔，而更少关注个人。"

康拉德在 1899 年 2 月 18 日写信给 R. B. 康宁汉姆·格拉汉说："我不从抽象的概念出发，而是从一定的形象出发。"受到他的田园诗般的奇特环境的激发，康拉德不是寻求"让英国人快乐，而是通过他自己的最可怕的印象的概括，震撼他们，直至灵魂深处"。较有悟性的批评家都接受这点。《观察家》(Spactator) 杂志的休·克里福特 (Hugh Clifford) 写道:"毫无疑问,直到现在为止,还未有任何作家成功地把这一切的清醒认识,可怕的清醒认识带回本国来,就像康拉德先生在这了不起的、令人敬畏的研究中所做的那样。"

创作的成功却没有带来经济上丰盈的收益。康拉德处于可怕的经济紧张状态中,贺普自己由于在南非矿业中损失了资金,对他爱莫能助。在布拉克沃德的帮助下,康拉德奋力前进。他对他的不稳定的经济状况有清醒的认识,可是他觉得身不由己,要继续创作。10月12日,他对桑德森(Sanderson)解释道:

> 靠写小说过活是傻事。真是奇怪。非现实情景似乎进入一个人的现实生活后便使这心脏把搏动的幻想挤进动脉中去,一个人的意志成为幻觉的奴隶,只回应虚幻的冲动,只伺候想象一种奇异的状态,一种恼人的体验,一种激烈的、不真实的磨难。一个人意气风发地经历这过程,就像它的其余部分一样虚假。一个人经历这过程——最终什么也没呈现出来,没有!没有!没有!

尽管经济上的报酬不多,也没受到广泛欢迎,康拉德在1900年1月19日通知 R. B. 康宁汉姆·格拉汉:"在十四个月间,我一直在潘特(Pant)写了十万多字。"七个月后,他写完了《吉姆爷》。尽管他生了场痛风病,从7月20日至8月18日,康拉德一家和福特一家在布鲁塞尔度了个创作假,这是个不太长的间断。康拉德说:"我弄得精疲力竭,意气消沉。"更糟的是,他的儿子波里斯又病得厉害。

回到英国不久,康拉德成为德高望重的文学代理商 J. B. 平克尔

（J. B. Pinker）的顾客。在随后的十年间，尽管他们之间的关系常常磕磕碰碰，但平克尔在道德上、经济上给了他极大的支持。平克尔极其尊敬康拉德理智上的正直，容许他继续从事对他们各人都不会有什么经济效益的才艺。尽管他持续不断地陷于"烦恼、衰弱、病痛"之中，康拉德仍以坚定自信的态度对待自己的努力："我对自己从事的工作羞于启齿。"他在 1901 年 2 月 14 日写信给一位同名的波兰伙伴说："我所选择的这条道路一点也不轻松——相反，它既困难又不稳定——不是以虚构的情节，而是以服务于我所看到、感觉到的真实的风格的创作来赢得许可。"

这时候，康拉德已完成《台风》(Typhoon)，并且正在创作更艰难的短篇小说《福克》(Falk)、《艾米·福斯特》(Amy Forst)。除了《布拉克沃德杂志》之外，他还找到《插图伦敦新闻》和《蓓尔—美尔》，它们都愿意刊登他的作品。他和福特合作的《继承人》(The Inheritors)发表于 6 月。另一篇合作的小说《罗曼斯》完成于 1902 年 3 月。福特回忆道："我和康拉德在同一个房间里从事搜索言词的工作使人筋疲力尽。"

1902 年 7 月，皇家文学基金会授予他 300 英镑资助。这不仅极大地增强了他的信心，而且改善了他的经济状况。皇家文学基金会是许久以前设立的一个机构，它为有成就的、经济困难的作家提供资助。康拉德自己并未申请这笔基金，但是一些有威望的作家认为康拉德有资格申请，并且他的确急需资助，于是，艾德蒙德·戈斯（Edmund Goce）为他填写了最初的申请表格。

亨利·詹姆斯作为康拉德的保证人之一，在 6 月 26 日致戈斯的信中写道：

在我看来，《"水仙号"上的黑水手》是我们的语言所拥有的描写海洋生活的最优秀、最有力的作品——整个伟大作品中的一部杰作。《吉姆爷》也和它很接近。当我想到这么完善、这么强烈的表现竟是由一个不是说我们语言的人达到的，他出于需要、出于同感，以奇特的勇气，以英雄的气概辛勤地、执着地工作，同样对杰出的持之以恒精神和内在的成功留下了印象。身为波兰人，投身于航海，却创造出一种英语风格，它远不止正确，它具有质量和灵巧。这情形，在我看来似乎是独一无二的，值得赏识的。不幸的是，力求严肃认真和精巧，可惜不是通向好运的一条道路。

7月11日，康拉德送交填写好的300英镑收据时，附上致基金会的一封感谢信。康拉德感谢基金会物质上的帮助和道德上的大力支持，认为这一切对于一个处于焦虑与怀疑状态，辛勤工作的作家来说是非常宝贵的。康拉德接着便着手创作《诺斯托罗莫》（*Nostromo*）——一部以史诗风格描述一个虚构的南美洲国家命运的作品。

两年创作历程并不轻松。在肉体上，康拉德深受痛风病发作之苦；精神上，他摇摆于对小说创作目的的强烈自信意识与几乎绝对的悲观主义之间。1903年8月他在写给平克尔的信中说道："我先前不曾觉得这么艰辛——总是忧心忡忡。但是结果还不错。你知道，我对自己所做的事没把握——我就这样判断自己。关于这点是不会错的。当你提出意见时，尽可以采取强硬的态度。这就是求真的康拉德。"但是，在这年的年终，他写给波兰历史学家卡什密尔兹·瓦利斯扎夫斯基（Kazimierz Waliszewski）的信中说："我取得了什么成就呢？我不知道——或者不如说，我知道我并没……我写得困难，写得慢，经常把写好的勾销掉。"他并总结说："多么糟糕的职业！"

不幸的事又阻挡了他的小说创作进程。1904 年 3 月，他给瓦利斯扎夫斯基的信中描绘了一幅令人灰心丧气的情景：

> 一个月来，我们被卷进各种各样不愉快的事情之中。我可怜的妻子跌倒后，膝盖脱臼了。于是，内科医生、外科医生和其他各色人登场。比这更不幸的是，我存钱的银行破产了，我发现自己没了银行，没了钱，甚至没了支票簿——我一想到这点，令人揪心的痛苦使我不寒而栗。

杰西这次跌倒使她后半生成为跛脚的人。为了解决直接的经济困难，康拉德着手写系列短篇，以便在报纸、杂志发表，他在致 H. G. 威尔士的信中，以冷嘲热讽的口吻宣称：

> 我着手写一系列海洋速写，已发送给 P（Pinker，平克尔，康拉德的文学代理商），让他去寻找安置它们的地方。这一着定能救我。我发现，我能在四小时内口授这类胡吹的东西三千多字。这是事实！现在唯一要做的事就是把它卖给报纸，然后弄成一本塞满垃圾的书。真该死！

康拉德把这些松散的、传记性的速写卖给各种报刊，它们最终集成一册，以《大海如镜》(*The Mirror of the Sea*) 的书名在 1906 年 10

月出版。高尔斯华绥对这本书的评价比作者自己的评价宽容。在此书出版之前，他就对亚奇（Archer）说："这是书写真正的海员心灵的光彩夺目的东西，充满真实、生活和美。"通过在大不列颠图书馆经营书画的新朋友锡德尼·柯尔文（Sidney Colvin），作为一项附加的紧急手段向他提出来，康拉德把一出根据他的短篇小说《明天》改编的独幕剧《又一天》（One Day More）匆忙凑在一块。

康拉德全家一直留在伦敦城里，以便接受福特的支持。康拉德自己把这策略看作"我正在跟毁灭的阴影玩一场拼死移动的游戏"。他们在 3 月末才回到潘特（Pent）。他极其焦虑，发狂似的要完成小说，但是，不知什么缘故，总不能如愿。康拉德便去艾塞克斯（Exsex）和贺普（Hope）待在一起。"在这里让我的脑袋清醒一下。"他在小说完成之前的 8 月末，整天忙得晕晕乎乎。

康拉德在 1918 年致艾德华·戈斯（Edward Goss）的信中谈到《诺斯托罗莫》时说："要说《诺斯托罗莫》是我的最大的创作成就的话，有一个很大的弱点。"尽管作者说得谦虚，但是评论家沃尔特·艾兰（Walter Allen）把《诺斯托罗莫》称作"本世纪最伟大的小说"。现在几乎没有人会否定这一评语。但是，这部作品在 1904 年 10 月 14 日问世时，康拉德却没有赢得这样的称赞。

眼下更让康拉德操心的是杰西，她的膝盖需要动手术。痛苦也罢，手术总算成功；一做完手术，他们就在 1 月 13 日往气候更暖和的地方去。这时候的一个好消息是，康拉德获得皇家文学基金的 500 英镑奖金。不过，他不能一次性地把整笔奖金取出来，只能一点一点地支取。这趟短途旅行不仅有利于杰西的健康，而且让康拉德得以着手写作《机缘》（Chance）这部最后给他带来声誉的作品。

1905 年 5 月 18 日康拉德偕杰西回到潘特。翌年，康拉德忙于创作《机缘》和数种短篇小说，其中包括《维尔洛克》（ *Verloe* ），它后来发展成以伦敦为背景，描写无政府主义的阴谋活动的长篇小说《间谍》（ *The Secret Agent* ）。健康问题继续牵制这个家庭。杰西的心悸病很厉害，康拉德自己受痛风折磨，儿子波里斯则患猩红热住院治疗，为了便于照顾他，康拉德一家迁往伦敦南部的肯宁顿（ Kenninton ）。

在他们滞留于伦敦期间，康拉德集中精力写关于无政府主义者的小说，他发现这类作品比"海洋文章"更有利可图。一旦波里斯的身体恢复到能旅行时，他们便往蒙特帕利尔（ Montpelier ），在那里生活费用较低廉。他们租住的是一家挺像样的，适合杰西和波里斯养病的旅馆。他们住的是顶层房间，康拉德在这里继续写《维尔洛克》。

康拉德一家在 1906 年 4 月 14 日回到潘特。一个月以后，他们前往温契尔西（ Winehelsea ）。在那里他与福特一道创作《罪行的性质》（ *The Nature of a Crime* ）。三年后，它发表于福特创办的杂志《英国评论》。这年的夏天他们在伦敦度过，康拉德忙于准备《大海如镜》并且专注于创作《间谍》。这部小说的部分蓝本是曾被大量报道的发生于 1894 年 2 月 15 日的格林尼治天文台爆炸案。此案的罪犯玛蒂尔·波尔丁（ Martial Boardin ）试图炸毁格林尼治天文台，结果却炸死了他自己。康拉德于 1906 年 11 月 7 日写给出版商奥尔吉农·玛休恩（ Algernon Metheuen ）的信中说：

> 我承认，这部小说在以讽刺手法处理特殊题材方面是相当成功的（也是诚实的）。……它基于对无政府主义活动史上某个事件的内部消息。但是另一方面，它纯粹是一部想象的作品。它没

有社会的或哲学的意旨。它甚或有些道德意义。

这部小说在冬季一直连载，1907 年才作为一部书问世。为了写这部小说，康拉德曾广泛熟识伦敦，几乎不放过它的一滴水。但小说出版后，销售情况不佳。1908 年 1 月 6 日，他写信向高尔斯华绥大吐苦水。他说："我猜想，我身上有某种东西令普通读者不喜欢……我猜想，是外国身份。"

在那时之前已发生许多事情，正如他在 1906 年 8 月 2 日写字给玛格丽特的信中所说的，其中包括另一个男孩的出生。他的名字叫约翰·亚历山大·康拉德（John Alexander Conrad）。"我替他请求你在你的胸膛里留一小块位子给他，波里斯"，他继续写道，"已把他的玩具作了公平的区分，还把他的狗分一半给他。我向你保证，那是感情的证明。即使我不到欣喜若狂的程度，为人父者至少也因添了新丁而高兴，对他怀有浓郁的友好情感"。遵照前一个冬季的方式，一家四口在 12 月前往蒙特帕利尔。本想这趟旅行对他们的健康有益，谁料却使约翰和波里斯二人病得厉害。2 月，波里斯患上麻疹，胸部充血。于是全家迁至谦帕尔（Champel），一切对于康拉德来说都那么熟稔。

波里斯的病变得更严重了，并发哮喘咳嗽、胸膜炎和风湿热。在照料方面不比杰西能干的康拉德尽其所能地看护两个孩子。他在 6 月写给高尔斯华绥的信中谈到了这可怕的情景："他只能在一种安静的梦魇中移动、谈话、写作。"约翰刚刚恢复的身体让他的父母看到了希望，而波里斯在整个 6 月中一直挣扎于死亡的边沿。到了 7 月中旬，险情过去了，得到宽慰却陷于穷困的康拉德给平克尔一封告急信：他欠了各类医生至少 80 次出诊费。8 月 15 日，这一家子身心交瘁地回到潘特。

　　家庭的不安定再次压倒了康拉德，1907 年 9 月 12 日，这一家子又迁往靠近鲁顿（Luton）的一座新房子。康拉德称这座房子像农场里的住房，内部宽敞，外表看起来让人觉得亲切。"因为波里斯现在吃住在附近的圣乔治学校里，康拉德便投入《拉祖莫夫》的创作（它将扩展为《在西方目光下》）(Under Western Eyes)，并且开始撰写《一些往事回忆》"，预定形成《个人纪事》(A Personal Record)。写这些作品时经受的紧张，尤其是在处理和平克尔、福特的关系方面所费的精神导致两年后他身心交瘁。

　　这时期康拉德在创作上多产，尽管被人称道还要几年，但是他的声誉正缓慢而稳定地增长。1909 年 3 月 21 日，他给他的老朋友珍尼娅·德·布鲁诺写了一封感人的、谦逊的信，回应她的请求，送她一些他的著作。具有讽刺意味的是，他无法获得初版的作品，因为发行量相对较少的书被收藏者抢购光了。他详细阐述了他的读者身份："我的读者既有杰出人物，也有普通人，我的一位朋友告诉我，大众和通俗图书馆需要我的书。庞大的中产阶级知道我的名字，但不知道我的书。画家——我的意思是指年轻人，有独立思想的人——也非常喜欢我的散文。在文学界我有真正的名声。"H. G. 威尔士（H. G. Wells）的简短而带挖苦的倡议信，也许透露了这个事实。此时，从未有过的特别不费力建立起来的友谊已经蜕变为同行业的妒羡了："康拉德身为伟大艺术家，现在又面临窘境了。皇家文学基金是为这样的需要而存在的，我表示赞同支持他。"

　　桑利斯让康拉德感到郁闷，于是在 1909 年 2 月，他们又迁到肯特（Kant）的艾丁顿（Aldington）的一个小村庄里。虽然位于肉铺楼上的住房狭窄，杰西不喜欢，但是这个新的住址意味着康拉德和福特是实实在在的邻居。这似乎是让他们继续进行创作合作的一个理想的环境，从康拉德方面说，他更方便把回忆录分期给福特的《英国评论》。但是，正是这种安排使他们的合作关系产生了问题：他们之间潜伏的矛盾最后爆发了。尽管他们以后重建了亲密的关系，但是他们关于稿子刊登错过了一期的争吵，实际上是他们的亲密友谊结束的信号。"他的行为叫人受不了"，康拉德在 8 月 4 日给平克尔的信中写道，"他妄自尊大，他以为他在管理全世界……一种猛烈的、让人恼怒的虚荣心隐藏在让人产生错觉的、沉着的行为后面……他的举止像是一个被宠坏的孩子——而不是一个有教养小孩。"

康拉德和他的文学代理商之间也发生了争执。平克尔对他的委托人不能如期完成《在西方目光下》越来越感到灰心丧气。康拉德并没有集中精力去完成这个项目，而是转向其他作品。先是《个人纪事》，然后又想试写能迅速挣钱的《秘密分享者》(*The Secrete Sharer*)。这种摇摆不定的态度激怒了这位代理商；他想，期望他的大量投资至少有回报是合情合理的。于是他在 1909 年 12 月 18 日写信通知康拉德，他若不能在两星期内完成这部小说，他就拒绝为它支付稿费。康拉德却回复说，假如这个威胁兑现的话，他就把手稿烧掉。

康拉德终于写完了这部小说。他鼓起勇气摆脱孤立状态，带着手稿的最后一部分在 1910 年 1 月 27 日进了伦敦。在平克尔的办公室里，他们大吵了一通。康拉德把自己两年来遭受的全部挫折——经济上的、精神上的、肉体上的以及文学创作方面的都发泄到这位代理商身上。康拉德的这阵狂怒固然是由于对平克尔行为的反感，但更重要的是痛心地认识到对他人的依赖是靠不住的。从 1 月 26 日他向平克尔发电报宣布要去造访他直到 3 月，这几个月之间他们没有信件留下来。看来他没再写信给他。他在 3 月向高尔斯华绥打破沉默，其中的缘由就清楚了。他在信中写道："今天我伫立了几分钟，六星期来，第一次……我觉得一切都破碎了。不只是一切希望又一次破灭。"信中语句的迟疑证实了他的坦承："我发觉写下这点，是不可想象的精神上的极度紧张，处于可怜的状态。"

杰西后来回忆在那可怕的几星期中她丈夫衰弱的情景："他所有时候都说波兰话，不过只有针对可怜的平克尔的凶猛的几句……他在至少应呼吸十二次时似乎只呼吸一次，浑身出了大量的冷汗，他仰卧着，用微弱的声音说着葬仪中的话。"她向布拉克沃德的一位文学顾问大卫·默珠朗（David Medrum）通报说："可怜的康拉德病得厉害，赫克尼医生（Dr. Harkney）说，他要过很久才适宜做费精神的事。有已完成但未修改的手稿。医生甚至强烈反对让他碰它一下。手稿就堆放在床脚旁的桌子上，他生活在混乱的一段情节中，和人物交谈着。"

在康拉德身体逐渐恢复期间，他的所有亲密的朋友都聚集在周围帮助他。杰西全身心地照顾他。罗伯特·贾纳特（Robert Garnett）、爱德华特的兄弟给了他重要的支持。康拉德承认："没有他的支持，我恐怕不仅在物质上，而且在道德上都完蛋了。"平克尔起初虽谨慎，但最终还是答应付给康拉德每千字 1000 英镑稿酬。他们的友谊又树立起来了，并且变得比先前更牢固。康拉德永远不会忘记这时期平克尔对他的信心，他在 1916 年写信对一位朋友说："我们之间的关系绝不是委托人与代理商之间的关系，我要告诉你其中缘故。这是因为这些著作正如人们所说的，是英国文学的宝贵财产，它们的存在既归功于平克尔先生，也归功于我。……他目睹我经历了没有收益的时期、生病时期和各种各样困难时期。"波里斯也见证了这巨大的帮助。他在生病期间,经常得到他父亲照料。现在康拉德振作精神,整理 600 页"全未编号、相当混乱的手稿"。他依旧卧床,只能工作短时间,着手修改手稿。

"显然,我几乎在这场病中死去。"他写信给他的著作的译者亨利·达兰德·达夫雷(Henry Darand Davray)谈到他的病时说。接着,他得意扬扬地宣称:"我恢复工作已经有八天了,我正相当不错地脱离了疾病。"两星期后他向高尔斯华绥倾吐心曲:"我……正回到世上。……满有把握。"《在西方目光下》终于在 1910 年 5 月 11 日完成,它被许多人看作康拉德最辉煌的创作时期的终结。不过他怀着新的信心,这并非毫无根据,至少在某些方面,他将展现一个更辉煌的未来。

"离开这里的窝是我的强烈愿望。在离这里四英里半的树林里,我们找到了一座房子。它既别致又宽敞。我必须有空间和安静——安静!假如在狭窄的坟墓之外有什么地方可去的话,我就一定把那地方当作我的最后去处。"1910 年 5 月,逐渐康复的康拉德对威廉·罗坦斯丹(William Rottanstain)宣告他发现的住所卡帕尔(Caper)是一座农舍,坐落在一个果园里,它将作为这一家今后九年的住所。康拉德很欣赏这个偏僻的住所,来拜访他的著名人物络绎不绝。

在卡帕尔,康拉德得以享受长期的愉快的家庭生活。

《在西方目光下》在迁至卡帕尔之前就已完成,1911 年它在《英国评论》连载,10 月出版了单行本。在 1910 年,康拉德还写了好几篇短篇小说。1911 年 4 月 29 日,康拉德开始续写《机缘》(这时康拉德的经济状况已有所好转)。1910 年 8 月 9 日,康拉德被授予 100 英镑年度津贴。一年后，一位名叫约翰·昆恩（John Quinn）的收藏家提议购买包括《在西方目光下》在内的康拉德的各类著作的手稿。

当康拉德辅导小儿子约翰了解机械的复杂性和机械的结构时，大儿子波里斯表示他要从事一种让他的父亲感到自豪的职业。1911 年 9 月 22 日，波里斯作为实习生参加"H. M. S 华什斯特号"的航行。波里斯的身体一向不强壮，最近视力又退化，不得不戴上眼镜。他出现在舷梯上时，颇像个文弱书生的样子。康拉德深知海上生活对身体素质的要求，看到他儿子虚弱的模样，颇感辛酸。翌日，他写信给高尔斯华绥谈到他们父子分别时的情景：

> 波里斯出现在宽大的甲板上，在一大群他不认识的人中间，在我看来，显得又小又孤单。这对他来说是个巨大的改变。是的，他看起来的确是个小不点的孩子。我不忍心离开他，最后我不得赶快逃走。我受不了他从我的眼前消失。

忧愁的父亲实在无须这么担心。当波里斯在 1914 年 4 月离开这艘船时，无论是学校作业，还是航海技术都拿到一级证书。

康拉德的名望终于开始增长。在法国和波兰他越来越受到重视。而在美国，双日出版社曾发起一个宣传运动。公司支持他作为一个适合列入文学大纲里的作者，散发他的照片，并刊载他的不平凡的历史。1914 年 6 月，康拉德已声名远播，足以保证他的第一部传记的出版。大约两年前，他在伦敦索霍（Soho）一家餐馆里遇见过这位传记作者，他是苏格兰的旅行家、评论家和收藏家。此后他们成为亲密的朋友。他曾写过一篇关于《诺斯托罗莫》的评论，准备以其他多种研究提升并让人铭记他的名声。

库勒的传记很适时，《机缘》在遭受挫折拖延了近两年后已经完成，1914年1月8日在英国出版，3月26日又在美国出版。尽管普遍并不认为这是一部伟大的作品，但是它在这两个国家很快成为畅销书。像拜伦一样，康拉德沉寂多年之后一觉醒来发现自己出名了。这位许多年前，"站着跳出种族的环境和关系的年轻人终于在58岁的年纪登陆了"。他现在倒觉得被拉回到那些环境和关系中去了。

康拉德上次去波兰是在1893年。他已有40年没有看见克拉科（Cracow）了。1914年7月25日，康拉德一家启程前往波兰。现在让康拉德感到自豪的是他已完成的创作、写下的言辞、已获得的友谊都和他的家庭有着宝贵的、紧密的联系。他期望一种跟过去的生活道路迥异的旅程。

他们一家四口从哈里奇（Harwich）出发前往汉堡，航行中汽船的优越使这位先前指挥水手的航海家想到，"从我那个时代以来，海上生活大变样了"。经过长途跋涉，康拉德一家在7月28日抵达克拉科，这时，奥匈帝国与塞尔维亚之间已爆发战争。尽管时间已晚，康拉德和波里斯却毫不在乎，照样在城市街头漫步。在逼近的国防危机背景下，街上凄惨的灯光和空荡、沉寂立刻唤起他的悲惨的童年和他父亲最后一场病的痛苦记忆。他精疲力竭地和波里斯回到饭店。

　　我似乎觉得，要是我仍旧滞留在那狭窄的街道上，我会被心头浮现的阴影所吞噬，这些阴影莫名其妙地、不停地粘着带有尘土味的空气和昔时希望苦涩的空虚聚集在我身上。

因为欧洲进一步卷入战争，康拉德便把过去的情形丢到脑后，集中精力把他的家人带出这多事的环境。8 月 2 日，他们直奔扎科潘尼，一个坐落在山中的大约离此 60 英里远的一个常去的地方，上了最后一班开出克拉科的民用列车。两天后，英国和德国开战。作为英国的国民，康拉德冒着被奥地利军队扣押的危险，利用这个机会结识了聚集在这个地方的许多作家和知识分子，以便扩大他的波兰文学视野。

10 月 7 日，康拉德心想，这正是回家的好机会，在他的一个名叫狄奥多·科斯奇（Teodor Kesch）的亲戚和美国大使弗里德里克·潘菲尔德（Frederiek Penfield）(后来小说《拯救》题献给他，再适当不过了）的共同帮助下，他设法得到前往意大利旅行的许可。这趟旅行充满危险，他们必须避开受流行霍乱感染的伤兵。他们在维也纳做了短时间逗留，设法在德国颁布一道会让他们被扣留的命令之前到达意大利。他们在热那亚乘荷兰邮轮前往英国。一年后，在《重访波兰》随笔中，康拉德回忆起再回到温达尔（Vondel）船上的阴郁情景：

> 当我们的船头摇晃着进入泰晤士河河湾时，一阵深沉而微弱的撞击声穿过空气中，与其说这是一种声响，不如说这是一阵震颤，它没进入我的耳朵，却直奔我的心坎。我本能地转过头去瞧瞧我的孩子们，却不期而然地遇到我妻子的目光。她也深切地感觉到来自灰色的海洋的远方，在弗兰德斯海岸上大炮在发射——正在塑造未来。

这不祥的未来不久便拖累了他的大儿子。尽管在 1915 年秋天波里斯参军去了，1916 年 2 月正在前往德国的旅途中。阴郁气氛笼罩着卡帕尔。康拉德焦急地给亲朋写信，包括平克尔和桑德森（Sanderson）、格雷丝·威拉德（Grace Willarde）。一位替康拉德装修住房的朋友，回忆起特别动人的时刻：

> 正当战争的阴暗日子折磨人的时刻，康拉德没有关于他的在前线的儿子的任何消息，我当时正在卡帕尔的房子里。……正打算回伦敦去。我寻找康拉德，要和他告别，我看见他在他儿子的房间里，寻找小孩的书本，放下一本已翻动书页的书，又放下另一本——仿佛他在翻动书页时感到安心，他两手颤抖着，他的脸庞因担心和忧愁而两颊凹陷。

波里斯虽饱受战争之苦，但总算活了下来。康拉德和杰西都在和病魔做斗争。康拉德受痛风折磨，意气消沉；杰西则腿脚不灵便。不过，他们也有轻松愉快的时候。有一个生性活泼、很有个性、名叫珍妮·安德逊的美国女子，她是短篇小说作家和战地记者，与康拉德一家交情甚笃，甚至做了他们的干女儿。她给卡帕尔带来几分亮丽的色彩和朝气。

康拉德亲自为战争的艰苦工作尽一份力。任务落实到海军部方面，包括访问全国的海军基地。渡海登上潜艇"搜索者 H. M. S 勒地（Ready）号"，他给平克尔的信中说："它将持续十四天，假如到了那个地步的话，可以坚持到生命的尽头。"他也没有忘记故国的困境。他上书给外交部阐述他对波兰未来的看法。毫无疑问，他记得自己的流亡生涯，为帮助波兰的流亡者筹集资金。

在战争期间，康拉德最有意义的小说是于 1912 年开始创作的《胜利》(*Victory*)（它或许是他成熟时期最著名的一部作品）、《潮汐之内》(*Within the Tides*) 以及《阴影线》(*The Shadow Line*)，他把最后一部作品献给波里斯和所有其他像他一样在青春时期跨过他们那代人的阴影线的人。

他也把精力投向电影方面，把他的小说《贾斯帕·鲁易兹》(*Gaspar Ruiz*) 改编成电影剧本，但它始终未被拍成电影。他还和平克尔达成协议，容许他把早期的作品搬上银幕。诚然，评论家们指出，《机缘》是康拉德后期并不太成功的一部作品，但是经改编成电影后，他从好莱坞获得可观的收入，大大改善了他的经济状况。

待到战争结束时，康拉德的经济地位已得到保障，他的文学声誉也得到 1916 年休·沃波尔（Hugh Walpolt）的文学研究的维护。1919 年 10 月，康拉德家做了最后一次迁徙，搬到坎特伯雷附近一座位于村庄中心的优雅、宽敞的乔治式邸宅。

越来越避开城市和人群，并且深受痛风病折磨的康拉德获得了"遁世者"的称号。但是，他绝不是对世事冷漠的人，正如有的评论家指出的，对于他所喜欢、信任的人和觉得可以帮助的人，只要他们需要，他的时间、他的权利、他的房子，还有他的钱袋，都可以献给他们。带有长方形的榆树林草地的奥斯沃尔兹，成为美国和欧洲大陆来的书生气的旅行者的麦加[1]，每到周末，它是伦敦文学小圈子的人聚会的地方。

---

1. "麦加"是英文 Mecca 的音译，它指的是伊斯兰教徒的朝圣地，在沙特阿拉伯西部。它也泛指巡礼朝拜的地方或向往的目标。

杰西虽然深受腿痛的折磨（医生建议，有必要再动一次手术），但她有坚强的忍耐力，不仅勤谨地操持家务，还帮助康拉德把手稿卖给另一位收藏家，生意兴隆的书商托玛斯·詹姆斯·怀斯（Thomas James Wise）。他付给康拉德很高的价钱。康拉德心想，他早些认识怀斯就好了，免得忍受约翰·昆恩的盘剥：这家伙竟把他的手稿在纽约市场上以十倍价钱拍卖，从中赚取了高额利润。

康拉德偶尔冒险走出他的隐居地。许久以来他就想买一部汽车，现在有钱了，就买了一部高动力的凯迪拉克。威拉德（Willard）记得她的朋友在车上的情景："对其他人来说，这是一场令人心惊胆战的冒险。但是，康拉德却喜欢这样。他开得很快，颇为异想天开。欢天喜地，不时用波兰语呼叫奇怪的事物……简单的事物也会让他高兴。"

1919 年，《金箭》（The Arrow of Gold）出版。这是作者回顾早年在马赛的经历、颇具幻想色彩的作品。翌年开始创作《悬而未决》（Suspense），康拉德曾明确对他的朋友休·沃波尔谈到这部作品，他说："诚然，它不怎么好。许久以前，我就尽了最大努力。"《拯救》（The Rescuer）不久也问世了。20 年前，他曾把它摞在一边，1918 年又把它捡起来，把它写完。

1921 年 1 月，康拉德偕杰西前往科西嘉（Corsica）。这趟旅行不太令人满意。康拉德向他的亲戚卡罗拉·扎哥斯嘉（Karola Zagorska）说，尽管"杰西喜欢科西嘉……靠了拐杖走路，看来挺好"。他自己却陷于挥之不去的道德上的消沉之中。回到肯特之后，他抛开手头的工作，把注意力转向翻译波兰人布鲁诺·威那伏尔（Bruno Winawer）的剧本《职业登记簿》（The Book of Job），也许他已意识到自己的创造力的衰退，决心对更年轻的作者提供帮助。

1921 年末，康拉德开始着手创作他的最后一部完整的小说《流浪者》(*The Rover*)，并且看到了《文学与人生札记》(*Notes on Life and Litters*) 正在印刷。1922 年开局并不顺利，他因患流行性感冒和痛风在床上躺了一个月。2 月 7 日，听到平克尔在纽约猝死的噩耗。"我极其悲痛"，康拉德告知友人威瑙尔 (Winawer)，"我们的友谊保持了 22 年，他比我年轻 6 岁，我觉得自己被命运的这一打击压倒了。"平克尔的儿子接管他父亲的事务。"但是这绝不相同。"康拉德写信给卡罗拉说。《流浪者》在 6 月未完稿（延至 1923 年 12 月问世）。而《悬而未决》的创作极其艰难。康拉德忙于和安尼拉 (Aniela) 通信，和她讨论将他的创作翻译成波兰文的问题。他确信他自己的创作完成之日遥遥无期，他在信中写道："我整日坐在小桌之前，到了傍晚，我觉得如此疲乏，以致我不懂得我所读的东西。"他向沃波尔发了一通滑稽得残酷的议论："康拉德在他的最后几年从不说让人觉得有趣的话；他脑子里只想到钱和痛风。只有当他发起火来，喋喋不休，并且像猴子般尖声叫喊时，才算真正激动。"

康拉德成为英美两国最有名望的活着的作家已有若十年头了，他现在计划访问美国。尽管他有相当大的进款，但是似乎一向感到钱不够用。他写信对安尼拉说："去美国是为妻儿打算——改善我的事务状况。"他从格拉斯哥上了"塔斯坎尼亚号"轮船，船长大卫·波尼 (David Bone) 是他在 1919 年在利物浦遇见过的人。他和波尼的兄弟、艺术家穆尔赫德 (Muirhead) 同住一个舱。这位艺术家后来回忆起这两位船长分享的航海故事：

> 我记得他在船长室里和大卫谈起所有他们互相熟识的帆船和

不定期的小货船，谈到它们的变化，他们极其珍爱地点出它们的名字；奇特的或在我看来平凡的名字在这两位海员眼里，却因神秘的、费解的理由，认为极其正当、奇妙地适合，而大卫能告诉康拉德它们中绝大多数的命运。

"塔斯坎尼亚号"在 1923 年 5 月 1 日抵达纽约。曾为康拉德在英国画过像的美国肖像画家沃尔特·特托尔（Waltes Tittle）第一个来迎接他下船：

> 皇亲国戚也没博得更多荣耀和热情。我相信，当康拉德看到迎接他的新闻记者、摄影师、接待委员会和一般民众的人群时，惊呆了。我微笑着离开他，缓慢地在挤满人的码头上移动。他几乎被手里抱着的一大把美国美人玫瑰淹没了。他现在才相信自己享有的名誉。

这位在肯特的果园和蛇麻草田中不被打扰地生活了多年的羞怯的男人，面对让他觉得半是理想、半是梦魇的欢迎场面，已不知所措。在长达一个月的访问期间，他做了几次演讲，包括关于"作者与电影制作"的演讲和 5 月 10 日那场选材于《胜利》的朗读。一位听众确信，当他读到小说的悲剧结局时，这位作者被他自己的创作感动得流泪了。愉快地回到奥斯沃尔兹（Oswalds）后，康拉德写信给威瑙尔，描述他在美国的体验：

> 在全部时间里，我觉得身处雾中、云端，身处理想家营造的

幻景中，我感到困惑、迷茫，有趣，但也被吓坏了。这是某种看不见、摸不着的东西。显然，在它后面隐藏着力量——毫无疑问是巨大的力量，而且肯定是健谈的，它的喋喋不休使我想起训练有素的鹦鹉。它使我发抖！那么信任正如①我可能受冤枉，②我对那边许多人怀有无比的友谊。

1923 年剩下的几个月，康拉德遭受各种各样的苦恼，头一桩是昆恩出卖手稿，其次是波里斯秘密结婚，惹他生气。直到新年一个孙子诞生，才得到他的原谅。

康拉德受心脏病和痛风折磨，体力已经耗尽。他自己承认，才智也已衰退。甚至在他生命的最后一年，康拉德也展现出不停的探索精神，这是他一生的特色。他谢绝爵士称号，致力于《悬而未决》的创作，并着手寻找新的住地。

1924 年 8 月 2 日，他和理查德·库勒（Richard Curle）一道寻找房子的时候，心脏病突然发作，这是一个月来的第二次。翌日清晨，他在奥斯沃尔兹家死于心脏病的第三次发作。库勒描述他死亡时的悲哀瞬间："他的妻子无力地躺在隔壁房间，听到一声叫唤：'这儿……'仿佛第二个词被闷住了，然后听到倒下的声音。"人们跑进房间，他已从椅子上跌落在地板上，死了。杰西、两个儿子、儿媳妇和孙子互相安慰。库勒"觉得完全呆了"。

8 月 7 日，康拉德的葬礼在坎特伯雷举行。一小群人参加了在圣托玛斯·罗曼天主教堂举行的弥撒，然后前往市镇边缘的墓地。

第二篇

康拉德创作先锋品格的嬗变

第一章

初露锋芒时期（1895—1902）

　　康拉德刚踏上文坛的七年（1895—1902），用新颖的手法书写别样的人生，取得了令人瞩目的成就。这些作品主要包括表现民族矛盾、家庭悲剧或个人悲剧的所谓"丛林小说"（如《奥尔迈耶的愚蠢》《海隅逐客》），表现水手生活的海洋小说（如《"水仙号"上的黑水手》《青春》《台风》），表现探险生活的旅行小说（如《黑暗的心》），还有综合海洋生活和丛林生活、凸显个人奋斗悲剧的小说（如《吉姆爷》）。

　　康拉德的早期作品富于浪漫气息，清新、刚健，即使表现家庭或个人悲剧的小说（如《奥尔迈耶的愚蠢》《吉姆爷》）也在悲凉的气氛中显示人类拼搏奋进的精神。从艺术上看，这些作品形式新颖，手法上呈现出先锋派的特征。

　　它们不仅赢得批评家的好评，而且为大众读者所喜爱。这些作品标示康拉德进入了现代英国著名小说家的行列。

一、《奥尔迈耶的愚蠢》(*Almayer's Folly*，1895)

康拉德的处女作《奥尔迈耶的愚蠢》从萌生创作念头，进行艺术构思到成书，前后持续了五六年时间（1889—1895）。19世纪80年代末，康拉德在远东萨里比斯和婆罗洲（北加里曼丹旧称）一带港口运送声名卓著的漫游的商人达数月之久。有一次，他溯流驶向贝尔罗河（Bearall River）时，遇见了后来成为他处女作的主人公原型的那个怪异的、悲剧性的人物查尔斯·威廉·奥尔迈耶（Charles William Olmizer）。他是个有欧亚混血血统的荷兰人，住在一个被森林围住的小小的定居点里，他的想入非非的种种念头，总是被他的孤独的处境所摧毁。这个情况让康拉德着迷（康拉德的航运工作之一便是为此人运送一头驴子，这肯定与他所处的环境是不相宜的）。康拉德从他身上看到他自己年轻时执拗的浪漫主义。他给友人的信中曾表白："假如我不是对奥尔迈耶有相当的了解，就肯定不会有我的一行字印出来。"[1]

1889年6月的一天，他结束了一个阶段的航运工作之后，乘船回到离别了28个月的伦敦。当船驶近泰晤士河他的住处时，奥尔迈耶的形象忽然袭上他的心头，因为泰晤士河上乳白色的雾气和东方的贝尔罗河上的情景极其相似。康拉德心中不禁浮现出那个悲哀的荷兰

---

1. 弗勒德里克·P. 卡尔、劳伦斯·戴维斯编：《康拉德书信集》第1卷，剑桥大学出版社1983年版，第319页。

人的形象，仿佛看见他"穿过一片烧焦的草地"。这个模糊的、影影绰绰的形象不可抗拒地袭上他的心头，使他不得不拿起笔来，写这个悲剧式的怪人的故事。此后，他把文稿带在身边，一直伴随他的航运活动，一有空他就拿起笔来，继续写他酝酿好的故事。直到 1895 年他才把这部作品写完，他斗胆把稿子寄给当时颇负盛名的昂温出版公司。审稿者之一是颇有资质的评论家爱德华·贾纳特。他肯定了这部作品的价值，建议给予出版。虽然康拉德是个初出茅庐的作者，但他的确已具备一个艺术家的本领：他能把现实中一个具有怪异性格的人物塑造成富于时代内涵的鲜活的形象。从小说主人公我们看出他与生活的原型有两点相似之处：不仅名字发音相同，而且具有相似的悲剧人生：愿望与实际的距离、理想与现实的矛盾毁了他们的生活。但是，康拉德对他的主人公的愿望和理想注入了富于社会性的内涵，而对于他所处的现实，也做了富于地域性、时代性的描写，从而揭示了主人公的愿望与实际、理想与现实的矛盾所蕴含的社会内涵。这样不仅提升了主人公悲剧的社会意义和典型性，而且进一步展现了康拉德的带有悲剧性的人生哲理——追求的结果总是幻灭。这是人类在劫难逃的厄运。

现实中那个奥尔迈耶的怪异性格表现在他经常有想入非非的怪念头，他的悲剧是他的行为与环境格格不入造成的。而小说中的奥尔迈耶的怪异性格却具有普遍性又具有特殊性。普遍性在于：他身为白人殖民者，自以为比土著居民优越；身处殖民地，却对它怀着极其厌恶鄙视的感情。特殊性表现在：他总把自己的愿望建立在不切实际的幻想上。他希望他的岳父林格哪一天发现了金矿，让他转眼成为富翁。实际情况是，当时林格已衰老患病，挖金矿的计划已泡汤，而奥尔迈耶却依然把发财的希望寄托在林格身上。他为此建了一幢新房子，准备大展宏图。在海上过往的水手望见奥尔迈耶新建的房子，觉得它正好体现了奥尔迈耶的不切实际的梦想，所以给它取了个讽喻性的名字"奥尔迈耶的愚蠢"，这个"雅号"也就是小说书名的由来。

奥尔迈耶的愚蠢不仅表现在他把发财梦建立在已老迈衰弱的林格身上，而且表现在他对女儿尼娜怀着不切实际的愿望：他打算等他发了财之后，就带尼娜离开这个讨厌的鬼地方，回到他不熟识的出生地荷兰去，过养尊处优的生活；殊不知尼娜根本不愿意跟随他到欧洲去。

奥尔迈耶为了把尼娜培养成受西方文明洗礼的新女性，在林格的协助下，把尼娜送到新加坡去接受教育。可是，尼娜在新加坡却受尽白人的歧视。她对白人的虚伪深恶痛绝，看透了白人（包括他的父亲）表里不一、虚伪无能的恶劣品格，爱上英俊、勇敢、正直的马来贵族青年戴恩；戴恩也对她怀有深厚、真挚的感情。所以尼娜根本不想跟随她父亲到欧洲去。这样，奥尔迈耶的梦想彻底破灭了。更糟糕的是，随着他的岳父林格的销声匿迹，他的事业的败落，他在森波镇的处境越来越艰难。往日，在他事业兴盛，势力强大之时，当地的马来人、阿拉伯人对他退让三分，表面上对他毕恭毕敬。现在，他们看到他日益走下坡路，处于衰败潦倒的窘境，而他们的势力则日益壮大。尽管马来人和阿拉伯人之间也有矛盾，但是在面对奥尔迈耶这个白人殖民者时，他们却联合起来对抗他。这样，奥尔迈耶陷入了四面楚歌的困境。个人愿望的失落、事业的失败、家庭生活的不幸汇总起来使奥尔迈耶处于穷途末路的窘境之中。

他和妻子的不幸的婚姻，使他备感痛苦。当年，有"海之王"之称的林格打败了一群凶猛的马来海盗，在一堆尸体中发现还活着的一个小女孩，原来她是海盗头子的女儿。林格收养了她，并且对她倾注了满腔的爱：他要把这个带有"野性"的土著女孩培养成西方式的淑女。于是他把她送到修道院接受教育。这个女孩对异教教条不仅不理解，而且从内心对它感到厌恶，但她装着遵循它的样子。等她长大成人，林格便决定把她许配给跟随他多年的荷兰商人的儿子奥尔迈耶，答应他们结婚后会给他们一大笔钱。奥尔迈耶慑于林格的淫威，又对林格许诺的金钱心存奢望，便服从了他的旨意，娶了那个马来姑娘。而马来姑娘本打算服侍林格一辈子，不仅做他的妻子，还打算日后操纵他的生活和事业。她知道，按照西方的规矩，她不是他的奴隶，而是他的配偶，享有自由权和平等权。不料，在教堂举行婚礼时，她面对的却是一个严肃而呆板的、陌生的白人青年。她不得不服从主子的安排。不过，她打心里不乐意这个安排。她对强加给她的这个丈夫毫无感情，并且她渐渐看出，他是个无能之辈，于是更瞧不起他。但是，他们结婚之后，她给他生了一个秀丽的女儿。虽然这孩子的皮肤呈现橄榄色，但是她的五官端正、秀丽。长大后，她出落成一个漂亮的姑娘，向她求婚的人不少。女孩对她的白人父亲虽然怀有较深的感情，可是，随着她长大成人，她对马来母亲渐渐变得亲近了。她的情人戴恩不断给她母亲送来银子和荷兰盾。这个马来女人看到白花花的银子心花怒放。她认定女儿嫁给他定能飞黄腾达。而奥尔迈耶却竭力反对尼娜和戴恩亲近，认为女儿背离他的心意，就是受了戴恩的蛊惑的缘故。这样，奥尔迈耶太太、尼娜和戴恩串通一气，成为奥尔迈耶的对立面，这使得奥尔迈耶陷入彻底孤立的境地。

事业的失败、荣归故里愿望的落空，加上极端孤立的处境使奥尔迈耶心灰意冷，一气之下他放火烧掉了未竣工的那幢房子。女儿的背叛更使他伤心透了。他在身心交瘁的情境下渐渐染上了吸食鸦片的恶习，最后他在抑郁中死去。

奥尔迈耶是个悲剧人物。奥尔迈耶形象的意义在于：

首先，它揭示了白人殖民者与土著居民之间在经济上、政治上和文化上的深刻矛盾。小说表明，奥尔迈耶是作为白人殖民者出现在土著居民中的，他之所以能在森波镇这个多民族聚居的地域立足并且占据上风，主要因为有荷兰殖民统治者做他的后盾，加上英国航海巨子、他的岳父林格对他的庇护。森波镇的马来人和阿拉伯人既想讨好他，又处处防备他。一旦他处于颓势时，他们便想尽办法排挤他。

其次，奥尔迈耶的可悲下场具有梦想破灭的悲剧性质，它开启了康拉德日后一系列创作相似的主题。奥尔迈耶悲剧的深刻意义正在于它"精确地探索了梦想与事实、理想与现实之间的鸿沟。作者通过他的最主要的人物来探索自己内心深处浪漫主义与现实主义之间的搏斗"[1]。

再次，奥尔迈耶的悲剧开启了康拉德后来的作品揭示人类孤独心理的先河。尽管康拉德后来作品中的人物处于各色各样的环境中，但是，"孤独"乃是他们共同的心理特征，也是他们的悲剧命运的共同之处。

上述表明，康拉德的处女作《奥尔迈耶的愚蠢》塑造了一个具有典型意义的主人公，作品蕴含丰富、深刻的社会性和哲理性，不愧为

---

1. Chris Fletcher, Joseph Conrad, *The British Library Writer's Lives*, 1997, p.57。

一部上乘之作。

《奥尔迈耶的愚蠢》在艺术上也有如下独到之处：

其一，《奥尔迈耶的愚蠢》是印象主义方法的第一次重要的试验，小说开头一声尖锐的叫唤"加斯帕·玛肯！"便是印象主义手法的神来之笔。依据印象主义方法，小说尽量表现个人感觉最鲜明、印象最突出的事物，这声叫唤让读者如堕五里雾中，不知道是谁在叫唤，叫唤的又是什么人，看了小说后面的叙述才知道，这是奥尔迈耶的妻子在招呼她的丈夫去吃晚饭。这时已是黄昏，奥尔迈耶站在平台上，望着前面滚滚向前流去的潘台河，正沉浸在他的美好梦想里，无人称叙述者说："这熟悉的尖叫声把他从光辉未来的梦想中唤回到现在令人不愉快的时光，他听这叫声，已好多年了，越来越不喜欢它。不过，这一切很快就要结束了。他不安地拖着脚步，不再注意这叫唤了。"[1]尽管看了这段叙述，读者仍摸不着头脑，奥尔迈耶对这叫声的反应究竟意味着什么，这既勾起了读者往下看的欲望，又神不知鬼不觉地端出了贯穿于小说的核心问题：奥尔迈耶正在编织他未来的美好梦想。这样一声叫唤激起了主人公的心理波澜，并预示了即将展现的矛盾的端倪。

在人物塑造方面，小说凸显了人物最具特征的行为、动作和心理特点，例如奥尔迈耶太太在月夜送尼娜到河边乘独木舟去会见戴恩时，母女间的对话、她们的心理就具有鲜明的特征。短短的一段描写给人留下难忘的印象（见小说第 10 章）。奥尔迈耶太太陪伴她的女儿

---

1. Joseph Conrad, *Almayer's Folly*, New York： Dover Publications, Inc., 2003, p.1.

尼娜到河边，一路上絮絮叨叨，她慨叹自己命运不济，嫁给了一个既无勇气又无智慧的白人丈夫，她对尼娜说，她将是王后，而她自己永远是个奴隶，只给丈夫烧饭做事的奴隶，她嘱咐女儿要好好把握自己的命运，白天她是男人的奴隶，而太阳落山后，男人是她的奴隶。尼娜惊讶地反驳：戴恩永远是生活的主人，怎会是奴隶呢？她母亲说，她像个傻瓜，她不懂得男人的愤怒和爱情。尼娜对母亲这套令她烦腻的训诫感到厌倦，她说，她若是白人，今天她就不会准备走了，她会回到自己的家，再次瞧她父亲的面孔。可是她母亲嘱咐她千万别回来，否则她父亲就不会让她走了……尼娜被她母亲推向独木舟。其实，她一闪而过的想再瞧她父亲一面的愿望并没有包含强烈的感情，她只觉得自己突然离开父亲，没有迟疑，没有懊悔，未免太决绝了。她本能地依恋旧时的生活，旧时的习惯和老面孔……这么多年来，她站在父亲和母亲中间，一个本是软弱的却显得如此强硬，而另一个本来可能强硬的却如此软弱；站在如此相异、如此敌对的两个人中间，她暗自对自己的生存状况感到惊奇和愤怒，似乎这么不合理，这么丢人，眼看光阴一天天流逝，看不见有什么希望和目标让她相信旷日持久、日积月累的疲惫是值得的。她对她父亲的梦想不大相信，也毫不同情，但是，她母亲的凶猛的疯话，偶尔会触动她的绝望心灵深处敏感的神经，她做着自己的梦，持久地沉浸在监狱高墙内迷人的自由的梦想中。戴恩的到来，激起了她对未来的向往，让她发现了通往自由的道路。她惊喜地从他的眼神里看出他对她心灵中全部探询的回应。她现在领会了生活的理由和目的；她喜气洋洋地揭开掩盖神秘的帷幕，轻率地抛开昔日悲哀的思想，让苦涩的情感和微弱的亲情在她现在的强烈的激情接触中枯萎、死去……

从作者对人物心理的剖析看出，作者对奥尔迈耶的妻子和女儿尼娜的思想性格和心理有精准的把握，并且表现得鲜明、突出，凸显了人物在特定时间、地点的性格特征和心理状态，因而给读者留下浮雕似的鲜活、深刻的印象。

在风景描写方面，小说也具有印象主义的特色。例如，奥尔迈耶注视着大雨过后的潘台河："大雨过后，涨起来的河水夹带着连根拔起的树木和老的园木等物，咆哮着滚滚向前。"他看着河中连根拔起的树木，树枝高高撑起，像是抗议这河水的肆虐。他想着这河水带着树木要流多远才进入海中？朝北还是朝南？作者对大雨过后潘台河的景象并不是纯客观地描写，而是赋予观察者的感觉和印象。也就是说，表现了观察者自身的心理特征：滚滚向前的河水岂不象征无情的岁月，现实中人与人之间的矛盾斗争？奥尔迈耶觉得，自己的命运就像被河水挟带着的树木，不知流向何方。他深感自己把握不住自己的命运，他既为人世的渺茫感到悲伤，又为命运的无常感到无可奈何。

其二，"在《奥尔迈耶的愚蠢》中，叙事次序以心理流程代替时间顺序的方法，尽管不完全是原创的，但已成为康拉德心理探索的主要贡献之一"。[1]

读完小说，我们对小说中事件的时间顺序毫无印象，似乎奥尔迈耶经历的事件都置于一个时间平面上，乱成一堆，很难理出一个头绪，但是对奥尔迈耶的心理发展历程却有鲜明、清晰的印象。首先，奥尔迈耶对自己的未来构筑了一个美好的宏图：挣够了钱，携带女儿

---

1. Walter F. Wright, *Romance and Tragedy in Joseph Conrad*, University of Nebrasky Press, 1949 , p.125.

尼娜荣归故国，下半辈子过全新的生活，女儿也将像个公主似的享受荣华富贵。接下来，随着一桩桩残酷的事实对他的宏图的冲击，以致使它化为乌有，奥尔迈耶的心灵逐渐趋于崩溃，以致孤零零地死去。对他的宏图造成巨大冲击的有两件事：首先是他的岳父林格的销声匿迹，让他发财的梦想化为泡影；其次是女儿尼娜爱上了马来的贵族子弟戴恩，她对白人有巨大的思想、心理隔阂，不愿意跟随父亲去欧洲，并且不相信他父亲的梦想会成为现实。诚然，土著居民对他的排挤使他的恶劣处境雪上加霜。但造成他巨大精神创伤的是上述两件事，特别是女儿对他的背叛，她和情人戴恩的私奔。当奥尔迈耶赖以支撑的生命之泉枯涸时，他的心灵也就随之凋零了。康拉德的这部处女作，不仅开创了心理探索的艺术新途，而且随之把叙事次序置于人物心理发展的流程上，尽管这不是他的原创，但是它毕竟推进了小说艺术的革新进程。

二、《"水仙号"上的黑水手》(*The Nigger of the Narcissus*, 1897)

康拉德在 1896 年开始写这部篇幅不长的小说，起初，他设想小说的篇幅在 3 万字左右，可是写完以后，它的篇幅已超过 5 万字。这种情况在他以后的创作中屡见不鲜。

康拉德怀着深厚的感情写这部小说，希望它在艺术上获得成功的愿望也相应地极其强烈。他在 1896 年 10 月 25 日致爱德华·贾纳特的信中表示："我一定要把我的老朋友（指海员——引者）秘密保藏在一座体面的大厦里。"他坚信："我相信这会实现的，会实现的！——请注意，我只是相信，却并不确定。但是我若不这样想，我就从船上跳下去。"小说完成之后，他对康宁汉姆·格拉汉坦承："我关切此事，对它心心念念。"[1]

这部作品发表后，好评如潮，康拉德欢欣鼓舞。但是，有几位评论家指出，这部小说有两个奇怪的特征：没有情节，没有女性人物。康拉德大胆地摒弃了 19 世纪小说明显不可或缺的成分：悉心编造的情节和强烈的浪漫气味。有的评论者特别感到困惑，认为小说所写的"故事""不是故事，而只是对从孟买到泰晤士河一次没有重大事件的航行的叙述"。

事实确是如此。《"水仙号"上的黑水手》是根据作者亲身经历的一次特殊的航海事件而写的。1884 年 4 月 28 日，康拉德签了"水仙号"上二副的合同；这是一艘 1336 吨的铁壳帆船，6 月 3 日从印度的孟买出发，经历了少有的 136 天漫长的航程，于 1884 年 10 月 16 日到达法国的敦刻尔克港。

《"水仙号"上的黑水手》的情节基本上是根据那次航行的事件构成的，偶然采用其他船经历的事件来强调或改造基本事件。小说中的大部分人物也以"水仙号"的水手为原型。那次航行的船员来自世界上许多国家，包括挪威、瑞典、加拿大、英国等。

这部作品出版以后，《星期六评论》（1898 年 1 月 29 日）发表了亚瑟·西蒙斯（Arthur Symons）表示深感困惑的一篇评论，指出："小说对航行过程中的喧闹声、秩序和发狂以及全体船员在暴风雨袭来时

---

1. Norman Page, *A Conrad Companion*, The Macmillan Press Ltd., 1986, p.76.

刻骨铭心的不舒服感觉作了无休无止的描写。但是，还有什么呢？像这类事应该用来表现的观念在哪里呢?"

西蒙斯似乎道出了许多读者（包括当今的读者）读完小说后可能感到的困惑。不错，康拉德曾指出，小说不过是要表现水手的集体心理。但是，水手集体心理的底蕴是什么？也就是说，小说描写的种种事件要表现什么观念呢？我们还得从小说描写的人物和事件去探寻。

在康拉德的世界里，海船和陆地是两个对立的天地，前者是上帝的"和平之乡"，后者则是人类种种恶习的渊薮。海船经常面临风暴的肆虐，当风暴袭来之际，水手们常常经受生与死的考验，他们为了船舶的安全，为了集体的安全，总是团结一心，奋力拼搏。正是这种生与死的考验，养成了水手们关于秩序、纪律和团体的观念以及勇敢、艰苦奋斗的精神。这些来自五湖四海的水手，为了一个共同的目标——让海船安全到达目的地而团结一致，和衷共济。可是陆地上的人，为了各自的利益钩心斗角，尔虞我诈，因而产生了无数的悲剧、闹剧和惨剧。

"水仙号"本应是上帝的"和平之乡"，可是自从来了黑人水手吉姆斯·惠特之后，水手们不得安宁了。这是怎么回事？惠特一到船上，便以病号自居，连随身携带的两件行李也要其他水手替他搬运。当人们在干活时，他却躲懒，躺在床上，他自称他快要死了，认为这样一来，他就可以享受特殊的待遇。他以死博取水手们的同情和敬畏，尽管人们讨厌他"死"字不离口，但一想到自己将来也会有这个归宿，就不仅原谅他，还对他深表同情，甚至对他百依百顺，有求必应。惠特就利用水手们的矛盾心理，对他们颐指气使，盛气凌人。水手们不情愿地送给他"吉密"这样一个昵称。惠特抱怨水手们在他的舱口吵吵嚷嚷，打扰了他的休息。于是，水手们噤若寒蝉，再不敢发出什么响声惊扰他。惠特有个奇怪的逻辑，他自称是个快要死的人，所以应该享受特殊的待遇，不仅有权要求水手们服侍他，而且他要吃好的食物。尽管水手们对他的种种无理要求感到太过分，但一想到他说他已病得快死了，说不定哪一天这命运也要落到自己头上，便卑躬屈膝地去服侍他。惠特就这样利用人类天生的怯懦，让水手们一直不得安宁。有个叫"白耳发"的多情易感的水手面对惠特的无理行径恨不得揍他一顿，却不知怎么又对他体贴入微，为了满足惠特的食欲，竟从厨房里偷了职员们礼拜天吃的馅饼。厨子发觉后，说魔鬼已混在他们这群人里面了。尽管"水仙号"依然是一条和平的船，可是水手们原先彼此互相信任的心理被搅乱了。

按照对待惠特的心态，水手们分裂成几拨。一拨人对他既同情又憎恨，这拨人占多数。在风暴袭来时，有几个水手竟忙着去照顾惠特，以致他们自己的行李被风雨刮光了。在对待惠特的态度上，唐庚显得阴阳怪气。这个从城市贫民窟里来的自私自利、刁钻古怪、举止乖张的家伙，称惠特是个"黑骗子"，嘲笑水手们竟受一个下流的黑奴欺骗。奇怪的是惠特竟喜欢这家伙。原因在于唐庚虽然当面拆穿他的骗局，但不时又对他装得关心体贴。他时时想占惠特的便宜，用甜言蜜语糊弄他，并利用他来煽动水手对官员的不满，甚至发动了一次未遂的叛乱。他混在群众里，向船长阿里斯笃扔铁器。

老水手辛格尔敦对惠特的行径深为厌恶，有一次这老汉对吉密问道："你是不是快死了？"听了这样的询问，惠特显出异常惊惶和慌乱的样子。"……不到一分钟光景，吉密重新抖擞了精神——'怎么，你还看不出我？'"他一面抖一面回答。辛格尔敦说："唔，好好儿去死吧。"他带着凛然的和顺态度说："不要大惊小怪的用这件事来搅乱我们。我们也帮不了你的忙。"

一天早晨，水手们正在擦洗甲板，大副白克吩咐惠特把扫帚带过来。他慢吞吞地踱着步子，大副问他是不是后腿有问题，他答说，不是后腿，而是肺部。大副又问他肺部有什么毛病，他答说："快不行了——或者已经不行啦，你看不出我是一个快死的人么？""那你干吗还要上船呢？"惠特回答道："我未死之前总得活下去——对不对？"

惠特的时光多半是在床上消磨掉，但是只要机会合适，他总要求到甲板上和水手们厮混，他始终拒绝服用一切药品。

最后，大副白克不得不向船长报告，吉姆斯·惠特扰乱了船上的和平，他把纪律破坏了。他闹得水手们神魂颠倒。他像是一个伟大的阴影，把整条船罩没了。他蹂躏水手的自尊心，使人们缺乏道德的勇气；他玷污了水手的生活，还作威作福地对他们显示他那至高无上的特权。

康拉德原先让惠特清楚他自己正临近死亡，但在修改稿中改变了初衷，让惠特不清楚自己的健康状况，只是觉得有时身体不大舒服而已。有一次他在和唐庚交谈时，说出了他装病的实情。他说，以前，他在一次航行中以装病骗取了全额的佣金，在航行中整整躺了58天床。惠特在装病躲懒过程中，不断夸大自己的病情，但是，随着真实病情的加重，他却不敢再夸口了。当海员白耳发声称他们知道他真的病得厉害时，惠特似乎吓了一跳，以令人难以置信的利落和轻松劲儿坐起来，闷闷不乐地说道："啊，你们认为我身体糟，是吗？是吗？"待到他知道自己身体确实不行时，他倒不敢再说自己快死了。他在弥留之际，只有唐庚在他身边，唐庚一心想偷他的钱，惠特有气无力地对他说："点上……灯……就……走开。"水手们给惠特举行海葬后，像是应了辛格尔顿的预言，船已驶近陆地了。惠特引起的不安和喧嚣也结束了。

惠特给"水仙号"带来的骚动不安意味着什么？怎么看惠特这个人物？怎么看船上水手对他的同情、善举？

许多批评家把惠特看作道德混乱的代理人。在小说关于光明与黑暗的象征性描写中，惠特被置于黑暗一方。这毫无疑问促使人们在惠特身上寻找蕴含广泛的邪恶意义。他甚至被解释为闯入"水仙号"的绝对邪恶的象征。康拉德自己则认为："惠特在小说中什么也不是，他只是集体心理的中心，小说情节的枢纽。"（《"水仙号"上的黑水手》序言）

看来，说惠特是"绝对邪恶的象征"未免流于空泛，而称"惠特在小说中什么也不是"则抹杀了这个人物的道德含义。我们知道，康拉德在阐释自己的作品时，常常故弄玄虚，让读者和批评家陷入迷魂阵。他关于《"水仙号"上的黑水手》的自白，也显得真真假假，让人好生疑惑。假如吉姆斯·惠特在小说中的作用确如作者所言，那么，我们要问：惠特扰乱了船上的和平意味着什么？他的所作所为代表了什么样的思想心态？

就惠特的思想性格来说，有两点值得注意：一是他体现了陆地世界损人利己的恶习；二是他身为黑人，在西方种族主义思想氛围里，他备感压抑，处于孤独的境地。为了打破自己的孤独地位，取得人们的同情和关爱，他想到装病。他懂得，所有人最终都得面对死亡的归宿——这是人类唯一平等的命运。因此，当人们面对他人患病、面临死亡的威胁时，都难免会想到自己将要面临的这一命运，因而对他人产生怜悯之情。所以，"装病"成为吉姆斯·惠特摆脱孤独处境的一种策略。他看到，他的这一策略确实应验，为自己赢得了同情和优待。而他在施展浑身解数，实施这一策略时，便搅乱了集体的心理，弄得人们惶惶不安。

康拉德在初稿中写惠特清楚自己患了病，后来才改为他不清楚，是故意装病。这一修改对惠特的形象极其关键。这表明惠特有意识地以装病博得他人的同情，取得生活的特权。"装病"不仅使惠特成为集体心理的中心、小说情节的枢纽，而且使惠特本人成为一种恶习的代表。惠特以装病博得他人的同情和关爱，他似乎赢得了胜利，实际上却使自己走向更孤立的险境，因为当人们拆穿他的骗局时，他就会为人们所唾弃。

对于崇尚团体，遵守秩序和纪律的水手来说，惠特是"异类"，他的思想行为是海船精神的对立面。明白了这一点，我们就不难理解，他来到"水仙号"之后，他的所作所为何以破坏了船上的和平和安宁，他何以成为集体心理的中心及小说情节的枢纽。因此，康拉德说惠特"什么也不是"是不确切的，至少是含混不清的。这毫不奇怪，作家对自己作品的客观意义不甚清楚是常有的事。

唐庚，这个从城市贫民窟里出来的家伙，尽管经受过人世的辛酸，但沾染了"流氓无产者"的种种恶习：他好逸恶劳，唯利是图，蔑视法纪。他来到"水仙号"之后，千方百计逃避劳动，却要求拿高于一般水手的报酬。当他的贪欲没得到满足时，便假借"民主"之名，行谋反之实。他表面上同情惠特，实际上拿他当作煽动水手谋反的工具。他的所作所为，更是与"海船精神"格格不入的。对于崇尚"海船精神"的水手来说，他比惠特更加"异类"。"水仙号"靠岸后，这个刁钻古怪的家伙却得到船运公司办事员的赏识，被他称作"有头脑"的人物，而老实巴交、忠于职守、兢兢业业的辛格尔顿，因缺少文化，签名不利索，被那个公司办事员斥为"令人讨厌的老畜生"。这一褒一贬，岂不彰显了陆地世界与海船世界价值观的对立？

尽管惠特和唐庚来自不同的种族，他们的经历和处境也不同，但是他们有一点是相同的：他们都沾染了陆地世界损人利己、好逸恶劳的恶习。他们之间固然存在心理上的隔阂，但在谋取个人利益上，他们有共同的意向，所以他们互相利用，沆瀣一气。除了船长阿里斯笃、老水手辛格尔顿之外，大多数水手对他们的丑恶面目都看不清楚。这样，他们联合扮演的闹剧的确给"水仙号"的团结和安宁造成极大的威胁。但是，由于阿里斯笃船长施展铁腕手段，严格执行纪律，也由于老水手辛格尔顿的英雄品格和模范行为为"水仙号"树立了光辉榜样，激励了水手们潜在的优秀品质，他们终于抵御住了惠特与唐庚的恶劣行径造成的负面影响，"水仙号"终于顺利到达目的地。

康拉德的创作常常是"真实与幻想的融合"，他的小说的人物和情节大多源于过去深厚的生活经验。但是，他的创作不照搬现实，而"旨在给读者具有刺激性的幻想"。他在创作《"水仙号"上的黑水手》时便贯彻了这一宗旨。例如小说的开头康拉德原先是这样写的："'水仙号'的大副白克先生走出船舱，来到黑暗的后甲板上，那时正好是九点。"但在交付出版社的稿子这段文字被修改为："'水仙号'的大副白克先生跨着大步，迈出他的明亮的船舱，走进后甲板的黑暗中。在船尾楼的裂口处，守夜人敲了两响钟。正是九点。"修改后的句子是原稿的两倍长。原先呆板的事实呈现，已变为活动的连续的感觉，主要是视觉上，但也有听觉"两响钟"，并且形象显得活跃，例如"跨着大步""敲"。

在这段描写中，最有意义的视觉上的增强是"迈出明亮的船舱，走进黑暗中"，这有助于小说关于"光亮"与"黑暗"二者的对比，以及这一主要象征意象的确立。只要我们往下看一看前甲板上的情况就知道这一对比在继续着："在通透明亮的入口处，走动的人们一闪而过的黑影非常黑。一点没减轻。"第一个海员我们看得清楚，他"戴着眼镜，蓄着可敬的白胡须"。这是老辛格尔顿，船上最年老能干的海员，他正好站在甲板上的灯光下，当白克吩咐集合，备好灯时，他已把自己与光明的意象联系在一起了。由于白克的作用，从黑暗中走出来的前甲板的人们走进了灯的光圈里，在那里正式转变成为"水仙号"的水手。可是，有一个人漏掉了，这个迟到者响亮地发出"惠特"这个词，他向白克走去。但是，他的个子太高，因此他的脸庞照不到灯光，这个不祥的秘密只有当船上那个和其他人一样吃惊的勤杂工把灯举到那个男子脸前时才解开：原来他的脸庞是黑不溜秋的。

这个贯穿于小说中的黑与白的对比，越来越聚集了联想。其中一点特别重要：当"水仙号"解开了牵绳驶向大海时，它被描写为"一只奇大无比的水产黑色甲壳虫，受了灯光的惊扰，受不了日光的照射，徒劳地想逃进远处陆地的阴暗中去……在她的停泊处，一个煤烟般的黑色圆块在波浪上一起一伏"。岸上生活与黑暗的关联是康拉德关于陆地与海洋这一总体的主题性对照的一部分，它极其显眼地呈现于整个叙事中。

光明成为清楚理解与集体秩序的象征，而黑夜以其邪恶行为和看不见的危险的实质，成为怀疑和混乱的象征。小说以这种联系方式表现人物。于是当"水仙号"出发时，作为她的秩序的首要代表便是与光明相联系的白克和辛格尔顿，他们与陆地的黑暗和与它相联系时的船以及处于叛乱中的唐庚相对立。（"去和他们斗……赶在黑暗中！"在叛乱中，唐庚发出嘘唏的责骂声，并向吉姆斯·惠特的黑影发出恐吓声）这种身体和道德特性的相互关系一直持续到小说结束，它体现了康拉德惯于利用特殊的、具体的细节来确立基本的道德意旨的倾向。

康拉德对自然（例如大海）的描写极少关注它的审美特点，而是着重表现它对人类专横的力量。在康拉德看来，自然世界的意义不是其内在的、固有的，而是人们赋予它的，因此他对自然的描写不可避免地归于人自身的特性，特别是将人的情感附加于自然对象上面。在康拉德看来，海员的团结是在他们共同的敌人（海洋）激发下形成的。康拉德便通过对大海的描写来表现水手们进行的持续的对抗所显示的英雄主义品格。

康拉德常常在事件的叙述中，通过叙述者插入个人意见来迫使读者以介入的、持续的方式接受他对事物的看法，这一做法常为评论界所诟病。在《"水仙号"上的黑水手》中，这一特点凸显在小说末尾风暴过后作者的权威性评论之中。

三、《吉姆爷》(*Lord Jim*，1900)

(一)《吉姆爷》的现实依据

《吉姆爷》是远远超出作者原先意图的一个显著实例。起先，康拉德打算把它写成2万余字的短篇，最后却写成了10万余字的长篇。关于帕图森的几章，显然是后来想到的。批评家伊恩·瓦特认为，假使这部作品在眼下的第二十二章结束，那么，吉姆在帕图森的经历就会草率地处理。看来确实是这样的。小说发表后整整五个月，康拉德还没想到扩展帕图森插曲，最后才把它扩展到第二十四章。不管个人的和经济的问题，这阶段是康拉德的创造力勃发的时期。在创作《吉姆爷》那段时期，他还写了《青春》《黑暗的心》和《拯救》的若干章节，并且和福特合作写了《继承人》和《罗曼斯》。

《吉姆爷》在 1900 年 10 月由布拉克沃德（Black Wood）出版社出版单行本，同年又在美国出版。这部作品发表后，受到众多批评家的赞赏。因而康拉德极为得意，说他是"批评界的宠儿"。尽管不止一个批评家称赞它的独创性，但是，这部小说独到的叙事方法却不适应每个人的审美趣味。1900 年 12 月 5 日的《蓓尔美尔报》（*Pall Mall Gazette*）有篇评论称："这部小说的叙事支离破碎，分两部分的结构是个弱点（不过许多现代批评家都袒护这部小说结构的连贯性），同时小说令人厌烦，过于造作，难以卒读。"

康拉德这部小说的故事大量采用了实际的事件和人。诺曼·谢雷（Norman Suerry）在他的名著《康拉德的东方世界》中透彻地探讨了这部小说的素材。1880 年 7 月 17 日，驶离新加坡的汽船"雅达哈号"（Jedah）载有近千名朝圣的穆斯林朝麦加驶去，这艘船破旧不堪，途中遇到大麻烦。8 月 8 日欧洲船长和船上其他官员相信船正在下沉，而船上的救生艇已全部不能用，于是他们弃船逃生。在亚丁登陆后，他们向有关部门报告称，船和全体乘客已全部沉没。可是，出乎人们意料的是，次日这艘船出现在亚丁湾。事实上，它并没有沉没，而是被过往船只发现，并被拖至海港。

这宗海难案件被广泛报道，吸引了许多人的注意力。在亚丁开庭审问期间，下议院追问此事。《泰晤士报》和其他报纸也以长篇文章讨论此事。《每日纪事》提到，这宗海险案件是我们所听到过的海险事件中最为卑怯的一件。这时候康拉德正在英国，一定通过报纸知道了这个事件。官方调查的结果，船长莫拉克的执照暂停三年，大副受到严厉斥责。

1883 年 3 月 22 日，康拉德到达新加坡时，"雅达哈号"还停留在港湾里众多船舶之中。目睹此船，或听到岸上人们的闲聊，或二者兼而有之，唤醒了三年前他在伦敦时从报上读到的事件的记忆。但是，康拉德之所以仍记得"雅达哈号"案件还有特殊的、个人的缘由。正如谢雷所说，这个案件是 19 世纪 80 年代东方最著名的丑闻。新近康拉德曾驾驶"巴勒斯坦号"，途中船上所载的煤炭自然燃烧起来，经过几番抢救，大火仍无法扑灭，船上人员只好撤到小船上逃生。他到达新加坡时，法院正在审理该案件，结果船上的官员和水手全都免于追究刑事责任。诚然，"巴勒斯坦号"的事件与"雅达哈号"案件不完全相同，但是，它们有足够的相似性激发康拉德的良知和想象力。

当时，"雅达哈号"生前的大副 A. P. 威廉斯就住在新加坡。谢雷相信，康拉德见过威廉斯，这次会见深深打动了他，威廉斯在他心头留下了深刻的印象。以后康拉德便以他为原型塑造吉姆的形象。二者之间的相似性确实是明显的：原型与虚构人物都是高个儿，体格强壮，而且他们都穿一身整洁的白色衣服。二者在出事后都从事水上捐客工作，并且娶了欧亚混血女人，而康拉德在小说中描写的牧师的住所与威廉斯的出生地非常吻合。当然，他们也有重要区别：威廉斯没有逃离船舶，而是从船上摔了下去，并且他留在新加坡一直到去世。正如同康拉德在塑造奥尔迈耶和其他人物时常以现实生活的人物为依据一样，康拉德在创作过程中毫不犹豫地做了修改，因为小说要把历史转换成幻想，而不是精确地反映经验。

（二）吉姆形象的意义

1. 吉姆的悲剧是个人英雄主义的悲剧

（1）吉姆把人生的价值定格在英雄业绩上

吉姆绝非等闲之辈，他年纪轻轻就一心想把自己培养成出人头地、创造非凡业绩的人物，他渴望实现自我价值，把人生的价值定格在创造英雄业绩上。小说开头叙述吉姆在"远洋商船队指挥员训练舰"上当实习生时，就滋生了对冒险生活的向往。在一次面对飓风救人的训练中，尽管他的表现不佳，但副手在虚张声势讲述他救人的情景时，吉姆认为这是一种无聊的虚荣心表现。他想，有朝一日，面对险情时，在所有人都退缩的情况下，他却勇于面对狂风和大海的肆虐，他相信会有那么一天的。他确信自己的冒险热情和勇气，并为之深深得意。

经过两年的训练，他到海上去了。他在"帕特纳号"船上担任了大副一职。吉姆自视甚高，与船长、轮机长、副轮机长等大小官员格格不入。他认为，那些人不属于英雄冒险的世界；不过他们还不坏……"他和他们混在一起，可他们不能与他交心；他跟他们呼吸着同样的空气，但他却与众不同……"[1]

总之，吉姆是个自以为比周围的人都了不起的、具有非凡的智慧、勇气和才能，适于冒险事业，能英勇面对险情，创造一番英雄业

---

1. 康拉德：《吉姆爷》，熊蕾译，人民文学出版社 2004 年版，第 17 页。

绩的人。由于吉姆过于自信，过于渴望英雄的荣誉，便常常沉醉在想象出来的业绩中，他也因想象的成就而洋洋自得，傲视他人。

吉姆渴望实现自我价值，怀抱英雄理想是无可厚非的。在19世纪末、20世纪初悲观主义思潮泛滥之际，吉姆的形象有其独特的意义。问题在于，吉姆以自我为中心，一切从个人出发，他的冒险冲动、对英雄业绩的向往，不过是为了满足个人的虚荣心，而不考虑他的行为是否能为大家带来裨益。由于吉姆对个人的荣誉过于热心，又对自我缺乏客观冷静的分析，就难免自高自大，甚至目空一切。他高居于众人之上，认为只有自己才能创造惊人的业绩，其他人都是无能之辈。这样，吉姆充其量是个蹩脚的个人英雄主义者。这是说，如果他果真创造什么惊人的业绩的话。遗憾的是，他在航海冒险中，却连个人英雄主义也配不上，因为最终他经不起船长等人的鼓动和诱惑，弃船逃生。

（2）吉姆悲剧的根源

吉姆悲剧的根源首先在于他自身的弱点：缺乏自制力，内心极其软弱。

吉姆在训练船上当实习生时，在一次训练中的失败，虽然是件小事，但表明他没有能力应对突如其来的考验。可是，吉姆没有意识到这点。正如一位批评家所说："我们从威廉斯、库尔兹的情况看到康拉德的铁的原则：当一个人丧失自制力时，便任由被（邪恶势力）占有。"他认为："只有一件东西能够拯救吉姆，可悲的是他缺少这东西：拥有气魄。"[1]事实确是如此。吉姆没能面对自己的失败，从冷静反思中吸取教训，反而把它看作不足道的、偶然的过错，只盼未来某一天，他会比别人更出色，会干出惊人的业绩来。可是，在"帕特纳号"船上，他又没能经受考验。在"帕特纳号"处于危险之时，他逃离了船舶。事后，他痛定思痛，觉得自己这一跳，像是跳进了无底的深渊，大有万劫不复的情状。一失足成千古恨。他被吊销了执照，丧失了担任航船官员的资格；这对于一名海员来说，确是奇耻大辱，怪不得吉姆耿耿于怀，惶惶不可终日。但是，"使吉姆感到痛苦的，并不是所犯过错造成的伤害，而是与未能成就英雄主义相关的悔恨"[2]。正由于他不能冷静面对自己的错误，总结经验教训，因此他始终未能逃脱悲剧的命运。

随后，吉姆在东南亚丛林地带找到安身立命之处。诚然，"对吉姆来说，帕图森不是一个浪漫的避难地，而是一个提供一些机会的地方，在这里并不比小说开头会实现更多什么。毫无疑问，帕图森的浪漫世界对吉姆有所要求，但是，它并不回应他救赎自己的需要；它并没祛除他的过往的记忆"[3]。

诚然他为土著民众做了许多好事，赢得了他们的信任和尊敬，被尊称为"爷"。多拉明是土著中一个开明的头领，吉姆深得他的信任

---

1. H. M. Doleski, *Joseph Conrad: The Way of Dispossession*, Faber and Faber Ltd., 3 Queen Square London WCI, 1977, p.92, 94.

2. Walter F. Wright, *Romance and Tragedy in Joseph Conrad*, University of Nebrasky Press, 1949, p.111.

3. Michael P. Jones, *Conrad's Hesoism: A Paradise Lost*, Ann Arbor, Michigan: UMI Research Press, 1985, p.96.

和敬重，但是，吉姆在他们眼中毕竟是个"异类"。多拉明的妻子就曾问马洛，吉姆为何远离故乡，来到他们中间，这到底是为什么？人们也在想，吉姆总有一天要离开这里的，而吉姆的情人珠宝儿的父亲柯涅柳斯更把吉姆看作篡夺权力的眼中钉，千方百计要害死他。正如珠宝儿说的，吉姆处在敌人四面包围中，时时有生命危险。不过，艰险处境动摇不了他在这里创造英雄业绩的信心和决心。但是吉姆始终未能从"帕特纳号"事件的阴影里走出来，他在帕图森的所作所为也的确为他受伤的心灵找到了慰藉。但是，即使这慰藉也由于海盗布朗的入侵而破灭了。

和布朗的斗争，本来主动权、优胜权在吉姆和土著一方，但是，布朗诡计多端，他深知吉姆内心的软弱和空虚。他质问吉姆为何来到这里，他竭力要把吉姆拉到和他处在同一道德水平上，这戳痛了吉姆的心灵，并且使他丧失了勇气和信心，因而不敢对布朗强硬到底。他轻信布朗的谎言，放他一马。但是布朗背信弃义，勾结柯涅柳斯，向他们大杀回马枪，土著头领多拉明的儿子丹·诺瓦利斯不幸中弹身亡。这一突发事件使吉姆失信于多拉明和土著民众。他决心以自己的生命向多拉明谢罪，吉姆想以此表明自己心灵的清白。吉姆的可悲下场，再次显示了他无法从个人荣誉的怪圈里走出来。吉姆的悲剧在于他一心一意要赢得英雄的荣誉，但由于主观和客观的原因，他没能获得这个荣誉；即使得到了，最后也丧失了。

2. 吉姆的悲剧与康拉德的悲观主义人生哲学

康拉德认为，人的主观意志决定了人的欲望、幻想和追求。而人的幻想和追求，经过努力奋斗，最终却以失败告终。即使取得暂时的满足，也使人感到孤寂、空虚，所以追求的结果总带来幻灭的痛苦。在康拉德心目中，人生就是一场悲剧。追求的幻灭，便成为康拉德描写陆地生活创作的一个基本主题。他的处女作《奥尔迈耶的愚蠢》最早涉及这一主题，而在《吉姆爷》中这一主题得到突出的、强烈的表现。

康拉德的悲观主义人生哲学，总的说来是 19 世纪后期流行于西方的悲观主义思潮的体现。而从他个人的具体情况来看，有两点值得注意：一是他早年痛苦经历的影响。他小时候，目睹父辈们热血沸腾为波兰的自由解放浴血奋战，但总以失败告终，他的祖国波兰一直处在外国侵略者的统治下，这让年幼的康拉德不能不感到争取自由的斗争不过是一场虚妄的行动，对理想的追求总是以幻灭告终。二是叔本华的悲观主义哲学的影响。康拉德是叔本华哲学的信徒。在叔本华看来，现实社会中的人由于不了解自己和世界均是盲目的意志的表现，企图给自己去设定某种自己的理想，并企图通过认识和行动来实现自己的理想，然而这一切归根到底只能给他们自己带来痛苦。因为，这一切都是由人的意志所支配的，而意志的本质就是盲目的欲望和永不疲倦的冲动，后者本身就意味着痛苦。叔本华说："欲望按其实质来说就是痛苦。"[1] 为什么呢？"因为欲望、冲动是无穷无尽的，而它的满足却总是暂时的、有限的。当这一种欲望得到了满足的时候，新的欲望就会随之而起，这样欲望就永远无法得到满足，而欲望之不能满足就是痛苦。即使欲望得到了完全的满足，也不能摆脱痛苦，这也同样是痛苦，因为一个人如果一切都满足了，那就会感到孤寂、空虚、厌倦，而这也同样是痛苦。"[2]

1.《叔本华选集》，英文版，第 233 页。

2. 全增嘏主编：《西方哲学史》（下册），上海人民出版社 1985 年版，第 412—413 页。

吉姆的悲剧人生可以说形象地体现了叔本华唯意志论哲学的真谛。吉姆的"英雄梦"就是支配他一生行为的意志，这种意志体现为"盲目的欲望和永不疲倦的冲动"。在叔本华看来，后者本身就意味着痛苦，何况吉姆的欲望并没得到满足，他在"帕特纳号"上的"失足"给他带来耻辱，这使他陷入痛苦的深渊。不过，吉姆从痛苦中站起来，在帕图森赢回了自信，在攻破阿里警长的围子后，阿朗酋长的统治势力被动摇了，山下村民欢庆胜利，被征服的土地任他踩在脚下，人们对他盲目地信任，他从战火中获得了自信和荣誉。

　　如果说在小说前半段的海上历险中，吉姆的英雄梦破灭的重要原因在于吉姆自身——他在面临危险时缺乏自制力的话，那么，在帕图森赢得荣誉，找回自信之后，却又面临荣誉丧失、自信心失落的风险。实际上，无论是帕图森内部隐藏的敌对者，还是布朗所代表的外来的敌对势力，都为了各自的利益非除掉吉姆不可。吉姆对对手的轻信，正好给了他们内外勾结制造阴谋的机会。吉姆的失败是注定了的。他的垮台在于他的轻信，使帕图森陷于敌人的阴谋之中，最终多拉明的儿子丹·诺瓦利斯成为牺牲品，吉姆从他苦心经营的荣誉和信任中摔下来，英雄梦彻底破灭了。康拉德似乎要通过吉姆的形象表明，人类在主观意志驱动下的追求总是以幻灭告终。之所以如此，是因为一个人既无法克服自身的弱点，譬如怯懦、缺乏自制力和忍耐精神，又无法战胜外在的邪恶势力的阴谋和毒害。追求的热情伴随着痛苦，追求的暂时胜利又使人陷于孤独，而追求的破灭带来更大的痛苦，所以人生就是一场痛苦的悲剧。但是，即使如此，人类在主观意志驱动下，总对未来抱着美好的幻想；而为了实现这幻想忘我地去奋斗、拼搏。这又是康拉德在吉姆形象中表现的另一层意思。也许正因为如此，康拉德的悲观主义被看作积极的悲观主义；也正因为如此，康拉德并没完全汲取叔本华的悲观主义人生哲学。

3. 吉姆的悲剧影射康拉德自己内心的矛盾和冲突

康拉德的创作不仅经常取材于他自己的经历和见闻，而且渗透了自己的思想感情和极其隐秘的心理，《吉姆爷》便是一个突出的例子。"在《吉姆爷》中，康拉德以象征的形式表现他自己内心深处波兰与英国二元的冲突。"[1]

1874年，康拉德离别故国前往法国马赛，投身于航海事业。这一大胆的举动震惊了康拉德的亲友。有些人说这孩子疯了，有些人责备康拉德缺乏爱国心，在祖国灾难深重之际，他却去寻求个人的幸福。亲友们对他的行为的不理解，使他深感痛苦。他们对他的责备，也让他觉得内疚。是呀，他没继承父辈的遗志，为祖国的自由和解放尽一份责任。在以后的岁月中，他一直为此事耿耿于怀。正如一位批评家指出的："爱国情怀、语言和家庭关系的断裂明显给予他深刻的、持久的影响。取得某种地位跳离他的种族的环境和联系，不管是由于懦弱还是由于其他原因而逃离某种已确立的生活式样的形象是他的小说中经常出现的形象。"[2]

吉姆是这类形象中最突出的一个，因为他在体现康拉德本人在英国文化与波兰文化二元冲突的心理反应方面最具有象征性。正如跳离危急中的"帕特纳号"这一不光彩的事件在吉姆心灵中造成持久的、

---

1. R.W. Stallman, *The Art of Joseph Conrad: A Critical Symposium*, Edited with an Introduction, Michigan State University Press, 1960, p.141.

2. Norman Page, *A Conrad Companion*, The Macmillan Press Ltd., 1986, p.37.

刻骨铭心的效应一样，作为波兰人的康拉德归依英国所形成的二元文化对他的心灵的影响也是持久的、刻骨铭心的。英国著名批评家伊恩·瓦特指出："虽然不必猜想因为康拉德深陷于对他的祖国的印象中才发现他脱离它是不可弥补的痛苦之源，他因此必定已感到背离波兰是犯罪。他在他的小说中，特别引人注目的是在《吉姆爷》中，对此作了隐晦的表现。"[1]

康拉德对英国文化的接受、融合是客观事实，他在英国从未感觉自己是陌生人，从思想到制度丝毫没有不适应的感觉。"英国文化对他的影响不仅体现于一种绅士风度，更主要的还是体现为另一种保守主义思想传统的浸润和文化判断上的反思能力，但是在对英国文化的接受、融合的同时，康拉德又一直深深地热心于民族情感的观念。""康拉德不是（波兰的）批评者，而是他的祖国文明的怀旧的主持宗教仪式的教士。而他坚守勇敢、坚忍不拔、荣誉感、责任心和克己精神的爱国主义赋予他的小说一种英雄的情调，这在 20 世纪文学中是极其罕见的。"[2]"康拉德的基本文学观和唯理观是欧洲的，而他的道德品格和社会品格却很大程度上仍是波兰的。"[3]

1. Ian Watt, *Conrad in the Nineteenth Century*, Los Angeles：University of California Press, Berkeley, 1979, p.8.

2. Ian Watt, *Conrad in the Nineteenth Century*, Los Angeles：University of California Press, Berkeley, 1979, p.7.

3. Ian Watt, *Conrad in the Nineteenth Century*, Los Angeles：University of California Press, Berkeley, 1979, p.8.

（三）《吉姆爷》的心理探索艺术

《吉姆爷》的情节极其简单，它重在心理探索，在这方面，它远远超出了《奥尔迈耶的愚蠢》和《"水仙号"上的黑水手》的成就，而在康拉德后来的创作中，除了《在西方目光下》，没有能出其右者。

《吉姆爷》的心理探索有几点很突出，值得注意：

其一，深刻揭示吉姆心理的不平衡铸成的大错及其导致的人生悲剧。

小说表明，吉姆是个极其重视个人荣誉的人，他不甘于寂寞、平庸的人生，向往冒险活动，希望做出惊人的英雄业绩来。对个人荣誉的重视贯穿于吉姆整个人生历程中。吉姆不仅看重个人的荣誉，而且很自负，自以为比别人有能耐，生来是干英雄事业的人。但遗憾的是，他在心理上很脆弱，在面临突发的危险时，缺乏自制力，因而未能实现自己的理想和抱负。小说凸显了吉姆心理上自负与脆弱的矛盾，表明这一矛盾是构成他的悲剧的心理根源。

我们不敢断言，康拉德是按照叔本华的唯意志论哲学来探索吉姆的心理奥秘的，但是吉姆的心理状态和叔本华的唯意志论却很吻合。在叔本华看来，意志并不是自觉的意志力，而是盲目的、无意识的奋斗，它的最初目的是求生存，利己主义是意志存在的形式。[1]吉姆对冒险事业的渴望不外乎是要显示他的英雄本色，这一企求完全是一种盲目的冲动，是为了自我生存的需要，是利己主义的。正因为吉姆对冒险活动的企求是盲目的冲动，他就没有足够的心理准备，所以当他

1.参见叔本华《作为意志和表象的世界》（英文版）第一卷，第412页。

面对突如其来的险情时，乱了方寸，不能沉着应对。他自认为并不怕死，但是惊险的情景击垮了他的心理防线，这时候求生的本能成为他的行动的驱动力，他下意识地采取逃避危险的行动。而逃离惊险场面后，理智又控制了他，使他意识到自己的行动是错误的，是背离他的初衷的，但是错误已经铸成，他从英雄的梦幻里惊醒过来，陷入了愧疚的深渊。

其二，展现吉姆的愧疚与企盼赎罪的复杂心理。

小说以大量篇幅，浓墨重彩地描写吉姆在"帕特纳号"犯错后陷入揪心的愧疚的心理状态。吉姆之所以深感愧疚不是因为考虑到他的错误造成的伤害，而是自己逃离危险现场招来的耻辱。但是，吉姆认为，自己之所以跟随船长等人逃离"帕特纳号"，不过是一时糊涂，他和他们不是一类人。所以，他口口声声说，他跳离"帕特纳号"的事难以说清楚。他在愧疚之余，企盼赎罪，以自己的英雄行为洗刷自己的耻辱，挣回人格的尊严。由此看来，小说后半部关于吉姆在帕图森的历险绝不是多余的，而是与小说前半部紧密相连的。有评论说，小说前半部重在心理分析，后半部重在历险描写。诚然，小说的后半部对吉姆的历险做了更多描写，情节性更强。但是，在表现吉姆的历险时作者仍对吉姆的心理活动做了大量的描写。

其三，通过吉姆的赎罪行为，揭示吉姆思想性格和心理的变化发展。

通过博物学家、富商斯坦因的介绍，吉姆来到处于原始状态的帕图森。那里的土著居民基本上是阿拉伯人和马来人。吉姆并不把这里看作避难退隐的地方，而是想寻找赎罪的机会。统治这一带的有两派势力，一派是歹毒的、势力较强大的阿郎酋长，另一派则是势力较弱、较开明的多拉明。吉姆依靠多拉明，击败了阿郎酋长的爪牙阿里警长，解放了在他们残酷统治下的村民，吉姆赢得了他们的敬仰和信任。经过和土著民众及其首领的共同奋斗赢得胜利，吉姆领会到他把自己和一个团体融汇在一起的喜悦和幸福！这是因为他把个人的意志和愿望与一个团体的意志和愿望结合在一起了，变得自己和众人休戚相关。这样，吉姆无形中冲破了个人主义圈子。在商讨如何应对布朗的入侵时，吉姆对聚集在他周围的民众的首领宣称："他们的利益就是他的利益，他们的损失就是他的损失，他们的哀伤就是他的哀伤……他们已经在一起住了多年。他以巨大的爱情爱着这块土地和住在这里的人民。"[1]

照理说，若不是布朗一伙的侵扰，吉姆的人生可能以喜剧收场，但这绝非康拉德的本意，也不符合小说情节发展的逻辑，因为土著首领不可能长远地把一个白人尊为自己的统治者。

吉姆的悲剧似乎是注定了的。吉姆在帕图森创造的英雄业绩，虽然让吉姆找回了自信，让他受伤的心灵暂时得到慰藉，但这种情况是不稳定的。因为吉姆始终未能从过去的阴影里走出来，只要有个什么东西触动他内心的这个伤痛，它就会转化为致命的伤害。前面说过，因为布朗提到吉姆在"帕特纳号"事件中的不光彩行为，吉姆的心理防线便垮了，他立即从主动的、有利的地位转向被动的不利的地位。若没有这场心理战，布朗的背信弃义行为不可能得逞，多拉明的儿子不会成为牺牲品，吉姆也不至于落得惨痛的下场。

1.康拉德：《吉姆爷》，熊蕾译，人民文学出版社 2004 年版，第 284 页。

其四，康拉德探索人物心理的独特手法。

康拉德的著名研究者弗勒德里克·R. 卡尔指出："尽管康拉德不断地朝他的题材的中心进行心理探索，但是，康拉德作为一名小说家基本上还是从外部操作。事实上，他尽可能从许多侧面，通过具体的、意象性的细节的堆积，从外部创造了意识流。……尽管他的程序不是始于内在的事实，而是表层的意象。在他手里，心理的联想经由外部细节，一种非人格的程序表达出来，其中有形的意象趋向小心界定的、取得特殊效果的主观性。"[1]

卡尔的意思是，康拉德从外部创造了意识流，他揭示的心理联想经由外部细节表达出来。的确，康拉德既不像传统的心理小说那样，由叙述者从外向内揭示人物的心理活动，也不像后来的意识流小说家那样客观地展现人物的意识流，而是一方面借助人物的言谈、举动揭示其内心世界，另一方面通过一些细节展现人物的心理联想。康拉德这种独特的心理探索手法在《吉姆爷》中表现得很突出。

譬如小说第三章，吉姆作为大副初到"帕特纳号"时，在甲板上漫步，偶然看到三腿桌上用四枚图钉钉着的一幅海图，心里浮现一段联想：

　　"这船走得多稳"，吉姆想道……在这样的时候，他满心想的都是英雄行为：他喜欢这些梦，喜欢他想象出来的业绩给他的成就感。它们是人生最美好的经历，是人生的秘密真理，也是人生

---

1. Frederick R.Karl, *A Reader's Guide to Joseph Conrad*, New York：Noonday Press, 1960, p.61.

隐形的真实。它们具有了不起的男子气概，有着朦胧的魅力；它们以英雄的步伐从他面前经过；它们带走了他的灵魂，使他着魔般地沉醉于一种无限的自信。他什么都敢直面相对。这念头使他非常高兴，他禁不住微笑起来，而眼睛仍冷冷地直视前方……[1]

船上的一幅海图勾起刚刚从事航海事业的吉姆心头一连串联想，这是很自然的事。像一名初上战场、雄心勃勃的战士一样，吉姆以无限的豪情和自信期待他将要创造的英雄业绩和光辉人生。对吉姆这段心理联想的揭示在整部小说中起到画龙点睛的作用。因为它把吉姆自负、自信的品格以及他的浪漫情怀鲜明地展示出来，为吉姆后来的犯错和过后的愧悔、懊丧做了铺垫。

再如小说通过叙述者马罗的观察，以一连串的细节展现吉姆在"帕特纳号"事件之后刻骨铭心的懊丧、愧疚的情绪和心理：

> 他在岸上呆了整整待了两个星期，在海员之家等待着……。他这些天是在游廊上打发的，埋在一张长椅里，只是在吃饭时或在夜深了才从他那坟墓般的地方走出来，独自在码头游来荡去，神游于周围的环境之外，彷徨着，沉默着，就像一个无家可归的游魂。
>
> 他躺倒在椅子里。……突然间他抬起脑袋；坐起身来；拍打自己的大腿。"唉！失去了一个多好的机会！天哪！失去了一个

1.康拉德：《吉姆爷》，熊蕾译，人民文学出版社 2004 年版，第 13 页。

多好的机会!"他冲口而出,但末了那声"失去了"真像是痛苦万状的哀号。

　　他又沉默了,带着一种热切向往失去的荣誉的沉闷、恍惚的神情……嗅着那浪费掉了的机会的醉人气息……他没有闲情逸致去后悔他的所失,他一心一意自然而然关心着的是他未能得到的。我注视着他,与他相隔才三英尺,而他却好像离我非常遥远。每过一瞬,他对那不可能的浪漫业绩的世界就陷得更深。……他已经陷到了最深处——最深处。那是一种心醉神迷的微笑。……我急忙把他的魂招回来,说:"你的意思是说,你要是一直不离船就好了!"

　　他转向我,他的眼睛突然间显得惊奇,而且充满了痛苦,一张面孔迷乱、惊慌、难受,好像他从一颗星星上跌落下来……他抖得厉害,就好像一个冰冷的指尖触到了他的心脏似的。最后,他叹了一口气。[1]

　　作者借助马罗的观察、叙述,从吉姆一连串的动作、表情、言谈展现他心灵深处回荡着的意识和潜意识,这与后来乔伊斯和伍尔芙的小说所采用的意识流手法有异曲同工之妙。

(四)《吉姆爷》的印象主义手法
　　康拉德的著名研究者阿尔伯特·J.吉拉德认为,《吉姆爷》是

1.康拉德:《吉姆爷》,熊蕾译,人民文学出版社 2004 年版,第 56—57 页。

"康拉德的第一部伟大的印象主义小说。……它迫使读者成为一个积极的、有探索能力和组织能力的角色；几乎使他成为小说的合作者"。他又说：

> 福特·墨多克斯·福特把印象主义的目标界定为更高级的现实主义：通过像一个敏感的目击者接受它那样来表现经验——偶然的、散漫的、缺乏逻辑条理的，但是这个游戏更凶险——这种散漫的方法确实传达了对生活的"感受"。但是印象主义者旨在取得比现实主义更圆满的真实，即使靠"欺骗"。要在读者心中创造复杂的情感戏剧以及情感与判断的丰富冲突，而让我们所曾梦想过的更为复杂的经验，遭受暂时的挫折。[1]

小说的魅力在于通过感受传达印象（《黑暗的心》序言）。《吉姆爷》先于《黑暗的心》，展现了康拉德的纯熟的印象主义手法。《吉姆爷》的印象主义手法集中表现在人物塑造上。我们先来看小说如何表现吉姆的形象，因为他是小说的中心人物，是小说叙述的聚焦点。小说从各个角度，通过不同身份的叙述者来表现对吉姆的感觉和印象。小说开头一章，表现无人称的叙述者眼中的吉姆：

> 他差个一两英寸不到六英尺，体格健壮，他直冲你走来，双肩微向前耸，头朝前倾，而从眼底向上的凝视令你想到一头正冲

---

1. Albert J. Guerard, *Conrad–The Novelist*, Havard University Press, 1979, p.126.

过来的公牛。他的声音低沉、响亮，他那样子表现出一种顽固的自负，但并不咄咄逼人。他好像不得不如此，而且他显然对自己同对别人都是那样。他整洁得一尘不染，从头到脚，穿得一身雪白。他在东方各港口靠给轮船货商拉生意为生，很有人缘。[1]

这段文字从一个陌生人的视角表现人物的外表、形态、衣着、神情和职业，却连人物名字也没有。通过叙述者的感觉传达给我们这个人物一个笼统的印象：不同凡响！

给了读者一个笼统的印象之后，叙述者才点破，他就是做水边生意的白人和船长熟知的吉姆。他在水上兜生意方面有杰出的才能，深得货商的赏识，为了隐瞒他的不光彩的事实，他从一个码头转向另一个码头。"他是个被大海放逐了的水手。"吉姆出众的资质、能力和古怪的脾气，让读者生疑：他为何如此？

接下来，小说通过不同的人对吉姆的感觉和印象来塑造吉姆的形象。

小说的主要叙述者马罗第一次看见吉姆时的印象是："他那种漠然和拒人于千里之外的神气，只有年轻人才会有。他站在那里，四肢匀称，脸蛋白净，一动不动，简直是阳光沐浴过的最有希望的小青年了。"过后，马罗又说："我看着那个年轻人在那儿。我喜欢他的模样；我了解他那模样；他来路挺正；他和我们是同类。""他是那种凭长相你就会把船交给他的人——从比喻意义上，从专业意义上都可以

1.康拉德：《吉姆爷》，熊蕾译，人民文学出版社 2004 年版，第 1 页。

这么说。我说我就会，我应该知道的。"[1] 总之，马罗在出席了法庭的审问会，初次接触了吉姆之后，对吉姆的感觉和印象是："他和我们是同类，是来路挺正，信得过的年轻人。"

出席法庭的审判会之后，马罗邀吉姆到旅馆和他相会，并一起用了晚餐。吉姆喝了美酒，口也松了，开始向他打开心扉。马罗说："这副使我一见就生出无限同情的相貌；这种坦诚的样子，这毫不做作的微笑，这洋溢着青春的认真劲儿。他是那种很周正的人；跟咱们是一类。他谈得很冷静，带有一种镇定的坦诚，他的神态安详，那可能是出于男子汉的自制，也可能是出于没有廉耻，麻木不仁，惊人的不自觉，或是非凡的骗术。"[2] 我的心思在种种猜测中飘来荡去，直到话题一转，我得以在不冒犯他的情况下评论说，这场审问想必很令他难受吧。

"那真是一地狱。"他迸发出一种压抑的声音。

马罗劝吉姆逃跑。"我不能逃走"，吉姆说。马罗认为，不能把吉姆和他的伙伴们混为一谈。"他跟他们不是一类；他完全是另外一种人。"[3]

"帕特纳号"的不光彩事件给吉姆带来的痛苦和他的赎罪行动主要也是通过马罗的感觉和印象表现出来的。

总之，在马罗眼里，吉姆是正派的、高尚的那类白人中的一个，他有理想，好强，由于一时的软弱，没能经受危险事件的考验，但他决心赎罪，挽回荣誉和尊严。因此，吉姆是个值得同情的、失败的英

---

1. 康拉德：《吉姆爷》，熊蕾译，人民文学出版社 2004 年版，第 30—31 页。

2. 康拉德：《吉姆爷》，熊蕾译，人民文学出版社 2004 年版，第 53 页。

3. 康拉德：《吉姆爷》，熊蕾译，人民文学出版社 2004 年版，第 55 页。

雄。应该说，马罗对吉姆的判断为读者感受这个形象起了主导作用。

除了马罗之外，小说还表现了其他人物对吉姆的感觉和印象。例如，喜欢收集蝴蝶标本的商人兼博物学家斯坦因，把吉姆看作值得同情的浪漫主义者，而吉姆的妻子珠宝儿则认为吉姆是虚伪的，因为他口口声声说爱她，要永远和她在一起，最终却为了他那空虚的理想而抛弃了她。

归结起来，吉姆的形象就是根据开头那个不知名的旁观叙述者和热心的、富于同情心的老航海家马罗，以及小说中其他人物对吉姆的印象和判断呈现出来的。比起传统现实主义小说对人物的所谓"客观描写"来，《吉姆爷》显然带有更多的灵活性、不确定性和模糊的空间。这就要求读者必须对小说表述的众多人物的感觉、印象加以汇总、分析、比较，然后作出自己的判断；同时运用自己的理智和想象去澄清、填补人物表现中模糊的空间。所以，阅读印象主义小说比阅读现实主义小说的确更费神。

除了人物塑造之外，《吉姆爷》在写景方面也很富于印象主义特色。例如："新月弯弯，低垂在西边，好像是从金棒上削下来的一片薄薄的刨花，而眼前的阿拉伯海平静而清冷，像一片冰，平整地伸向漆黑的地平线那完美的圆边……"[1]

一钩金黄色的新月照耀着如同一片冰的平静的海面，这是一种平和宁静、辽旷的意境，表现吉姆初上"帕特纳号"时，对未来充满信心。

再如："低垂的落日光闪闪的，暗淡下去，颜色深红，就像是从

1.康拉德：《吉姆爷》，熊蕾译，人民文学出版社 2004 年版，第 11 页。

火中抢出来的一小块正燃烧的炭，在低垂的落日下，浩渺的大海以其无限的寂静去承受那火球的接近。"[1]

如同一块烧红的炭那样红艳艳的落日正向浩渺、寂静的大海直垂下去，形成了一种苍凉悲壮的意境，表现吉姆要去向多拉明谢罪，心中洋溢着悲壮的情绪。

从以上两例看出，康拉德的写景不是漠然的、纯客观的，而是配合人物的心情和处境，赋予自然景物鲜明的主观色彩，以新颖、独创的比喻（如把天边的新月比喻为从金棒上削下来的一片薄薄的刨花，把火红的落日比喻为从火中抢出来的一块燃烧的炭），创造富于象征意蕴的意象，这正显示了印象主义手法的独特之处。

（五）《吉姆爷》的叙事特色

像康拉德的其他作品一样，《吉姆爷》包含两种不同流派、风格的成分：心理小说和在异国情境中历险的故事。后者不同于传统的历险故事之处在于叙事方法的复杂性方面，一是打乱一直向前的时间顺序，二是使用不止一种叙事语态。第一章开头出现吉姆作为水上捎客的画面，神秘地暗示他最近的伤心事，三段以后揭示他的经历中更深的层面，及时倒回到他的童年和在训练船上倒霉的事情。随后几章叙述"帕特纳号"事件，以第四章叙述法庭的审问案情为顶点。头几章的叙述者是无人称的无所不知的叙述者，但在第五章它的职能为马罗所取代。他出席了审问法庭，和吉姆交朋友。尽管他们彼此相遇的次

---

1. 康拉德：《吉姆爷》，熊蕾译，人民文学出版社 2004 年版，第 242 页。

数不多，但他饶有兴致地继续关注吉姆的命运。马罗的叙述大部分表现为口头叙述，一部分表现为书面叙述（第36—37章）。口头叙述部分是在不同场合不同地方逐渐表述出来的。马罗的叙述不时由说话者的暗示和他所处的情境所增强。第36章一开始便宣称，马罗已结束他的叙述，接着便提到听众中唯一听到这故事的最后一句话的特权人物。这个人，可想而知，是开头几章的叙述者，在马罗的叙述结束之后二年多，一包文件的接收人。包裹中包含一封马罗的信，一封吉姆父亲的信，还有吉姆自己一个简短的未结束的信息，以及由马罗说明的吉姆故事的最后阶段。即使在小说的开头部分，由于马罗与吉姆的直接接触非常有限，他的叙述的大部分便与涉及具体事件的其他人的简短的叙述相结合。例如：在炮艇上服务的年长的法国少尉曾亲临出事的"帕特纳号"；许久以后，一个偶然的机会他在悉尼与马罗相遇，他向马罗讲述了他的故事（第12章）。故事的其他部分是由吉姆自己向马罗讲述的（第7—12章）。逐渐增强的效果就是由联结的或者"中国盒子式"叙述的复合体造成的。开头几章的构架叙述提供马罗的叙述，它又回过头来提供其他人的叙述。转移的视点使第一手的叙述变得生动；同时，马罗的出现贯穿于小说的绝大部分，构成了小说的内聚力。与此相应的是，读者觉得康拉德完全控制了一个复杂的故事结构。

这部小说对传统的直线式的叙述方法做了一些修正。例如第13章，已进入了故事大约100页，又倒回到开头那页，让读者看到吉姆被雇为水上掮客的情节。而在第14章，读者被拉到审问法庭看它对"帕特纳号"案件的裁判过程。从第15章开始小说已基本上不按年代顺序展开叙述。从第15章至第19章，叙述马罗眼中的吉姆：他内心骚动不安，竭力要把失去的荣誉捞回来，挣回自己人格的尊严。因此，他始终未能从过去的阴影里走出来。马罗一心要帮助他。第20章，马罗想帮助吉姆离开这边的世界，去找博物学家斯坦因，请他帮忙，斯坦因听了马罗的介绍之后评论说，吉姆很浪漫，这很糟糕。斯坦因介绍吉姆到他所熟识的帕图森去。这一章是小说的转折点——从吉姆的心理展现转向吉姆在异国情境中的历险，而斯坦因是这一转折的关键人物。从第21章至结尾的第45章，叙述吉姆在帕图森的历险，他获得了荣誉和土著的信任，但最后从荣誉的高峰上摔下来，落得个悲剧结局。

总的说来，《吉姆爷》的叙事方法比1900年前后的绝大多数小说家的创作更丰富，对读者的耐心和理解力提出更大的要求。这不是简单地为创新而创新。技巧服务于意义。吉姆的神秘和魅力，以及他对读者所保持的兴趣都因叙事技巧而增强。它提供给我们的不只是满足我们对他的历险的好奇心，而且增强了我们对吉姆历险的意义的认识。

这部作品也是一种追求，或者不如说是两种追求的故事。更为明显的是吉姆对冒险的寻求和自我价值实现，是对传统的寻求埋藏的财宝或者失去的文明的故事更为内向的变体。另一种是马罗在力争了解吉姆时的心理探索。这决定了小说的结构和叙述的原则。正如依恩·瓦特指出的，康拉德在《吉姆爷》中提早一步使用了后来马罗在《黑暗的心》中所采用的方法：

> 在这两部作品中叙事的延续不是基于行动发生的时间顺序的连续性，而是基于马罗在了解他的故事所呈现的道德难题中最基

本的疑问达到的阶段。[1]

  《吉姆爷》刚出版时，有的评论家指责它的两部分没有形成有机的整体，吉姆在帕图森的历险不是作品整体必要的部分。后来，道格拉斯·赫威特（Doccglas Hewitt）在其著作《康拉德再评价》（*Conrad: A Reassenment*）中反驳了上述观点。他认为单有第一部分是不能令人满意的，故事仅仅写吉姆为了自身安全逃离船是不够的，它需要发展。赫威特提出："概念变化的迹象与其说在于不符合逻辑的第二部分的不适当的连结，不如说在于通篇的混乱。这从康拉德想要表现的最终的印象不明确看得出来。"

  吉姆的经历，他的道德本性主导整部小说到了奇怪的程度：没有次要的情节，其他每一个人物都被看作与吉姆有关——不仅他们的经历与吉姆的经历戏剧性地相互配合，而且他们几乎都对吉姆的本性作出或明或暗的判断。法国少尉、海盗布朗、博物学家斯坦因，甚至连自杀的老船长布莱尔利都以他们的言语或行为对吉姆的动机和行动作出自己的判断。他们这样做时，从具有天神般智慧的斯坦因到进行撒旦式诱骗的布朗，都使他们自己置于和吉姆道德上的关系中。可是，最终要对吉姆进行判断时，正如道格拉斯·赫威特所指出的，我们的依据却不大确实。赫威特还指出，当马罗试图了解吉姆时，他便糊涂了。马罗的混乱反映了康拉德自己的混乱。

  赫威特的结论是，康拉德写这部小说时怀着太深的感情，他太投

---

1. Ian Watt, *Conrad in the Nineteenth Century*, Los Angles: University of California Press, Berkeley, 1979, p.280.

入，以致他不能驾临于他使马罗置身的迷惑之上。[1]

四、《青春》（*Youth：A Narrative*，1902）

《青春》是一部带有自传性的虚构作品。它是以 1881—1882 年康拉德作为二副，第一次驾驶"巴勒斯坦号"驶往东方的经历为基础，加以虚构写成的。"巴勒斯坦号"是一艘破旧的漏水的三桅帆船（小说中改名为"朱迪埃号"），它在纽卡索港与一艘汽船相撞，然后又在英吉利海峡被一场大风进一步毁损。它被拉进法尔第斯进行无休无止的修理，不久终于驶往曼谷。在海途中，这艘船运载的煤炭起火，经过长时间的努力，大火仍无法扑灭，它在苏门答腊外爆炸。在危急情况下，水手不得不放弃它，乘小艇逃离。

故事中带有主旨性的观点与它的重要事件形成具有讽刺意味的对照。中年的马洛向他的几位朋友讲述他在 20 岁时作为二副首次航行的往事。对年轻的马洛来说，"朱迪埃号"并不是咔嗒咔嗒响的破旧的玩意儿，而是"生命的考验和磨炼"；他的青春的热情，使他过于自以为是，无法感受航船的磨难，在他看来，每件事都是历险。当他们不得不放弃几近烧毁的大船，乘小船逃生时，他还洋洋得意，因为他终于有机会当上一艘海船的指挥，尽管他指挥的是只有几个人乘坐的救生艇。他航行到一个热带的小海港，第二天醒来，第一次目睹了寓言中的东方。

---

1. Norman Page, *A Conrad Companion*, The Macmillan Press Ltd., 1986, p.92.

与康拉德同时代的著名批评家爱德华·贾纳特称赞《青春》是"现代英国海洋的史诗"[1]。为什么呢？因为它以典型事件记述了19世纪英国海船敢闯敢赢、艰苦奋斗的动人事迹和豪迈情怀，歌颂了英国海员不畏艰险、团结奋斗、勇敢拼搏的精神和优良品质，歌颂了青春的活力和浪漫情怀，歌颂了海洋的神奇和魅力。

　　英国著名批评家伊恩·瓦特指出：

　　　《青春》具有独特的成就，它明晰，幽默，自由自在……尽管马洛的性格没有被表现为具有特别的道德或心理的深度，但他有力地表现了康拉德的两个具有代表性的主题——带有骑士风度的失败和破灭的浪漫主义。这两点表现于康拉德每部重要的作品中；它描述了朱迪埃号的沉没；一艘船的终结具有直接的象征的感召力，它被船尾上书写的箴言"死而后已"表现得更清楚。[2]

　　瓦特还指出：

　　　《青春》以其故事、人物和主题的相对单纯赢得了它的丰厚的魅力和广受欢迎。在文学中把一件简单的事，讲述得如此动人确是绝无仅有，我们正是因为赞赏这一点才被引进后来马洛

---

1. Frederick R. Karl, *A Reader's Guide to Joseph Conrad*, Noonday Press, New York, 1960, p.139.

2. Ian Watt, *Conrad in the Nineteenth Century*, Los Angeles: University of California Press, Berkeley, 1979, p.132.

的故事。[1]

在叙事艺术方面，《青春》也有其特色。马洛第一次作为参与事件的故事讲述者被引进这部作品中，正如稍后的《黑暗的心》一样，它的故事被置于一种"框架式"的情境中。一个五人小组：一位公司的主任，一位会计师，一位律师，还有马洛和"我"自己，全部与海洋有牢固的联系。午饭后，他们坐在桌旁，马洛向在座的人讲述40年前他的第一次倒霉的航行经历。马洛与作者有相同之处，但他不是康拉德，他被看作框架故事的客观的创作者和叙述者。康拉德显然很喜欢这种叙述方法。他不仅在《黑暗的心》，而且在《吉姆爷》和《机缘》中都使用这种方法，但他让马洛这个人物有所发展，因此，在《青春》中，马洛起到更复杂、更微妙的作用。毫无疑问，康拉德喜欢这种能对情节加以评论和思索的方法，而又不必像萨克雷、特罗洛普和其他维多利亚时期的小说家那样，采用全知叙述者干扰性插入的方法。用马洛作为作者的替身，他能采取更松弛、更非正式、半会话式的形式，这也许对造成他早期创作令人感到苦恼的华丽散文的雕琢倾向起到纠偏作用。

这种叙事方法也便于叙述者抒发自己的情怀，从而创造一种叙事与抒情结合的抒情性叙事散文的风格。

印象主义手法使这篇小说的叙事不只是描述发生的事情而已，而且具有感觉的冲击力，让读者对发生的事件获得鲜明的特殊印象，例

---

1. Ian Watt, *Conrad in the Nineteenth Century*, Los Angeles： University of California Press, Berkeley, 1979, p.134.

如描写船上爆炸的情景：

　　　　木匠的工作台在主桅杆的旁边，我靠在主桅杆在抽烟斗，所以那年轻人就凑上来同我聊天。他说："我看我们干得不错，啊？"这时我发现那傻瓜正要把工作台撞翻了，心里很不痛快，我不客气地说："当心点，小鬼——"正说着，我突然产生一种奇怪的感觉，一种荒诞的幻觉——我好像被抛到空中。我听到周围有一种像憋足的气体爆破般的声音，好像成千个巨人同声发出"噗"地一声，我感到被什么钝器突然撞得肋骨生疼。毫无疑问，我是在空中，我的身体正在画一条短短的抛物线。尽管这条抛物线不长，我脑海中还来得及闪过几个想法，就我记忆所及，这些想法的顺序是："我不可能被木匠一拳打飞——那是怎么回事——出什么事了——是海底火山？是煤，煤气！天啊，我们被炸飞了！都炸死了——我正在落向舱口——我看见里面有火。"[1]

　　在上面引述的例子中，马洛先叙述自己被抛到空中的情况和模糊的感觉，然后才推想被抛向空中的原因。这是印象主义富于特征的叙事方法。伊恩·瓦特说："这种叙事方法可以命名为延迟解密法，因为它把心灵在接受外部世界的信息时，时间往前推进，与理解它们的意

---

1. 康拉德：《青春》，朱炯强译，载朱炯强编选《康拉德精选集》，山东文艺出版社1999年版，第148页（着重号为引者所加）。

义和缓慢过程结合起来。"[1] 通过这一方法，读者参与了人物瞬间的感受，被迫看到他被抛向空中的过程和感觉，最后才知道事情的原委。

这篇作品在叙事中洋溢着悲壮的情调，它不仅表现于水手们奋不顾身、不屈不挠地和狂风巨浪及熊熊燃烧的煤堆英勇搏斗的过程，叙述者对逝去的壮丽的青春的赞颂、怀念，而且表现于破旧的"朱迪埃号"负载着燃烧的煤堆仍在狂风巨浪中挣扎前行，最后无奈地沉没的这一悲壮事件。船尾上书写的"死而后已"几个大字更具有悲壮的象征意味。

五、《台风》（*Typhoon*，1902）

《台风》于 1902 年在纽约发表。1903 年，它作为主要篇目被收入短篇小说集《〈台风〉及其他故事》并在英国出版。《台风》和差不多同年发表的《青春》可以说是姐妹篇，它们都凸显了人与大自然斗争的主题，以颂扬海员与风暴斗争的无畏精神和英勇品格为其旨意。而且在这两篇故事中，海员要克服的困难也有相似点：在《青春》中，海员不仅要和风暴做斗争，而且要处理船上运载的煤炭自燃造成的灾难，可以说"朱迪埃号"上的海员面临双重危难的夹击。事实证明，无法扑灭的煤炭的烈火是造成"朱迪埃号"毁灭的祸根，也是海员们与之拼死斗争的元凶。最后，海员们百般无奈地弃船逃生，眼巴巴地看着船在爆炸声中沉没，大有英雄就义的悲壮情怀。正因为这点，

---

1. Ian Watt, *Conrad in the Nineteenth Century*, Los Angeles：University of California Press, Berkeley, 1979, p.175.

《青春》很富于感染力，赢得了读者的喜爱和批评家的赞扬。相比之下，《台风》却更富于喜剧色彩。

《台风》叙述的事件很单纯：出厂不久、由老船员马克惠租赁并且担任船长的轮机船"南山号"受命从南洋运载200名中国劳工至福州港埠，途中遭遇狂风巨浪。在船长马克惠率领下，全船员工，从官员到水手同心协力，与台风奋战了一昼夜，终于闯过了险关，"南山号"安全抵达福州港。在台风肆虐期间，这200名中国劳工像坐禁闭似的闷坐在下层中舱里，船颠簸摇晃得厉害，不仅人坐立不稳，而且装着他们的家什的木箱也因震动滚荡爆裂了；藏在里面的银圆都散落出来了，四处滚动。这是那些劳工多年辛勤劳动积攒下的一点家私啊，他们当然看得比生命还重要，因此，他们奋力争抢，互相厮打，许多人被打得鼻青眼肿，有的受了重伤，命悬一线。船长马克惠得知这些劳工动了武，闹得不可开交，吩咐大副朱可士率领轮机长所罗门·鲁特和一些水手下去制止。船长担心，假若让争斗不休的那些劳工和万一经不起台风袭击的"南山号"一起下沉海里，简直丢人！

朱可士率领水手们以突袭的方式闯入中舱，出现在混战的劳工群里。劳工们猛然看见这些"白洋鬼子"气势汹汹地闯进来，一下子吓呆了，不知道这些人是来要他们的命，还是抢夺他们的财产？他们停止了争斗，任凭这些白洋鬼子去收拾散落在地上的银圆。不一会儿，他们终于醒悟过来：莫非这些人是在抢劫他们的财产？有一两个劳工大声嚷嚷，朱可士等人不明白他们嚷叫什么，看到他们愤怒的表情生怕他们反抗，赶快溜出中舱，把门闩住。

经受一昼夜台风折磨，受尽惊恐的劳工们，又在争抢散落的银圆的斗殴中耗尽了精力，弄得身心交瘁。别说大副朱可士用绳索将中舱四周牢牢扎紧，让劳工们无法到甲板上闹事，即使敞开舱门，这些精疲力竭的劳工也没有反抗的能耐了。起先，船长马克惠颇赞赏大副的这一举措，台风静止后，船长却吩咐下属打开舱门，叫全体劳工到甲板上集合。朱可士心想，老大简直疯了，万一这些中国人闹事怎么办？他忙进到舱里取来几把备用的来福枪，分派给在甲板上干活的水手。万一这些劳工动武，就向他们开火。船长知道了，连声说这要不得，叫人赶快把来福枪收起来。

马克惠站在望台上看底下安静地分列在甲板上的中国劳工，一个个满面愁容，疲惫憔悴。心里不由得泛起一股怜悯之情。起先，对如何归还他们散失的银圆，马克惠颇伤脑筋。朱可士建议，别为这事操心，不如到达福州后，把这些银圆交给中国的官员，由他们去处理。马克惠说，这不行，还不如把这些银圆落进我们自己的腰包里呢。假如要让劳工们自报散失银圆的数目，又担心他们撒谎，自己赔不起。后来决定平均分配，因为他们干活的时间同样长。马克惠亲自给他们分发各自应得的银圆。受伤严重不能来领取的劳工，他亲自送到他们手里。剩下三个银圆，分给受伤最重的三个人，每人一个银圆，结果皆大欢喜。这宗本来棘手的麻烦事终于被马克惠妥善解决了。

处理中国劳工的麻烦，可以说是小说情节的核心，因为把200名中国劳工如期安全地送往福州，是"南山号"这趟航运的使命。因此，面临台风的肆虐，"南山号"的命运不仅和全体船员的生死存亡相关，而且涉及能否顺利完成这一使命的问题。这样一来，平息中国劳工的骚乱和抗击台风的斗争密切相关。幸好由于马克惠的处理办法比较得当，中国劳工的乱子没闹大。天公也作美，眼看要再次袭来的台风却戛然而止，"南山号"像一个遍体鳞伤的凯旋的斗士抵达福州港，身为船长的马克惠总算顺利完成了使命。

尽管《台风》涉及的事件和人物包含尖锐、复杂的矛盾，但是，无论是人和自然的矛盾，还是船上官员和中国劳工之间的矛盾，都还没有达到不可收拾的地步，它不像《青春》那样无论是船舶还是人都面临危在旦夕的险境，最后落得悲剧下场，洋溢着荡气回肠、动人心魄的气氛。《台风》对读者和批评家都缺少《青春》那样的魅力，这是不争的事实。但是，《台风》在思想艺术上有其不容忽视的成就，它在康拉德的海洋作品中占有突出的地位。

第一，它凸显了海员与自然斗争的无畏精神，以及他们对事业的高度责任感和团结协作的优良品格。

在康拉德的海洋作品中，例如在《"水仙号"上的黑水手》《青春》，乃至《阴影线》中，都涉及海员与自然斗争的主题，但是，上述作品在表现海员与自然的斗争方面都不如《台风》突出，《台风》自始至终凸显了"南山号"的海员与暴风雨斗争的过程，而他们的品格、心理状态就在与台风搏斗中呈现出来。与风暴搏斗本是海员在航运途中难以避免的，对海员来说这是生死考验，也是他们的思想品格经受磨炼的关键时刻。《台风》可以说是康拉德的海洋作品中，比较突出地表现"海船精神"的一部作品。

"南山号"虽然是一艘新船，但在特大台风袭击下，也变得体无完肤，岌岌可危。但是，即使在台风袭击的高潮时刻，眼看"南山号"几乎已无法应对，颠簸震荡得极其厉害，而且船首经常往下沉，除了脾气暴躁的二副吓破了胆无所作为之外，其他海员，从船长马克惠到普通水手，每个人都坚守岗位，努力工作，谁也不想弃船逃生。舵工侯克脱一直专心操作舵盘，直到累得倒下，才被人替换。船长马克惠面对凶猛的台风沉着应战，指挥若定，他似乎已把生死置之度外。他从容应对险情，冷静地调动属下应对台风袭击，对不合理的人和事坚持原则，毫不留情。听说中国劳工发生骚乱，他下令予以制止，要求绝对保持安定和秩序。看到大副朱可士不时显得惊慌失措，他提出严厉批评，态度却又和蔼亲切，令人心服。而对无理取闹、不履行职责的二副和副机师则严词训斥，甚至扬言要炒他们的鱿鱼。正是在马克惠的率领下，全体船员拧成一股绳，忠于职守，奋力拼搏，"南山号"才挺过了难关，中国劳工才安然无恙。

第二，它在表现中国劳工的可怜状况时，又凸显了他们坚忍不拔的品格。

小说用印象主义手法，通过水手长、轮机长和大副的眼光，对下层中舱里的中国劳工为抢夺散失的银圆而互相争斗、厮打、混战的情景做了生动的描写，其情状确如水手长所说："那里面简直成了个小地狱啦。"[1] 劳工们在箱子破裂、银圆散失后，苦苦捡回自己的血汗钱是情理中之事，但同为苦命人，又是同胞、同乡，却为保护自己的家私撕破脸皮，你争我斗，大打出手，以致到了疯狂的地步。但小说在表现中国劳工狭隘的心胸时，却又凸显了他们坚忍不拔、不把皮肉之苦当一回事的无畏气概。有些人被打得头破血流，甚至眼珠子都凸了出来，仍若无其事，和别人谈笑自若。在作者眼里，这也许表现了这些劳工的顽劣品性吧。

第三，小说通过主要人物在抗击台风过程中的表现、感受，多角

1.康拉德：《台风》，袁家骅译，载薛诗绮编选《康拉德海洋小说》，上海文艺出版社
　1995年版，第111页。

度、细腻地表现了台风的凶猛，同时显示了人物的不同性格和心理状态。

小说开头，马克惠走进海图室，看到气压表上的表度极其低落。"表度低落自含有凶恶的预兆；可是这汉子的红脸上并没透露任何内心的不安。征兆在他算不得怎么回事，他不能发现预言的涵义，除非等到这预言完全实现了，被他亲眼看见。"[1]有道是，"未雨绸缪"，可是马克惠看到这凶兆，明知附近的天气起了异常恶劣的变化，却若无其事。

眼见海浪开始汹涌，大副朱可士向船长建议让船掉个头，避开风浪。马克惠坚决不同意，认为把船驶向北方，再折回福州，虽然避开了恶劣的天气，但比预定的距离额外多添了300英里海程，得多加一大笔煤账。

"风这就快来啦。"朱可士嗫嚅道。

"那就让它来罢"，马克惠船长高傲愤慨地说，"这不过让你明白明白，朱可士，你不是样样东西都能够从书里面找到的……"

"……你打算掉换方向，叫船头直冲着那高浪，应该多久，我可不知道，为的只是叫那些中国人舒服些；然而我们的任务不过是载送他们去福州，预定礼拜五正午以前到达。……"[2]

---

1. 康拉德:《台风》，袁家骅译，载薛诗绮编选《康拉德海洋小说》，上海文艺出版社 1995年版，第52页。
2. 康拉德:《台风》，袁家骅译，载薛诗绮编选《康拉德海洋小说》，上海文艺出版社 1995年版，第82页。

他望着满脸疑惑的朱可士继续说道：

> "风暴只是风暴，朱可士……一艘开足马力的轮船只好迎面承当。这样恶劣的天气变化到处都是，合适的办法就是直穿过去……"[1]

马克惠和朱可士都是勇于面对自然灾害的硬汉子。但他们在面对险情时心态不同：前者面对即将到来的风暴胸有成竹，沉着应对；而后者心里没有把握，一时乱了方寸。因此在如何抗击台风，保证船舶和人员的安全方面，各人有不同的想法和策略，相比之下，船长马克惠老道得多。尽管朱可士对老大的固执、呆滞心里暗暗抱怨，但是，"有船长待在身边，朱可士莫名其妙地觉得欢喜。这事使他宽慰，仿佛老大一来到甲板上，便将暴风的大半重量放在他自己肩头上去了。这就是当了船长的威信、特权和负担"。"马克惠船长却无从希冀地球上谁能给他那种宽慰。这也就是当了船长的孤寂。"[2]作者洞察入微地显示船长和大副迥异的思想个性以及他们之间相依相存、却又相生相克的奇妙关系。小说扣紧他们之间的这种关系，表现台风袭来时他们的精神面貌和心态。

作者采用印象主义手法，从人物的感觉、印象入手，显示台风袭

---

1. 康拉德：《台风》，袁家骅译，载薛诗绮编选《康拉德海洋小说》，上海文艺出版社1995年版，第81—82页。

2. 康拉德：《台风》，袁家骅译，载薛诗绮编选《康拉德海洋小说》，上海文艺出版社1995年版，第88页。

来时的威猛和人物的心灵感应，从而使读者对台风的可怕威力获得更真切、细腻的感受，使人有身临其境的感觉。

小说这样描写朱可士在台风袭来时的感受：

这情形来得凶猛而且迅速，好似盛满忿怒的瓶突然打了个粉碎。这情形在船身周围爆发了，带来难挡的震荡和巨浪的奔涌，仿佛一座大堤被吹飞了在迎风舞蹈哩。顷刻间，人们互相隔绝了。这是大风的分解力：它使人隔离了人的同类。地震、山崩、雪溃突然袭击一个人。可说是意外的不测——并不含感情作用。狂暴的巨风好像对仇敌似地攻击他，想攫取他的肢体，缠牢他的心，要从他的身体里控出他的精神来。

朱可士从船长身边给赶跑了。他恍惚觉得他自己飘飘摇摇地在空气里滚了很长的距离。件件东西消灭了——连他思想的能力也暂时消灭了；可是他的手找到了一根围栏的支柱。他很想不信这番经验的实在，但是他的苦难并不因此减轻分毫。虽然还年轻，他倒也遇过恶劣的天气，从不曾怀疑他有能力想象最恶劣的情形；可是这回的事变，完全超过了他的幻想力，似乎同任何船舶的存在难于并行不悖的。他也许会同样地怀疑他自己的，要不是他非得竭尽扭毁的劲儿，抵抗那硬要拉他离开他所把握的东西的暴力。再呢，半身淹没，受了狠狠的摇撼，喉头有点壅塞，这些感觉倒使他恢复了他自身尚未完全毁灭的信念。[1]

---

1. 康拉德：《台风》，袁家骅译，载薛诗绮编选《康拉德海洋小说》，上海文艺出版社1995年版，第89页。

朱可士在风浪里挣扎了许久，终于碰着了船长，他紧紧地抱着船长厚实的身体，但是汹涌的海水又将他们放松了。

在那地狱般的漆黑一团里，他觉得那汉子待在他身旁不远，他无目的地对他放声叫嚷，"是你么，先生？是你么，先生?"直嚷到他的太阳穴似乎快要爆裂的样子。他听到回答的声音，仿佛是远处的呼号，仿佛从遥远的距离对他暴躁地尖叫，唯一的字眼就是"是啊"!……

船身大摇大晃。它底倾侧带有骇人的无可奈何的意味：它前后颠簸，仿佛倒栽向空虚里去，每回又似乎碰着了一座铁壁。当它左右摇摆时，它猛然侧向一边，再折回来！朱可士只觉它摇晃得好像当头吃了一棒的人，蹒跚不稳，快倒下了。暴风在周围黑暗里同巨怪似地怒吼乱撞，整个的宇宙似乎变成了一道漆黑的深沟。[1]

作者采用娴熟的印象主义手法，让台风肆虐、海浪喧嚣、船舶颠簸震荡，展现出惊人的冲击力。总之，外界的一切都通过人物的眼光和他们心灵的感受融合成一体，生动地呈现出来。这比实证式的单纯对现象的描述，真切得多，感人得多！

船长马克惠对灾难的感受不像朱可士那样冲动、激烈、浮躁，而是沉着、冷静、含蓄，以致使人觉得他似乎变得呆滞、麻木，其实这

1.康拉德：《台风》，袁家骅译，载薛诗绮编选《康拉德海洋小说》，上海文艺出版社1995年版，第91页。

是一个饱经风霜的老海员应对灾难的沉着。

第四，作者把海上的艰苦生活和陆地上船员家属的悠闲生活加以联结对比，彰显海员的艰苦卓绝精神。

和康拉德的其他海洋小说不同的是，《台风》不是孤立地描写海员在船上的生活，而是把海员中的主要人物和他们的家属联系起来，更全面地表现他们的生活和精神状态。船长马克惠和轮机长所罗门·鲁特在航行途中常给他们的妻子写信，报告他们在海途中的情况。

特别值得注意的是马克惠船长与他的妻子、孩子的关系。作者用讽喻手法叙述船长马克惠写家信这件令他开心的事。他"从中国海滨每年写十二封信寄回家去，古怪地希望'替我向孩子们问好'，末尾冷静地署名'你的亲爱的丈夫'"[1]。他经常在海图室写家信。

> 这些长信打头的几个字是"我可爱的妻"，茶房每于拖擦地板和拂拭时计箱匣的当儿，一找到机会就去偷看。这些信虽说专为了给那个妇人看才写的，可是她的兴趣怕还远赶不上那茶房的哩；因为信上详详细细叙述的是南山号所经历的每回航海的情形。
>
> ……伦敦北部的一所房屋，是这些信所投寄的地点，有几扇弓形的凸窗临着一块园地，有一道颇美观的深长的门廊，正门上还有一小方彩画玻璃镶嵌在仿铅色的木框里。它一年要花四十五

----

1. 康拉德：《台风》，袁家骅译，载薛诗绮编选《康拉德海洋小说》，上海文艺出版社1995年版，第62页。

镑，可马克惠太太不觉得房租太高，因为她是个爱排场的人，瘦骨嶙峋，态度倨傲，公认是个阔太太，被四邻看作"出类拔萃的人物"。她生平唯一的隐私就是那卑鄙的忧惧——深怕她丈夫什么时候回来了永远待在家里。在同一个屋顶下还住了个女儿，叫做丽迪亚，和一个男孩叫做汤姆。这两个孩子对于他们的父亲并不很熟悉。他们大概只知道他是个有特权而难得来的访客……[1]

马克惠长年累月在航船上拼搏，恐怕难得回家，享受一下清闲的生活，体会与家人团聚的天伦之乐，乃至儿女对他生分、冷漠了，这不难理解。奇怪的倒是他的"可爱的妻"竟忧惧他一旦回来了就永远待在家里，可见他的妻子对他也是冷漠的。假若马克惠知道他所思念的妻子对他是这般冷漠，岂不备感孤寂?!

更富于嘲讽意味的是"南山号"到达福州后，修理船舶的噪声并没扰乱马克惠船长的心绪。他大概也在忙着台风过后船上的一些善后事情，而这时远在伦敦那所租金四十五英镑的房屋的客厅里的马克惠太太，正躺在靠近瓷炉的一张丝绒垫底的镀金摇椅里，懒洋洋地翻看她丈夫的来信，她东看一句，西瞟一眼，她对信上所写的芜杂平淡、枯燥无味的事不感兴趣。她循例敷衍似地翻阅着信笺：

　　她茫然的眼睛随即在次页的顶端遇见这些字眼："希望再看见你和孩子们……"她作了个不耐烦的举动。他老想要

1.康拉德:《台风》，袁家骅译，载薛诗绮编选《康拉德海洋小说》，上海文艺出版社1995年版，第61—62页（着重号为引者所加）。

回家。……

她没有想到翻过信笺来看看反面。否则她会发现那儿明明白白地记载着：十二月二十五日上午四点到六点之间，马克惠船长的确曾以为他的船在这样的海上恐怕活不过一个钟头了，他怕再也不能看见他的妻子和子女了。没有谁再会知道这件事的（他的信札随即丢得不知去向了）——无论是谁，除掉茶房：这个秘密的发现倒给他留下很深的印象呢。[1]

马克惠太太没在信上看到她丈夫提到关于回家的话，"她准是暗自作着虔诚的祈祷呐。马克惠太太这才放了心"[2]。她看信时，她的女儿回来了。见丽迪亚注视着她手里的信，她说是她爸爸写的。"他身体很好，至少我以为如此。他从来也不提。"她轻声笑了笑。女郎的脸表示着一种游移不定的淡漠，接着母女轻松愉快地出门去赫南商店购买大减价的货物去了。

马克惠太太在店门外遇见一位熟悉的妇女。在闲聊中大概对方问起她丈夫的情况，她便口若悬河地说开了：

"谢谢您哪。他还不回来呢。自然，他离家老远，叫人好不愁闷，可是听说他过得很好，也就放心了。"马克惠太太吸了口

1.康拉德：《台风》，袁家骅译，载薛诗绮编选《康拉德海洋小说》，上海文艺出版社1995年版，第144—145页。

2.康拉德：《台风》，袁家骅译，载薛诗绮编选《康拉德海洋小说》，上海文艺出版社1995年版，第146页。

气。"那儿的气候对于他很相宜。"她眉飞色舞地继续说，仿佛可怜的马克惠远游中国，为的是增进他的健康哩。[1]

第五，独特的叙事风格。

康拉德深受狄更斯的幽默讽刺手法的影响，却摒弃了他的怪诞、漫画化癖好，而师承了福楼拜在叙事风格上的细腻特征，他把二者融合起来，形成了他自己独特的细腻幽默的叙事风格。这种叙事风格贯穿于康拉德的整个创作中，只不过在《台风》中显得比较突出而已。

英国著名的批评家 F. R. 利维斯曾对《台风》做过精辟的论述，他指出：

> 《台风》之长，与其说是对大自然狂暴力量的那番著名描写，不如说是在故事开头对麦克惠尔船长、朱可斯大副和轮机长所罗门·鲁特的介绍上。当然，善于表现英国海员本就是康拉德独特天赋中的一份能耐，这已是老生常谈；但这份能耐乃是一个小说家的特长，而且尽管康拉德是比狄更斯更加细腻的艺术家，没有走上漫画和怪诞之路，两人却还是因此而挂上了钩——这样说，也是老生常谈吗？

利维斯进一步评论道：

1.康拉德：《台风》，袁家骅译，载薛诗绮编选《康拉德海洋小说》，上海文艺出版社1995年版，第147页（着重号为引者所加）。

"考虑一下对麦克惠尔船长和轮机长家庭背景的交代吧。……"这些背景同故事的主题形成反差，由此而带来的反讽，要比《黑暗深处》里发生在布鲁塞尔的场景所造成的更加令人满意得多（事实上效果极佳）。与此同时，我们也应注意到，《台风》里可没有一个冷嘲热讽的马洛，在那儿评说要他予以阐发的事件情节。……《台风》里的评论是在轮机长所罗门·鲁特的家书中，在朱可斯写给好友的信件中。总之，小说里没有任何牵强或横插进来的东西；其意蕴不是形容词给予的，而是在所表现的具体事项——人物、事件和整个情节中。我们看到的是船、货物和一班普通的英国船员，以及暴风雨对他们的影响。[1]

六、《黑暗的心》（*Heart of Darkness*，1902）

（一）《黑暗的心》创作的社会背景

小说中写到的西方殖民主义者在刚果的暴行明显影射当时比利时的统治者在中非腹地的残酷统治。1876年，比利时的统治者利奥波德二世（Leopold II）为了他的王朝的利益，对非洲腹地虎视眈眈已有好些时候了。他要求对非洲的奴隶制和中非洲的开放问题进行国际协商。在布鲁塞尔创立国际协商会时，他宣称："我们地球上唯一还未进入文明的地区应向文明开放，驱散笼罩在那里的全部种族上的阴霾，容我斗胆这么说，构成了称得上本世纪进步的一次十字军东

---

1. F. R. 利维斯：《伟大的传统》，袁伟译，生活·读书·新知三联书店2002年版，第307—308页。

征。"[1]利奥波德二世在心里盘算向非洲这一大片尚未有主要殖民势力声索的地区发动一次十字军东征，主要借助以新闻记者身份出现的探险者亨利·墨顿·斯坦利（Henry Morton Stanly）的能量，打算沿刚果河上游设立一连串的开发站，协议中所涉及的自由贸易、人的生存状况和废除奴隶制度等只是一种宣传；一旦利奥波德二世站稳了脚跟，他便采用经济和政治的手段，利用那时候列强在竞争瓜分非洲的机会，赢得国际上对他作为刚果独立邦君主身份的认可。他的这一诉求在 1885 年得到柏林协商会批准。于是，利奥波德二世立刻成为将近100 万平方英里的地盘上唯一的实际主人和统治者。

1890 年康拉德出发去刚果时，正逢利奥波德二世和他的支持者由于殖民事业发展初期费用上涨而大伤脑筋的时候，他们以更加残忍的手段加强对土著民族的剥削。为了提高效益和完全掌握贸易的垄断权，他们向在刚果所有不承担义务的贸易事项强征关税和其他税收。这直接威胁到其他国家的商业利益，于是招来各国不断的抗议。1897年，伦敦《泰晤士报》和英国下议院都忙于处理利奥波德二世的霸权问题。

《黑暗的心》最接近主题的事件是它对比利时殖民地利益纷争的处理。跟康拉德不同，小说主人公查理·马洛在中心站逗留了好几个月，他把这归咎于总经理在他到来之前，蓄意毁坏了他驾驶的汽船，以便延迟拯救库尔兹的时间。总经理一心想毁灭库尔兹是因为他属于贸易公司中新的一伙——得益的一伙。

---

1. Neal Ascherson, *The King In Corperated: Leopold II in the Age of Trusts*, London, 1963, p.54.

1899 年 2—4 月，《黑暗的心》在威廉·布拉克沃德创办的杂志上连载。在 1898 年末，作者写给布拉克沃德的信中向他概述了作品的轮廓："当处理中非洲的开发工作时，无能的犯罪行为和纯粹的自私是一个被证明恰当的观念。这个题材是我们这个时代富于特征的——尽管没有作为主要论题来处理。这个故事和我的《进步前哨》差不多，但是，可以说更易领会，稍为广阔，而更少关注个人。"[1]

康拉德的创作并不是寻求让读者快乐，而是通过对他自己的最可怕的印象的概括，震撼他们，直至灵魂深处。较有悟性的批评家都接受这点。《观察家》杂志的休·克里福特（Hugh Clifford）写道："毫无疑问，直到现在为止，还未有过任何作家像康拉德先生在这了不起的、高尚的、令人敬畏的研究中所做的那样，成功地把关于这一切的清醒认识，可怕的清醒认识带回本国来。"

《黑暗的心》是以作者自己在刚果的历险、见闻为基础创作的，它是现实与幻想融合的产物。

康拉德在 1890 年中，在挚友玛格丽特帮助下，和比利时在刚果的开发公司签订了口头协议，担任公司所属的一艘航行于内河的汽船船长。原先他和公司签了三年合同，但是在刚果待了几个月之后，他的身体难以支持，热病和痢疾弄得他苦不堪言，所以他只干了 7 个月便和公司解除了协议。1891 年 1 月末，他去了一趟布鲁塞尔，2 月 1 日回到伦敦。在刚果生活工作期间，欧洲商人的贪婪和难缠令他厌烦，公司各级管理人员的愚蠢、无能与自私令他吃惊，黑人受奴役的

---

1. William Blackburn, ed., *Joseph Conrad: Letters to William Blackwood and David S.Meldrum*, Durham, N.G.Duke University Press, 1958, p.37.

悲惨状况让他看穿了殖民主义的野蛮卑鄙。

康拉德在刚果的日子在肉体和灵魂两方面影响了他的后半生。他在那里度过的 7 个月，对人类经受的磨难与动机的愚蠢、可悲的洞察使他深为震惊。康拉德的一位挚友爱德华·贾纳特认为："从刚果发出的不祥之声，以其对人类的愚昧、卑鄙和贪婪的低声细语，扫除了他年轻时期宽宏大度的幻想，让他看到天边黑暗的深处。"[1]

（二）《黑暗的心》的形式特点

英国著名批评家伊恩·瓦特指出："《黑暗的心》在我们仍称之为现代文学传统中的经典地位，主要依据其新的形式因素，而不是康拉德观念的预示性。"[2] 所谓"新的形式因素"，窃以为，首先应该是框架式的环状结构。

"框架式叙事"，古已有之。《天方夜谭》（《一千零一夜》）和《十日谈》，都是框架式叙事的经典作品，这种叙事形式以"母故事"涵盖"子故事"，即从一个故事引出其他故事。《黑暗的心》继承了西方经典叙事形式的特点而加以创造性的发展。在传统的框架式叙事中，母故事和子故事在内涵上并无牵连，子故事是孤立存在的。而《黑暗的心》的框架式叙事的创造性在于：其一，故事的讲述者面对一群听众，在故事讲述过程中，故事讲述者和听众是互动的（尽管次数不多）；其二，这种框架式叙事带有环状结构特点，即以大环套小环。

---

1. Chris Fletcher, *Joseph Conrad: The British Writer's Lives*, 1999, p.54.

2. Ian Watt, *Conrad in the Nineteenth Century*, Los Angeles: University of California Press, Berkeley, 1979, p.168.

所谓"小环"是指马洛所讲的他在刚果历险的故事。它包含三部分：历险前的准备（主要是在布鲁塞尔的经历、见闻，充满"黑暗""怪诞"的象征）；在刚果的历险，深入黑暗的中心；归来（与开发公司官员及库尔兹的亲戚、未婚妻的接触）。所谓"大环"则是指"奈利号"上包括马洛在内的几个与航海有关人员的聚会，为等待潮水，以听马洛讲述故事消磨时间。马洛的一句话"这也是地球上最黑暗的地方之一"引出了古代罗马人征服英国（当时被视作黑暗的地方）的历史。它作为马洛到刚果黑暗中心探险的先导，或者说，以古代英国的"黑暗"引出当日非洲的黑暗，它蕴含对英国殖民主义者自以为比非洲黑人文明的一种讽刺。这就使"母故事"和"子故事"的内涵相关联。马洛讲完故事后，作为小说结尾的一段文字是这"大环"的环扣。"大环"的故事讲述者说："我抬起头。远处海面上横亘着一带乌云，那通向天涯海角的静静的河道在阴云密布的天空下昏沉沉地流流着——仿佛是流入一片广阔无边的黑暗的心中。"[1]

从上述可知，《黑暗的心》的框架式叙事与它的环状结构是密不可分的。这不光是形式问题，而且和它的内涵关联，凸显了一个中心观念——黑暗，或者说邪恶，这是从古至今无处不在的。这样，它就扩大并且深化了小说的主旨。

其次，把"寻觅"作为马洛历险的核心。把寻求向往之物作为探险目的或核心内容，见诸中外古代叙事作品中，例如西方的骑士传奇中关于寻找圣杯的故事，以及我国古典名著《西游记》中唐僧历尽千

---

1. 康拉德：《黑暗的心》，智量译，载赵启光编选《康拉德小说选》，上海译文出版社 1985 年版，第 596 页。

难万险到西天取经的故事都是突出的例子。但是《黑暗的心》中马洛历险寻求的不是物，而是人——患病的代理商库尔兹。在《西游记》中，唐僧师徒遭遇的险阻主要是层出不穷的妖魔鬼怪的干扰、诱惑和侵凌，它们既考验唐僧师徒的智慧和意志，又在艺术上构成瑰丽的浪漫主义色彩。而在《黑暗的心》中，马洛遭遇的险阻除了旅途的艰难之外，主要是人为的干扰、破坏：先是中心站的经理把马洛的汽船沉入河中，以此阻挡或延迟马洛与库尔兹的会面；快到库尔兹的贸易站时，又遭遇岸上的土著居民在库尔兹指示下，向马洛的汽船射箭、扔标枪。这些事件不仅是对马洛意志的考验，而且蕴含着特殊的意义：前者显示了开发公司内部的利益矛盾，后者则暗示库尔兹已彻底沉沦，他不愿意接受马洛的挽救，回归文明世界，过正常的社会生活。这表明，马洛这次探险的寻求非同一般。

再次，马洛既是故事的讲述者，又是故事中的主要人物。这是《黑暗的心》在叙事上的一项创新。在它之前的《吉姆爷》中，马洛纯粹是吉姆故事的见证者、讲述者。唯独在《黑暗的心》中，马洛"一身二任"，他既是故事的叙述者，又是故事事件的参与者。尽管亨利·詹姆斯不赞赏这种叙事策略，但它毕竟是叙事手法的一种创新。小说的中心事件就是寻找、会见生病的库尔兹，马洛若没承担这一任务，就不会有这趟带有探险意味的旅行，也就不会有对"黑暗"的发现，以及对神秘的荒野的体验。马洛不仅是种种惊人信息的传递者，而且他的行踪或者说探险历程构成了小说情节的中心线索。特别值得注意的是，马洛的这趟旅行使他增长了见识，动摇了一向以来他对西方文明的观念。这样看来，马洛的"一身二任"和小说的内涵与形式密切相关。

（三）《黑暗的心》的主旨

"《黑暗的心》的最主要的主旨是试图明确表达邪恶——尤其是白种'文明人'在非洲的邪恶。"[1]康拉德研究专家克里斯·弗勒契尔如是说。

何以见得"邪恶"是《黑暗的心》的最主要的主旨呢？

第一，小说通过马洛在旅途中的所见、所闻、所感揭露白种"文明人"——西方殖民主义者对非洲的疯狂侵略和极其残忍的压迫、剥削。

马洛看到沿岸行驶的法国炮舰向岸上丛林里的土著居民开炮。这些殖民主义者在国内看到有人虐待一匹马都加以谴责，可是在非洲，他们不把土著民族看作人，而是视为敌人，以残忍的态度对待他们。

马洛沿途看到黑人的惨状：一群系着铁链行进的黑人，他们被称作"罪犯"。许多修铁路的黑人正奄奄一息。一个年轻的黑人脖子上系着一小段白毛线，马洛十分惊愕："为什么？从哪儿弄来的？这是一种标志—— 一种装饰—— 一种符咒—— 一种许愿的行为吗？到底跟什么意思有关？这一小段远隔重洋运来的白毛线，缠在他黑色的脖颈上，显得很刺眼。"[2]这一小段白线是康拉德以象征意味赋予客观对象以生命的例证，它在读者心中唤起许多疑问：这个垂死的黑人是否对衣服的碎片怀着某种神秘的信仰？比如说，他是否想借助使用机器生产的贸易货物作为一种崇拜的东西来讨好白人侵略者呢？

---

1. Chris Fletcher, *Joseph Conrad: The British Writers Lives*, 1999, p.47.

2. 康拉德：《黑暗的心》，智量译，载赵启光编选《康拉德小说选》，上海译文出版社1985年版，第504页。

这种黑与白的象征性联系的反用随之展现出更广泛的主题的复杂内涵。当马洛走进贸易站的房屋时，遇见一个白人。"他的衣装打扮出人意料地高雅精致，使我猛一看以为他是个什么幻影。我看见一条高高的浆硬的领头，一双洁白的袖口，一件轻薄的羊驼毛上装，雪一样白的长裤，一尘不染的领带，和亮光闪闪的皮靴。没戴帽子。头发是分开的，刷光上油，露在一顶带绿色条纹的女用阳伞下，撑伞的是一只大而白的手。他真是令人惊异，耳朵后面还卡着一支笔杆儿。"马洛以半嘲讽的态度想："他的外表无疑是一只女人理发店里做招牌的假人模特儿；但是在这片土地上这种极度消沉败坏的气氛下，他保持住了他的外表。这是一种骨气。"[1] 后来，有一次马洛走进会计师的办公室，发现他正踞在一只高高的木凳上，写呀写，写呀写。他"俯在他的账本上，正在为那一笔笔完全正确的交易做出正确的账目；在门口的台阶下五十英尺的地方，我能够望见那死亡丛林的静止不动的树梢"[2]。一个生病的公司代理人被抬进他的办公室，会计师表现出了一些轻微的厌烦，说，这位病人的呻吟，分散了我的注意力。……随后，"一个运输队到达了。一阵粗鲁激烈的喋喋不休的说话声从木板墙的外边迸发出来"。"他（会计师）慢条斯理地立起来。'吵得多么怕人'，他说。他轻步走到屋子的另一边去看了看病人，又走回来……然后，回一下头意思是指贸易站院子里的嘈杂声，说，'当人

---

1. 康拉德：《黑暗的心》，智量译，载赵启光编选《康拉德小说选》，上海译文出版社1985年版，第505页。

2. 康拉德：《黑暗的心》，智量译，载赵启光编选《康拉德小说选》，上海译文出版社1985年版，第507—508页。

家非得把账目写正确的时候，人家就恨这些野蛮人了——恨得要死啊'。"[1] 马洛后来发现，这种冷冰冰的官僚主义的态度远胜于已萎缩的自然的同情；它激发了会计师极端的非人性。

"会计师和垂死的黑人的插曲，表现了两个世界景象之间最极端的一种象征性的对抗。"依恩·瓦特如是说。他又指出，这种对抗存在于许多层面。这两个插曲的主题意向为另一个极端的问题做了铺垫：在非洲能发现比会计师和垂死的黑人更有效的信仰吗？他认为，马洛在前往中心站的陆路旅行提供了一些否定的答案。[2] 马洛目睹的原始土著生活的一切不外乎就是带有枯草墙的荒芜的村庄，但是他听见远处鼓的颤声，变弱，变强，一种从大变弱的颤声，一种神秘的、如泣如诉的、充满暗示的狂野的声音——而且也许带有它像基督教国家教堂的钟声一样深远的意义。可是，信仰基督教的战胜者的意义却由一个同行的肥胖的白人表现出来。当马洛问他干吗千辛万苦来到非洲时，他轻蔑地答道："挣钱呀，当然喽。你以为是干吗？"

当马洛到达中心站时，他马上明白了，这的确是殖民主义者唯一的信仰。到处都是低效率的迹象。管理中心站的尽是软弱无能、装模作样、贪婪而又残忍愚蠢、短视的魔鬼。正如马洛先前在公司驻地看到的情况一样：制砖者不造砖；蓄着黑色小胡子的男人竟用漏水的桶盛水去救火。到了中心站，马洛发现归他指挥的船已沉没了（后来才

---

1. 康拉德：《黑暗的心》，智量译，载赵启光编选《康拉德小说选》，上海译文出版社1985年版，第507页。

2. Ian Watt, *Conrad in the Nineteenth Century*, Los Angeles: University of California Press, Berkeley, 1979, p.221.

明白，是经理指使人把汽艇撞破而沉没的，为的是阻挠马洛去会见库尔兹。为了打捞、修补被撞破的船，他用去了几个月时间）。他在一个奇特的情况下见到了经理。

> 他是一个普通的生意人，从他青年时起，便受雇在这片地方工作——如此而已。人家服从他，然而他既不能让人家爱他，也不能让人家怕他，甚至也不能让人家敬重他。他只能让人家不舒服……他没有组织才能、创造才能，甚至是维持好秩序的才能。贸易站的可悲状态，以及诸如此类的事情，都能显然说明这一点。他没有学问，没有智力。他谋到这个位置——靠了什么？或许是靠他从不生病吧……在众人皆体力不支的情况下，得意洋洋的健康条件本身就是一种力量。[1]

马洛看到，这些殖民者像真正的朝圣者一样，漫无目的地四处游荡，人人手里都握着一根棍棒，在殖民地，白人一般都习惯带着它作为权力的象征。如果说朝圣者（马洛称这些殖民者为朝圣者，带有批判讽刺的意味）作为一个团体，是由一个宗教的目的联结的，那么，是什么东西联结这些现代的朝圣者呢？当马洛谈到中心站的官员时，明确地回答了这一问题：

> 这群在院子里晒着太阳漫无目的地蹓圈子的人们……他们手

1.康拉德：《黑暗的心》，智量译，载赵启光编选《康拉德小说选》，上海译文出版社 1985 年版，第 511 页。

执他们那些荒谬的长木棍荡来荡去，好象一群被鬼魂迷在一圈破篱墙里的不忠实于自己信仰的朝圣者似的。"象牙"这个词儿在空气中震响，在耳根边传诵，从嘴唇边叹出。你会以为他们都在那儿向象牙祷告。一股愚蠢的贪婪的腐臭气通过象牙这个词儿飘逸出来，恰似从某一具尸体上散出的味道，老天爷！我这辈子从来没见到什么比这更不实在的东西。而篱墙以外，那围绕着大地上这一小片辟出的土地的悄无声息的原始荒野，令我觉得好象是某种伟大而不可战胜的东西，象罪恶或真理一样的东西，它正在那儿耐心地期待着这种疯狂的侵略告一结束。[1]

马洛明白，"象牙"就是这班"朝圣者"心目中的圣物，占有了它就会使自己变得富贵、有力量。因此，他们像一群凶猛的豺狼追寻猎物一样，四处探寻、夺取这个宝物。他们或者靠武力征服、掠夺，或者用不等价的交易来搜刮。马洛刚到贸易站时惊奇地发现："贸易站里的其余一切都是混乱不堪的——人，物品，房子。一串串满身尘土的黑人撇着八字脚来到又离去；流水一般陆续运来的工业品，不值钱的棉布，玻璃珠子，和运到黑暗深处的铜丝，换回来的是珍贵的点点滴滴不断送来的象牙。"[2] 马洛从亲身经历意识到，殖民主义者宣扬的所谓开发非洲、向那里输送文明、改变黑人的野蛮习俗云云，不过

1. 康拉德：《黑暗的心》，智量译，载赵启光编选《康拉德小说选》，上海译文出版社1985年版，第513页。
2. 康拉德：《黑暗的心》，智量译，载赵启光编选《康拉德小说选》，上海译文出版社1985年版，第506页。

是一块遮羞布，但掩盖不了他们向非洲人民疯狂的掠夺、残忍的剥削、压榨种种血淋淋的事实。马洛还意识到，荒野里隐含的愤怒的声音，预示殖民者的残暴行为终有一天要结束。这种预示不是被历史证实了吗？

在中心站，马洛被一群情感、道德、精神缺失的家伙包围着。他还发现，和"缺失"这一本质相应的东西，就是"空虚的人"，或者称为"空心人"。这个意象使马洛采用的"朝圣者"这个词的观念变得完备了：他们的宗教信仰就是空虚的。中心站的经理因为躲过了疾病的侵袭才升到这个职位。小说写道："有一回，几种热带病几乎使贸易站里的每一个'公司代理人'都倒下了，有人听见他说，'上这儿来的人应该没有五脏六腑'。他用他那种微笑给这句话贴上一个封条，似乎这句话是一扇通向他讳莫如深的一个黑暗世界的大门。"[1]马洛猜想，这位经理绝不泄露控制这类人的秘密的理由是：也许在它里面空空如也。

马洛尽其所能地了解了许多负面的事实，它们汇总起来使他发觉他小时候曾梦想的地图上那"白的一块"已变为"黑暗的地方"，而且是他同时代的白人造成的。甚至在到达中心站之前，马洛回想起医生向他提出的"到那里的人会发生精神的变化"的警告，他担心，他正在变得对科学感兴趣，就在这种持续的担心中，马洛着手修理已损坏的汽船，他想以埋头工作避开中心站。

不过，马洛修理汽艇还有一个目的：他急于要去与库尔兹相会。

1.康拉德:《黑暗的心》，智量译，载赵启光编选《康拉德小说选》，上海译文出版社 1985 年版，第 512 页。

第二，把库尔兹作为白种文明人在非洲的邪恶的象征。

库尔兹本是个聪慧的、有才干的文化人。他起先投身于非洲开发事业，也想为传播西方文明、开发非洲发挥自己的才干。他受国际禁止野蛮习俗协会的委托，写了洋洋洒洒的 17 页报告。可是，随着时间的推移，他的"传播西方文明"的初衷，渐渐蒙上邪恶的阴影。他作为最偏远地区（那里也是出产象牙最多的地区）贸易站的代理商，主要工作便是"收购"象牙。他像一头猎犬一样，深入人迹罕至的森林深处盛产象牙的村庄去搜寻象牙。起先他以不值钱的工业品和土著居民交换珍贵的象牙。后来，他发现这些头脑简单的土著居民最害怕，也最崇拜的是西方人的文明利器——枪械。而库尔兹恰恰带了大量的枪械弹药。他便以武力征服的办法搜刮村民的象牙。他像是带着雷电的天神出现在土著居民中，赢得了一些土著居民的敬畏和崇拜。他利用这些人去打击、征服另一些不肯就范的土著居民，甚至把一些敢于对抗的村庄摧毁。通过这种野蛮的办法，他搜集、上交给开发公司的象牙比所有其他贸易站上交的加起来还要多。于是，库尔兹深受开发公司赏识；在众人眼里，他是出色的、前途无量的代理商。这一来他引起中心站经理的嫉妒、嫌弃，认为库尔兹的所作所为过大于功，因为他对土著居民的残暴行径，招来了他们的仇恨、对抗，这不利于公司的开发工作。

由于库尔兹自认为是文明的白种人，而把非洲黑人视为未开化的野蛮人，因此，在他看来，传播西方文明就是统治、奴役、征服这些野蛮人。他给国际禁止野蛮习俗协会的报告的最后一页下端，加上一条类似注解性的东西："消灭所有这些畜生！"这是库尔兹真实思想的写照，它赤裸裸地暴露了西方殖民主义者的凶残面目和邪恶灵魂。

不过，库尔兹不是单纯作为土著居民的对立面出现的。不错，库尔兹对土著居民的凶残、恶毒是他思想性格的主导面，是他成为西方白种文明人在非洲的邪恶象征的主要标志。他的住所四周柱子上干枯的人头便是他对土著居民凶残、恶毒的象征。他仿效某个非洲黑人酋长的办法把敢于反抗的奴隶杀了，把他们的头颅砍下来竖在柱子上，作为对奴隶们的一种警诫。他毫不留情地摧毁黑人的村庄。这些凶残的手段具有巨大的威慑力，使他在土著居民心目中像天神般令人敬畏。

但是，矛盾对立的事物总是互相渗透、互相制约的。在库尔兹奴役、统治土著居民的同时，这些土著居民也巧妙地以他们的原始的文明熏染、侵袭库尔兹。因为库尔兹远离了西方文明的制约，已不受开发公司的法规、制度的束缚，也不受舆论的监督。由于他的心灵处于绝对自由开放的状态，于是，土著居民的种种原始的黑暗力量得以乘虚而入，占领他的心灵。库尔兹不仅有了一个高大壮实的黑人女子做情妇，而且学会了他们的语言，加入了他们的社会，参加了他们的神秘仪式，无形中，他已成为他们的首领。令人感到奇怪又令人深思的是，当库尔兹用西方文明的硬实力征服非洲土著民族时，却败给了非洲土著民族原始的软实力。这意味着，貌似先进、强大的西方现代文明竟敌不过非洲土著民族原始的精神力量。西方殖民主义者口口声声要让文明照亮黑暗的非洲，岂不荒唐可笑?!

由此看来，《黑暗的心》不仅揭露了西方殖民主义者在非洲的罪恶行径，而且深刻地讽刺了白人文明的衰败、软弱无力。

（四）马洛与库尔兹

关于马洛与库尔兹这两个形象的关系，西方批评界有各种说法。

有些批评家对库尔兹加以肯定，并且把马洛和库尔兹等同起来，认为马洛之所以羡慕或嫉妒库尔兹，不是因为他过去是怎样的人，而是当下他所做的事。例如劳伦斯·格拉弗尔（Lawrence Graver）认为，在库尔兹身上具有超越传统道德界限的浪漫的亡命之徒的吸引力，并且探索了在（世界的）另一边生活的可能性。[1] 而罗伯特·F.霍夫（Robert F. Haugh）把这种见解推得更远，他把马洛视为库尔兹的兄弟，认为"在他身上有某种东西受到这个汉子或者说魔鬼的激励"[2]。莱昂纳尔·特里林（Lionel Trilling）则认为："马洛对库尔兹表示羡慕、忠诚到了效忠的地步，似乎并不介意库尔兹的所作所为，倒是这些行为激励了他。"[3] 伊恩·瓦特则持相反意见，认为："这些批评家没看到，无论马洛还是康拉德都没对库尔兹表示羡慕，马洛对库尔兹的评判是敌对的、嘲讽的。马洛声称，'库尔兹不是我的偶像'。我们由此看出，马洛反映了康拉德的意图。"[4] 显然，伊恩·瓦特的意见是符合作品实际的。

　　在马洛看来，库尔兹是西方殖民主义者中道德空虚的典型。马洛认为，库尔兹之所以变得野蛮，是因为他像那些"朝圣者"一样，心灵空虚。托·斯·艾略特在《荒原》中也表现了相似的思想：现代人因失去信仰，心灵变得空虚。

---

1. Lawrence Graver, *Conrad's Short Fiction: Berkeley and Losangels*, University of California Press, 1969, p.85.

2. Robert F. Haugh, *Joseph Conrad: Discovery in Design*, Normnn Okla, 1975, p.39.

3. Lionel Trilling, *Sincerity and Authencity*, Harvard University Press, 1972, p.106.

4. Ian Watt, *Conrad in the Nineteenth Century*, Los Angeles: University of California Press, Berkeley, 1979, p.237.

库尔兹极端沉溺于自我，与世隔绝，以致无法与人沟通；他为巨大的杂乱的贪欲所包围，一心巴望成功与力量、财富与声誉。

库尔兹说的是一套，做的又是一套。这反映了西方文化的一种倾向：言行不一，或者说以冠冕堂皇的言辞掩盖卑鄙龌龊的行径。这在西方殖民活动中表现得尤为突出。在库尔兹为国际禁止野蛮习俗协会所写的报告中，以极端的方式规定禁止残忍的风俗，表现出动人心魄的利他的甚至正义的情感。可是后来他却大放厥词："消灭所有这些畜生！"令人震惊的是，他的这种阴暗、残暴的观念后来已被付诸实践。这时候，库尔兹已完全抛弃了文明的面具，露出十足的野蛮、邪恶的真相。马洛本想对库尔兹内心进行的倒退与进步的斗争助一把力，但是，库尔兹自己缺乏解决二者冲突的基础。

既然马洛与库尔兹是敌对的，那么，马洛从什么立场、观念出发去认识、批判库尔兹呢？窃以为，马洛是从自由主义立场出发，以传统的道德观（善良、正义、忠诚、仁慈）看待西方殖民主义事业，去认识、批判库尔兹的所作所为的。库尔兹是西方殖民主义的急先锋，是传统道德的叛逆者。他自我膨胀，为各种贪欲所包围，完全背弃了传统的道德观和价值观，所以在马洛看来，他是十足的"空心人"，或者说是为贪欲驱动的行尸走肉。但是马洛却又认为库尔兹身上的人性并未完全泯灭，所以他在病危时发出耳语般的呼叫："可怕！可怕！"在马洛看来，库尔兹的最后喊叫，是"一个判断，一个道德上的胜利"。也就是说，库尔兹谴责的对象是他自己和他所做的事。正因为马洛有这种看法，所以，他口口声声说要维护库尔兹的声誉；而且他回国后去会见库尔兹的未婚妻时，对她撒谎说，库尔兹临终时呼叫的是她的名字。马洛撒谎，也许还出于人道观念：不忍心打破她对库尔兹的善良愿望和幻想。

马洛对库尔兹临终时的两声呼叫的看法，以及他对库尔兹的未婚妻的善良态度，也许表达了康拉德本人的意愿。不过，我们知道，作为一名印象主义作家，康拉德对事物的表现偏好"模棱两可"，他一向认为艺术作品表现的事物并非只有单一的、明确的意义。所以，对库尔兹临终时那两声呼叫，大可不必坚持某种明确的看法，只要从艺术表现的整体来看解释得通就可以了。不过，若据此认为"人之将死，其言也善"，库尔兹临终时对自己过去的所作所为已幡然悔悟，这一看法恐怕值得商榷。库尔兹坦承，他从里到外都不受约束。可是马洛相信，作出最终判断的还是某种信仰的表达。缺少某种伦理的信仰，库尔兹的判断必然失去逻辑基础。但是，库尔兹短暂的、关于"可怕"的表述不足以使他成为悲剧形象。[可是墨雷·克里格（Mussay Ksiegcz）在《悲剧的幻象》（*The Tragic Vision*）一书中，却认定库尔兹是悲剧形象]"因为库尔兹没认识到他的所作所为是犯罪，并且进一步承认赎罪是一宗具有德行的事，从而理解生活的意义。"[1]

另一位批评家P. 琼斯从"库尔兹与荒野的关系"出发解释他临终时那两句耳语般的呼叫，似乎对读者有更大的启发。P. 琼斯指出：

……在整个故事中，我们了解到，荒野被和某些普遍的、抽象的原理联系起来。我们只知道，它是广泛的、不可见的、静默的，显然是无懈可击的；从象征意义上说，不管它是什么，它

---

1. Ian Watt, *Conrad in the Nineteenth Century*, Los Angeles: University of California Press, Berkeley, 1979, p.237.

的意义似乎存在于语言的、文化的和历史的界定之外和人自身的意识之下。一句话，它是浪漫的黑暗。［琼斯在他的著作的后面（第77页）甚至直截了当地指出，"荒野"具有比"野蛮"更广泛的内涵。它是马洛经常援引的黑暗。］马洛让我们有理由相信，如果一个人是敏感的，并且有足够的勇气，他就会了解到，这种荒野的黑暗存在于我们所有人的心里。但是，似乎唯独库尔兹敢于直接面对这种黑暗，并且用他的语言充实它的静默……可是……在这场占有他的灵魂的搏斗中……结果，他失败了，他被荒野战胜的标志是他的呼叫："可怕！可怕！"这是一个具有语言天才的人最后的、不可理解的耳语。……这毕竟是某种信仰的表达……它的耳语中有一种颤动的反抗的音调，它含有令人震惊的面对一瞥中的真实——奇异的愿望与仇恨的混合。库尔兹对我们而言，出现在一连串自相矛盾的、不可理解的怪事中，它像荒野本身一样。没有什么可归纳，甚至没有什么可判断，因为库尔兹和荒野互相参预，二者都是空心的。当马洛猜想，"可怕"是某种信念时，他自己变得越来越没把握，"信仰"是否一个正确的词，那个呼叫只是含有信念的成份而已。换句话说，它类似于信仰。[1]

看来琼斯对库尔兹临终时两声耳语般的呼叫的阐释更合理，更令人信服，它并不是库尔兹对自己过往所作所为的清醒认识，更不意味

---

1. Michael P. Jones, *Conrad's Heroism: A Paradise*, Ann Arbor, Michigan: UMI Research Press, 1985, p.74.

着他已幡然悔悟，有了新的、明确的信仰。那两声呼叫，只不过含有"一种颤动的反抗的音调，它含着令人震惊的面对一瞥中的真实——奇异的愿望与仇恨的混合"而已。琼斯精确地分析了库尔兹那两声呼叫的性质和分量："只是含有信念的成份而已"，库尔兹并没有获得明确的信仰，因为荒野本身也是"空心的"，当库尔兹与荒野互相参预，为荒野的黑暗所占有时，他的心灵越发呈现"穿不透的黑暗"。

从以上分析不难看出，马洛与库尔兹不是同类人物，库尔兹更不是马洛的第二个自我（有的批评家持此观点）。那么，马洛与库尔兹这两个人物，谁在小说中居于主要地位呢？显然是马洛。实际上，库尔兹只存在于马洛的印象中，融汇于他的心灵中。读者通过马洛对库尔兹的耳闻目睹和内心的感觉才对库尔兹获得一个笼统的、模糊的印象。呈现在我们印象中的库尔兹可以说是观念性的，而且是单一的，不是个性化的。这也难怪，库尔兹在小说里只不过是一个象征。作者没有赋予他可感的个性和血肉。相比之下，马洛具有较明显的个性特征，也给予读者更强烈的现实感。不过，在整部小说里，最富于个性特征、写得活灵活现的倒是马洛到达库尔兹的贸易站时遇见的那个像是从马戏团里逃出来的小丑的俄国青年。这个人物堪称康拉德天才的创造，他像一道奇异的闪光照亮了黑暗的、阴沉的大地，给读者留下难以磨灭的印象，难怪深得亨利·詹姆斯的赞赏。

马洛的刚果之行的使命似乎是康拉德实际情况的写照。当年，康拉德获得比利时在刚果的开发公司的任命，担任一艘航行于内河的汽船船长之后，便受命前往内陆去接一位患重病的代理商。但康拉德还没到达目的地，那位代理便已一命呜呼。小说中的主人公马洛也是前往刚果内陆深处去会见代理商库尔兹。但是，小说没有明确交代马洛此行是否出于开发公司的指示。从作品的叙述看来，马洛原先是否认识库尔兹，也显得含混不清，他在旅行途中听见关于库尔兹的各种传闻，才越来越想去会见他。不过，因为中心站的经理也出现在他的汽船上，这似乎表明，去会见或者把库尔兹接出来是开发公司下达的指示。这也许仅仅是我们作为读者的猜测而已。康拉德一向不对人物的行为和心理特征做详细、明确的交代，只是蜻蜓点水般地予以呈现，叙事更不考究逻辑性，所以一切都显得松散、含混、模糊，留下许多空白，让读者以自己的想象去填补。

有的批评家把马洛的刚果之行比喻为但丁的《地狱篇》游历地狱。这种附会形似神不似。但丁在《地狱篇》中从他的复杂的思想观念出发，在梦幻的情境中呈现种种受磨难的人物和奇异的事件。而康拉德的《黑暗的心》却旨在揭示存在于现实生活中的人类的愚蠢和卑劣所造成的邪恶，表现正义与邪恶、光明与黑暗的较量。

不管马洛在何种场合，出于何种动机去从事这趟艰险的旅行、去会见库尔兹；也不管马洛先前是否认识库尔兹，他要会见库尔兹是出于什么动机，要达到何种目的，关键在于表现马洛刚果之行的感受和认识。

非洲这个"黑暗世界"对马洛和库尔兹的思想和心灵都产生了浸淫和撞击，但结果不同。它对马洛的浸淫、撞击产生了正面效果，而对库尔兹的浸淫、撞击却产生了负面效果。这是什么缘故呢？康拉德在小说中没有进行分析比较，我们只能根据他们的言行和心理动机进行探索、猜测。我们发现，他们二人的思想和心理机制是不同的。首先，他们对西方殖民主义的认识、态度不同。马洛像康拉德自己一样，不过是想到非洲这块神秘的土地去找一份糊口的工作。尽管他们都受到西方现代文化的熏陶，尽管他们对非洲黑人难免有种族偏见，对西方殖民主义事业未必有很清醒的激进的认识，但是，西方传统文化的精华塑造了他们的品格，使他们怀有正义感，能明辨是非，分清正与邪。所以，马洛到了刚果之后，能客观地、冷静地分析他的所见所闻，从而对殖民主义的罪恶有较清醒的认识。而库尔兹尽管也受到西方传统文化的熏陶，正如马洛所说："这位库尔兹原本有一部分教育是在英国受到的……他母亲是半个英国人，他父亲是半个法国人。整个欧洲都对库尔兹先生的形成做出过贡献。"[1]但是他对西方传统文化缺乏反思、批判能力，或者不如说，他接受了西方文化负面的影响，他积极投身殖民事业就是有力的证据。其次，他们的思想品格不同。马洛有较强的自制能力和良好的品德，他为人真诚、有正义感、有同情心，对人性的弱点有较清醒的认识，对社会文化具有反思批判能力。所以他到了非洲之后，不仅对西方殖民主义的罪行有较清醒的认识，而且能克服固有的思想偏见，同情黑人的悲惨遭遇，并且赞赏他们的正直和善良。而库尔兹恰恰对自我缺乏自制力，任凭个人的欲望、野心膨胀，又远离了社会舆论的监督，放任自由，为所欲为：他以种族主义观点对待黑人，既仇视他们，又利用他们，让他们成为他的驯服工具。他对土著居民施行残暴统治时，为了笼络他们，不惜迎合他们的落后习俗。总之，为了赢得财富、力量和声誉，他的自我极度膨胀，自甘沉沦、堕落。马洛作为正派的西方文化人，面对库尔兹的堕落既震惊、愤怒，又表示惋惜、同情，并且竭力维护库尔兹的声

1.康拉德：《黑暗的心》，智量译，载赵启光编选《康拉德小说选》，上海译文出版社
  1985年版，第554页。

誉，以致不惜违背良心，以谎言欺骗库尔兹的未婚妻，想借此让她保持对库尔兹的善良愿望和幻想。马洛的这些怪异之举，暴露了他自身的弱点和矛盾。康拉德意在表明，马洛并非完人。他一向认为，人性是不完善的，没有十足的好人，没有完美的英雄。

值得注意的是，小说表现马洛的刚果之行所受到的心灵的震撼、思想的斗争，甚或灵魂的洗礼，不是静态的，而是动态的、渐进的；也不是单方面的，而是多方面的。

先谈马洛对西方白种人在非洲的邪恶的认识。马洛在旅途中看到路旁丢弃的生锈的铁轨、毁坏的车厢和在峻峭的山崖上炸石开路，感到西方殖民者在非洲的所谓开发的低效、可笑；看到法国军舰竟如临大敌似地朝岸上的丛林开炮，感到西方殖民者对非洲的侵略是野蛮的、肆无忌惮的；而看到被沉重的劳役折磨得奄奄一息的黑人和被铁链串联着，艰难地行进、劳作的所谓罪犯时，他开始意识到白人殖民者的邪恶。而当他发现这些像宗教朝圣者般的殖民者心心念念的是猎取土著居民的象牙，看到管理贸易站的尽是些一无所能、心灵空虚的废物时，马洛对西方殖民者的邪恶有了更全面的认识。而最后在会见了库尔兹，对他的堕落、沉沦有了深刻了解之后，马洛的震惊达到了顶峰。

马洛通过他的非洲之行不仅深刻感受到西方殖民主义者在非洲的罪行，而且对黑人有了较全面、较正确的认识。他驾驶汽船沿刚果河逆流而上时，船上雇用了30名被称为"食人族"的黑人。他们随身携带的所谓粮食，除了开始腐烂的河马肉之外，就是半生不熟的淀粉食品，河马肉因已腐烂，不能吃了，被丢弃河中。他们饿了只能啃几口那半生不熟的淀粉食品。当时船上的白人只有几个，他们若起了歹心，尽可以把这些白人杀了饱餐一顿。但是，他们强忍着饥饿，埋头工作，马洛对此深受感动，认识到这些黑人的高贵品格，可以说他的灵魂受到一次洗礼。

非洲腹地的苍凉、荒野的神秘和不时传来的颤动的鼓声，还有那带有原始风味的舞蹈，使马洛的心灵受到震撼，使他深深感到非洲大陆具有难以抗拒的神秘的魅力。

在马洛看来，非洲大陆的黑暗主要是西方殖民者的野蛮侵略和残酷剥削造成的。白种"文明人"把原始的、纯朴的非洲大陆变成了人间地狱，散发出血腥味。不可否认，非洲土著民族的某些习俗增强了"荒野"的神秘感。"荒野"可以说就是原始文明力量的象征，这的确比"野蛮"包含更丰富的内涵，蕴含了原始文明的强盛生命力。所以，它在马洛眼里是与白种人的文明相对立的，是非洲土著居民赖以和西方殖民者相抗衡的一种精神力量。

特别是荒野中不时传来的鼓声，更使马洛觉得神秘莫测，似乎它蕴含着丰富的难以猜透的内涵。"夜间有时候，在树木的帷幕之后滚滚传来的鼓声会沿河而上，隐隐地驻留不散，仿佛在我们头顶上空盘旋。直到白日的曙光初露。这鼓声意味着战争呢，和平呢，或者祈祷呢，我们说不清。……我们好象漫游在一片史前时期的大地上，在一片外貌好似未知星球的土地上。"[1]

在荒野的神秘的鼓声背景下，最吸引眼球、对心灵最具冲击力的是土著居民狂野、怪异的舞蹈。马洛说：

1.康拉德：《黑暗的心》，智量译，载赵启光编选《康拉德小说选》，上海译文出版社
　1985年版，第532页。

这片土地似乎不是人间的土地。我们看惯了被人制服的怪物戴着镣铐的形象，但是在那边——在那边你们看见的，却是一个自由自在的怪物，它不属于人间，而这些人——不，他们却并非不属于人类。啊，你们知道，事情最糟糕的地方也正在于此——怀疑他们并非不属于人类。你会慢慢地产生这种想法。他们嚎叫，跳跃，旋转，装出各种各样吓人的鬼脸；然而会使你不寒而栗，毛骨悚然的，恰恰是你认为他们是人——象你一样是人——认为如此野蛮而狂热地吼叫着的他们正是你的远缘亲属的想法。丑陋啊。对，是够丑陋的；可是，假如你还够得上是一个人，你会对你自己承认说，在你的内心深处恰恰有着一丝丝能和那种喧嚣声中所包含的可怕的坦白相共鸣的东西，你会隐隐地猜疑那里面有着某种含义，它是你——跟原始世纪的暗夜相距如此之遥远的你——所能够理解的。[1]

马洛从土著居民那种最原始的、本真的、豪放狂野的精神状态，隐隐地感到自己的心灵和他们的是相通的。他在旅途中，越发感到那些手执长棍、四处游荡的"朝圣者"和贸易站的管理人员，恰恰丧失了人类的本真状态，变得虚伪、心灵空虚、矫揉造作。

马洛感到，无边无际的荒野，神秘的、动人心魄的鼓声和土著居民在狂放的舞蹈中所彰显的自由、无拘无束的精神状态与西方殖民者虚伪、衰朽的现代文明是对立的、格格不入的。

---

1. 康拉德：《黑暗的心》，智量译，载赵启光编选《康拉德小说选》，上海译文出版社 1985 年版，第 533—534 页。

（五）印象主义与象征主义融合的艺术手法

《黑暗的心》是康拉德运用印象主义与象征主义融合的创作方法的一个突出例证。伊恩·瓦特认为："从一个特殊的，却又是综合的方式来看，《黑暗的心》本质上是印象主义的：它认可，事实上以它的形式本身宣称，个人理解的跳跃性和模糊性；因为它所追求的理解是精神上的、体验的，我们可以把它的叙事方法的基础称作主观的、道德的印象主义。"[1] 瓦特的阐释明显揭示了《黑暗的心》的印象主义特征：马洛对弥漫于非洲大陆上的邪恶的理解是精神上的、体验的，也就是说，它是个人的感觉、印象，而不是经过理性分析的、客观现实的再现。因此，马洛对邪恶的理解是模糊的、跳跃性的。伊恩·瓦特进一步指出："也许康拉德自己的创作最像斯蒂芬·克兰，而不像福特的明显特征，是它的强烈的视觉知觉。康拉德坚持《"水仙号"上的黑水手》"序言"的观点，艺术的成功有赖于它通过知觉所传达的印象，它的全部内容与印象主义的学说完全一致。叙事本身在许多方面也是这样，它的技巧构成了一种独到的多重视觉印象主义。"伊恩·瓦特说，阿诺德·贝内特对此有深刻的认识，当他读到《"水仙号"上的黑水手》时，以谦恭的口吻向威尔士问道："此公在何处学会……以综合的方式概括一个总体的印象，把它向你投过来？"[2]《黑暗的心》的情况也是如此，它向读者传达的是强烈的视觉知觉所形成的

---

1. Ian Watt, *Conrad in the Nineteenth Century*, Los Angeles：University of California Press, Berkeley, 1979, p.174.

2. Ian Watt, *Conrad in the Nineteenth Century*, Los Angeles：University of California Press, Berkeley, 1979, p.174.

印象。它有赖于读者通过自己的理性分析去领会这些视觉知觉所传达的印象的内涵。

康拉德创作《黑暗的心》时，印象主义与象征主义已在英国流行了一段时间。康拉德不满足于印象主义艺术单纯传达视觉知觉形成的印象，他认为："一切伟大的文学创作都是象征的，以此方式赢得复杂性、力量、深度和美。"[1] 所以，在他看来，印象主义只有和象征主义融合，文学创作才会赢得复杂性、力量、深度和美。我们在这部作品中看到，许多视觉知觉意象都具有象征意味。例如，马洛在任职前在比利时的狭窄街道上行走时的所见所想，以及他到办事处看见两个打着毛衣的妇女的情景，成为《黑暗的心》的广泛象征阐述的主要基础。有的批评家把马洛整个的行程看作下到地狱的变体，就像维吉尔的《阿尼德》第 6 卷和但丁的《地狱篇》所写的那样，而上述两个视觉意象便和整个行程的象征性相连结，从而赋予它们象征意涵。再如，库尔兹的形象、朝圣者的拐杖、柱子上的人头、泰晤士河和刚果河以及光明与黑暗的对比，"这些客观事物和事件的象征意义的成份是通过它们固有的特性而扩展起来的，它们与其说起到解说的作用，不如说有结构的功能"[2]。

伊恩·瓦特认为，这部作品的标题《黑暗的心》就像波德莱尔的著名诗歌《恶之花》一样，采用了矛盾的修辞法。这个标题"奏出

1. Donald C.Yelton, *Mimesis and Metaphor*, The Hague: Mouton & Co. Publishers, The Netherlands, p.16.
2. Ian Watt, *Conrad in the Nineteenth Century*, Los Angeles: University of California Press, Berkeley, 1979, p.199.

非常特别的调子，我们不知怎么地被迫看到远比用来指'黑暗大陆的中心'和'恶魔似的邪恶的人'这两个平凡的隐喻的结合多得多的东西。康拉德采用的这对词语极富于物质的和道德的暗示，它摆脱了物质的局限，它们联结起来，产生某种超出我们通常所期待的困惑感；假如词语并不指我们知道的东西，那么，它们一定要求我们知道尚未有名称的东西。这两个词中具体的'心脏'(Heart)被看作无形的、无限的抽象黑暗里面一个奇异的中心区；二者的结合挑战具象的逻辑；像黑暗这种无生命的东西怎么会有一个具有生命和情感的肌体的中心呢？无形的光明的缺失怎能组成为一个具有形体的和跳动的存在呢？我们怎么理解一个像'心脏'这样美好的实体会变为在所有事物中受一个像'黑暗'这样的'坏'东西控制的成份呢？《黑暗的心》是小说史上一个重大的事件"[1]。

我们在《黑暗的心》中确实感觉到，康拉德在竭力揭示一种"有限中的无限"。这个意图在康拉德所采用的小说标题中已暗示出来，正如所有象征主义者一样，他们总是经常采用比他们的作品明白的题材所显示的更广泛、更神秘的蕴含范围的标题，如托·斯·艾略特的《荒原》或《圣树》的标题便呈现出拓展的效果。

---

1. Ian Watt, *Conrad in the Nineteenth Century*, Los Angeles：University of California Press, Berkeley, 1979, pp.199–200.

第二章

鼎盛时期（1903—1912）

从 1903 年至 1912 年，是康拉德创作的鼎盛时期。书写惨绝人寰故事的中篇小说《艾米·福斯特》是开启这时期的一篇力作。但是，这一时期康拉德最重要的作品，支撑他成为一流作家的则是他的三部长篇政治小说，即《诺斯托罗莫》《间谍》和《在西方目光下》。这些作品气势恢宏，视野广阔，在阴郁、混沌，甚至令人窒息的社会背景下，凸显了个人或家庭的悲剧。它们继承了康拉德早期开创的悲剧主题，并把它引向深入，表现了更丰富、更深刻的内涵，悲剧气氛也更浓。

这时期的作品失去了早期创作的浪漫氛围和清新、开朗、雄健，甚至乐观的情调，不仅引进严肃的主题，而且呈现出沉郁、冷峻、凝重的格调，艺术上也显得更成熟。长期以来，它们获得评论界一致的肯定、赞扬。但是，曲高和寡，它们的严肃的主题、深奥的内涵，特别是像《诺斯托罗莫》那样有意向传统的阅读习惯挑战的叙事方法，令普通读者望而生畏，因此这些作品难以在大众读者中广泛流传。这是一直以来颇让康拉德伤脑筋的问题。

一、《艾米·福斯特》(*Amy Foster*，1903)

《艾米·福斯特》是康拉德进入创作鼎盛时期创作的一篇篇幅不长、异彩纷呈的小说。

故事很简单。主人公延柯·古拉尔是来自中欧的一个普通农民，他和许多其他农民一样，希望到美国去发财。为此，他们变卖家里仅有的一点资产，作为旅费和手续费，交给中介机构。不幸的是，他们乘坐的轮船在海途中沉没，延柯是这些人中的幸存者。他游到英国滨海一个乡村、艰难地爬上岸后，浑身沾满污泥，那模样真是人不人，鬼不鬼的，有点吓人。他来到一个陌生世界，言语不通，生活无着落，被异乡人视为疯子、怪物，遭到人们的蔑视和凌辱，甚至连小孩子也向他扔石子。他好不容易活了下来。一个叫史威弗的富农收留了他，把他当长工使唤，让他耕地、放牧。他干起活来很能干，也很卖力。而且在一次偶然的机会，他救了史威弗的不填落水的外孙女。从此他被允许在厨房里的餐桌上吃饭。当众人对他采取轻蔑、敌视态度时，一个矮胖、弱智、名叫艾米·福斯特的姑娘却同情他、亲近他，于是得到他的好感，以致他向艾米求婚。艾米不顾家人反对，答应嫁给他。他们婚后生了一个儿子，延柯用家乡的语言教儿子说话。这使得艾米感到疑惑，从此对丈夫越来越冷淡，以致不愿意再和他同居。后来延柯不幸病倒了，艾米竟对他不理不睬，甚至在他发高烧时，苦苦哀求她给他水喝，艾米也不予理睬，抱起孩子，逃出家门。延柯气愤极了，挣扎着爬起来，追出去，跌倒在路上。直到小说的叙述者，整个事件的见证人肯尼迪医生路过他的茅屋时，才发现倒在路上的延柯。肯尼迪医生对他的身体做了番探查后发现，他因心脏病死去。

这篇作品貌似写实，让人觉得它是一篇反映中欧农民苦难史的现实主义小说，诚然，作者对延柯遭遇的海难和他来到的布瑞泽特村的山山水水、人物事件做了绘声绘色的描写。但是，如果把它作为一篇现实主义小说来看，延柯的命运虽然悲惨，但带有很大的偶然性、局限性，充其量它只是一篇让人惊叹的、奇异的小说。

但如果我们换个角度，把延柯的遭遇看作一种象征，即关于人类苦难、孤独的象征，那么，这篇小说就具有非凡的艺术品格了。这样看，是不是显得牵强、武断呢？不，一点也不！我们可以从作品的文本中找到充分的证据。

总体而言，《艾米·福斯特》是康拉德运用印象主义与象征主义融合的方法创作的一篇精致的、意义深刻的小说。

别看小说对布瑞泽特村的山川地貌做了巴尔扎克式的翔实的描写，但是它与巴尔扎克的环境描写迥然不同。巴尔扎克的环境描写是实证式的，它井然有序，给人以清晰的印象，而康拉德所写的环境，固然具体、翔实，但给人以凌乱的印象。看了半天，我们对布瑞泽特的自然环境还是没有明确、清晰的印象，原因在于康拉德从个人的感觉印象出发，只求凸显眼前景物在个人视角下的特征，而不求再现客观的实况。

即使延柯上岸后挣扎求生的过程，他与布瑞泽特村相关的人物事件，也不是严格按延柯经历的时间顺序安排的，而是按照延柯的心态加以切割、组合。而延柯的心态是模糊的，是意识和潜意识相掺杂的，混乱一团。所以，我们无法厘清他的心路历程。延柯的遭遇，在我们的印象中只是若干片断的堆砌，这正显示了康拉德的印象主义手法的特征。

在印象主义艺术视角下，小说表现的自然环境、人物、事件都呈现出奇异、诡谲的特征。

作者这样写布瑞泽特村：

> 堤坝外头是一大片曲曲弯弯、光秃秃的卵石海滩，海滩有好几英里长，开阔匀称，布瑞泽特村就在中间，黑黝黝地背衬着海水，象树丛中冒出来的塔尖。……（布瑞泽特村）在英国海军部的航海地图上是一圈不规则的卵形逗点……注明这一带全是"泥浆与贝壳"。[1]

显然，康拉德笔下的布瑞泽特村并不是富于诗意的、秀丽的海滨，而是令人不愉快的萧索之地。

紧接着，作者描写道：

> 太阳低低地悬在西方的天边，辽阔的草地嵌在高地的外崖里，看起来又华丽又忧郁。寂静的田野散发出一种深入人心的哀愁感，象是听了一首沉郁的乐曲。我们遇到的人缓慢走过，没有

---

1. 康拉德：《艾米·福斯特》，石枚译，载赵启光编选《康拉德小说选》，上海译文出版社1985年版，第140页。

笑脸，低垂着眼睛，好象过分沉重的大地的忧郁加重了他们的步履，压在他们的肩上，逼得他们目光朝地。[1]

就是这些被"沉重的大地"逼得目光朝地的男女老幼目光短浅、心胸狭窄，把遭遇海难、九死一生漂泊到他们的地域的异乡人视为"疯子""怪物"，对他的可怜状况不仅毫不体恤、同情，反而激起无端的恐惧、仇视的感情，残酷地欺凌他、虐待他，使这个异乡人命垂一线。但是，这个名叫延柯·古拉尔的异乡人，像是天外来客，具有强盛的生命力，他忍受了饥寒和非人的凌虐，活了下来。而且他在这些猥琐、心胸狭窄的本地人中间犹如鹤立鸡群，令人耳目一新：

……这儿，就在这条路上，在这些沉重的人们中间，你也许见过一个灵巧、柔软、长胳膊长腿的人，挺得象一棵松树，外表上有副欣欣向上的神气，好象他的心轻快活泼。这也许只是从对比而来的力量，但他在这里从村子里的人身旁走过的时候，我好象觉得他的脚底碰不着路上的土。他跳过阶梯，轻轻快快，大踏步地走在这些坡上，你老远就可以看见他，一双乌黑的眼睛闪闪发亮。他同这一带的人类很不同，行动自由，柔和的目光略带惊慌，橄榄色的皮肤，仪表优雅，他的属性使我想起林间的动物。

---

1. 康拉德：《艾米·福斯特》，石枚译，载赵启光编选《康拉德小说选》，上海译文出版社 1985 年版，第 145 页。

他是从那边来的。[1]

　　这个外表优雅、举止出众的青年男子是个劳动能手，而且他有一颗仁慈的心。他轻轻松松救起面临险境的雇主的外孙女，把她交到亲人手里后才坦然地走升。更难得的是，他懂得爱，对异性的柔情有一颗敏感的心。当他刚来到村子里，备受村里人的蔑视、欺凌时，他赢得一个姑娘的同情、怜悯和爱。这个名叫艾米·福斯特的姑娘，长得矮胖、粗笨、呆滞，但她有一颗善良的心，了解别人的痛苦，怜悯得感动。"她那双泪汪汪的近视眼会满是同情地看一只被夹子夹住的可怜的老鼠。有一回，几个男孩看见她跪在潮湿的草地上帮助一只蛤蟆摆脱困境。"[2] 她对延柯·古拉尔从同情、怜悯，到发疯似地爱。"她的爱情是悄悄的，固执的"，"它来得慢，但一旦来了，它的魔力象一个有力的符咒"。[3] 她不顾家人的反对，嫁给了延柯。他们在恋爱时和结婚后，度过了一段甜蜜的时光。但当他们生了孩子，延柯把孩子当作解救心灵孤寂的私有物，教他说家乡的语言，唱家乡的歌曲时，艾米感到恐惧和不安，从此对延柯变得冷漠以致义断情绝。当延柯身患重病时，她置他于不顾，抱起孩子，逃之夭夭。延柯，这个曾战胜千难万险的硬汉，终于在孤寂中被病魔夺去了生命。

---

1. 康拉德:《艾米·福斯特》，石枚译，载赵启光编选《康拉德小说选》，上海译文出版社 1985 年版，第 145 页。

2. 康拉德:《艾米·福斯特》，石枚译，载赵启光编选《康拉德小说选》，上海译文出版社 1985 年版，第 143 页。

3. 康拉德:《艾米·福斯特》，石枚译，载赵启光编选《康拉德小说选》，上海译文出版社 1985 年版，第 144 页。

令人不可思议的是，一向以仁慈、富于同情心著称的艾米·福斯特对她曾经疯狂地爱恋的男人何以变得如此冷漠无情？答案只有一个：艾米对延柯的爱纯粹是生理上的，即由性的吸引而产生的，彼此无心灵的沟通。也就是说，艾米起初同情处于苦难中的延柯向他伸出援助的手；然后为他的帅气所吸引而爱上他，却根本不理解延柯在精神品格上的可爱之处。而当延柯对她失去了性的吸引力，而且对孩子显得偏执时，她对他便变得冷漠、反感，以致恐惧、愤怒。艾米·福特斯终于被凌驾于布瑞泽特村大地上的符咒所制服，她的心灵被无形的链条拴住了。

从延柯方面说，他爱上艾米，主要被她的同情心和女性的柔情所感动，也就是说，他和艾米的结合主要基于心灵的感应。延柯在遭受海难时孤立无助，踏上布瑞泽特村的土地后，又受到人们的排斥、凌虐，直到村里的年老的富农史威弗收留他，他才尝到人间的温暖。但是，史威弗和他毕竟是雇佣关系。他真正尝到人间的温暖，是在艾米出于同情、怜悯，给他无私的帮助，以致爱上他和他结婚之后。他和艾米结婚之后，第一次沐浴在幸福的阳光下，走出了孤立无助的可怜状态，特别是他们的男孩诞生后，他进一步摆脱了孤寂的心态。但是，艾米最后对他变得如此冷漠无情，不能不使他感到这个世界是神秘的、冷酷的，人是孤独的。

康拉德以印象主义手法表现延柯·古拉尔短促的人生，不是要把它当作现实的写照，而是旨在把延柯当作人类苦难、孤独的象征。延柯在布瑞泽特村的遭遇，不过是表现自我与冷酷无情的世界的对立，表现人与人之间的隔膜，难以沟通，这是导致人类苦难、孤独的重要原因。

二、《诺斯托罗莫》(*Nostromo*, 1904)

(一)写作过程与作品的社会反响

《诺斯托罗莫》是康拉德第一部极少根据个人经历,主要依靠大量书面资料来写的小说。这部小说意味着,康拉德的创作从马来群岛和非洲的生活,转向表现他较陌生的西半球国家的社会生活。他只在1875年和1876年三次航行到加勒比海港和委内瑞拉时在那里逗留了几个星期,对这些国家只获得一些粗浅的印象。当时这地区的大部分国家正爆发摆脱西班牙殖民统治、争取民族独立的战争。而这些国家在独立之后又爆发了革命,正好在这个时候,康拉德到达那里。他曾多次声称,他帮助过一个同船的水手,在哥伦比亚从事反殖民统治斗争的科西嘉人多米尼克·索伏尼(Dominic Cervoni,他成为诺斯托罗莫的模特儿之一)运载枪械。

康拉德在《诺斯托罗莫》序中暗示,他最初想讲诺斯托罗莫的故事是因为受到如下一件传闻的激发:一个聪明的意大利水手偷了一驳船的银子之后,离开了南美洲海岸。康拉德在儿童时代从阅读材料中获得的关于拉丁美洲的模糊印象增强了他对这地区的兴趣。他记得他在5岁时,别人送给他的《由德行和了不起的行为体现的世间天使》这本书,向他介绍了那个大陆上发生的戏剧性的历史事件和悲剧性的剥削。而他的一位朋友对新崛起的美国在菲律宾和哥伦比亚的殖民罪行的怒斥,促使他把故事的背景放在南美洲。各种各样关于加里波狄的历史和传记又为他提供了欧洲人在拉丁美洲的素材。他的朋友康宁汉姆·格拉汉则向他提供了关于各国人民历史的文献资料。康拉德自己还前往伦敦图书馆搜寻材料。

康拉德坦承:《诺斯托罗莫》是紧随《台风》短篇小说集出版之后最令我殚精竭虑的一部长篇小说。"(《诺斯托罗莫》序)事实确是如此,康拉德是在疾病和经济拮据的双重困难中耗尽心血写这部小说的。1903年7月8日,他在信中有些洋洋得意地告诉好友康宁汉姆·格拉汉:"我正在为那该死的东西'诺斯托罗莫'拼死拼活。"同年8月22日,他写给经济代理人平克尔的信中表现出信心增强的迹象:

> 我先前从未干得这么吃力,如此忧心忡忡。但是,结果不错。……当你在这里向我提出(要求)来的时候,你尽可以采取坚决的立场。它是地道的名副其实的康拉德的创作。它是一部比从《奥尔迈耶的愚蠢》以来我所写的作品更为纯粹、单纯的小说。

这年晚些时候他又病了。1903年末他给朋友的信中写道:"即使用我的血写成每一页,在这十二个月末尾,我也不会觉得更加身心交瘁。"

在创作的后期,康拉德的心境不见得有所改善。在1904年7月末,他说自己是个"半死的人","简直处于绝望之中"。接近创作完成时,他更是夜以继日地工作,最后几个字写于8月30日凌晨3点半。这部小说的创作耗时大约20个月。全书于1904年10月14日出版,题献给高尔斯华绥。

康拉德本希望这部作品会有销路,但像通常一样,又一次令他失望。数年以后,康拉德称《诺斯托罗莫》受到读者极其冷淡的接受

（1912 年 11 月 25 日致阿诺德·贝内特信）。小说出版后，有些评论令他灰心丧气。《泰晤士报·文学副刊》（1904 年 10 月 21 日）的评论文章认为，这部小说是"令人失望的"，"它未达到康拉德先生最佳作品的水准"。有些批评家声称，"康拉德屈从于肯定经常困扰他的威胁：他常常把一个短篇小说写成长篇"，建议他把开头 200 页毫不留情地砍去。约翰·布谦（John Buchan）在 1964 年 11 月 19 日的《观察家》杂志撰文评论道："我们在这部小说中发现了康拉德作品富于特征的优点和缺点。故事非常有趣，尽管它的叙事方法弄得读者困惑不堪。"他称这部小说的结构是颠倒的：开头在中间，结尾却在开头。

康拉德因这部小说受到批评而变得忧伤是完全没道理的。正如谢雷所指出的，实际上它受到大量称赞："康拉德似乎忘记了赞扬，却记住了批评。阿诺德·贝内特称当我第一次读它时，便认为它是我们这一代最优秀的小说，我现在还是这么认为。"[1]"出版家爱德华·贾纳特认为，《诺斯托罗莫》是高雅艺术的一次成功"，康拉德的能力"非英国当代小说家可及"。[2]

《诺斯托罗莫》真正为欧美读者所赏识，引起批评家们的重视，得益于第二次世界大战后利维斯（F. R. Levis）、休伊特（Douglas Hewitt）、凯特尔（Arnold Kettle）和蒂里亚德（E. M. W. Tillyad）四位英国批评家的大力评介。他们除了肯定贝内特和贾纳特对这部作品的

---

1. Norman Sherry, *Conrad, The Critical Heritage*, London: Routledge and Regan Paul Ltd., 1973, p.161.
2. Norman Sherry, *Conrad, The Critical Heritage*, London: Routledge and Regan Paul Ltd., 1973, p.174.

评论之外，还进一步揭示了这部作品的艺术价值，同时又表达了各自的保留意见。利维斯认为，《诺斯托罗莫》"是一部名副其实的创造性的杰作，宏伟而绚丽多彩；它是康拉德再现异域生活和情调的最高成就"。整部作品"兴味关怀丰富多样，而且布局紧凑，但我们在它的回声里，却听出了点儿空洞之音；虽然它多姿多彩又生气盎然，但其间也透露出了某种虚空的存在"。[1]凯特尔则从意识形态批评的角度出发，"对小说所表现的道德诚实和政治洞见尤为赞赏"，但认为"在理论和道德意义上，作品未能揭开由帝国主义扩张所带来的、笼罩在作品中的那层朦胧的迷雾"。[2]

（二）主旨的多义性

康拉德的创作往往包含多重主题，而《诺斯托罗莫》更是这样。正如利维斯所说，《诺斯托罗莫》"宏伟而绚丽多彩"，整部作品"兴味关怀丰富多样"，这样，它的主旨含有"多义性"就不足为奇了。爱德华·萨义德认为小说最主要的主题是"帝国主义"[3]，而布拉德布洛克则认为，比起小说中"冲突的意识形态"来，"帝国主义远非康拉

---

1. F. R. 利维斯：《伟大的传统》，袁伟译，生活·读书·新知三联书店 2002 年版，第 36、318、344 页。

2. Owen Knowles & Gene M. Moore Edited, *Oxford Reader's Comparian to Conrad*, Oxford University Press, 2000, p.257.

3. 爱德华·W. 萨义德：《文化与帝国主义》，李琨译，生活·读书·新知三联书店 2000 年版，第 12 页。

德关注的焦点，革命与反革命……才是故事的中心"[1]。但是，"帝国主义"或"革命与反革命"能否涵盖这部小说的主旨呢？有论者指出："就小说本身所体现的深刻性而言，康拉德的所思所虑不止于帝国主义和政治革命，还有人性的完善，人的目标和行动的'合理性'和道德性、个体生存的目的和意义、人们信仰和历史的宿命，等等。"[2] 事实确是如此，但是，作为小说的主旨应该具有更高的概括性。

　　笔者认为，无论是对帝国主义殖民主义冒险事业的揭露、批判，还是对走马灯似的"革命与反革命"斗争的展现，都是这部小说内涵的重要方面，但非主要方面，它们只是构成小说历史性背景的事件，而不是贯穿全书、构成小说核心思想的成分。要说贯穿这部小说的中心思想，倒是利维斯的见解更为中肯、精确。首先，他认为《诺斯托罗莫》存在"一个主要的政治或社会性的主题，即道德理想主义与物质利益之间的关系"[3]；其次，他认为，"这部作品之所以透露出某种'空洞之音'和'虚空的存在'，其主要原因就在于小说充满了一种'无处不在的'，甚至是控制全书的怀疑主义"[4]。利维斯认为，正是这两个"从若干个人历史角度"加以展现的主题使全书呈现出一种"特

1. M. C. Bradbrock, *Joseph Conrad, England Polish Genius*, Cambridge University Press, New York: Macmillian, 1941; Reprinted New York: Rusell & Rusell, 1965, p.45.

2. 胡强：《康拉德政治三部曲研究》，中国社会科学出版社 2008 年版，第 62—63 页。

3. F. R. 利维斯：《伟大的传统》，袁伟译，生活·读书·新知三联书店 2002 年版，第 318 页。

4. F. R. 利维斯：《伟大的传统》，袁伟译，生活·读书·新知三联书店 2002 年版，第 333 页。

定的具有代表性的道德意义"。[1] 利维斯还提醒读者别忘了，在康拉德的作品里，"孤独的主题"是何等的频仍和重要。[2]

这样看来，贯穿《诺斯托罗莫》全书的基本主旨有三个，即道德理想主义与物质利益的关系、怀疑主义和孤独。这三个主旨是彼此关联的。

道德理想主义与物质利益的关系在《诺斯托罗莫》中最为突出，可以说它是全书的思想基调。体现这种关系的主要人物是高尔德夫妇和诺斯托罗莫。

高尔德家族和柯斯塔瓜纳的桑·托梅银矿结下了不解之缘。这个家族是英国移民，到查尔斯·高尔德已是第三代了。查尔斯和他的父亲都是在侨居地出生的，长大后回英国受教育。查尔斯的父亲是当地颇有资产的商贾。当时的政府简直是以强制方式把桑·托梅银矿的永久开采权卖给查尔斯的父亲，要他先交五年的税金。老高尔德虽然不情愿，但迫于政治压力，只好忍痛接受。但他无心经营银矿。政府又以玩忽职守的罪名向他勒索一笔罚金。种种残酷的盘剥耗尽了老高尔德的资产，并且使他极度忧伤悲愤，以致摧垮了他的身体。他临死前告诫回英国接受教育的查尔斯别再回柯斯塔瓜纳，并且千万别去碰桑·托梅银矿。可是，成年后的查尔斯却违背了父亲的遗愿。"在他二十岁时，查尔斯·高尔德陷入了桑·托梅银矿的巫咒之中。但那是

---

1. F. R. 利维斯：《伟大的传统》，袁伟译，生活·读书·新知三联书店 2002 年版，第 319 页。

2. F. R. 利维斯：《伟大的传统》，袁伟译，生活·读书·新知三联书店 2002 年版，第 335 页。

另一种形式的痴迷，更适合他的青春年华，在那魔幻的程式中加入了希望、朝气与自信的成分，而不是疲惫的义愤和绝望。"[1]查尔斯认为："要大展宏图，银矿显然是惟一的空间。……他决心使自己的叛逆（作为报答）尽可能地彻底。银矿曾是一场荒诞的道德灾难的起因；它的运作必须成为严肃的道义方面的成功。他这样做完全是出于对父亲的缅怀。这就是——恰当地说——查尔斯·高尔德的感情。"[2]

查尔斯·高尔德在意大利时，认识了温柔、娇小的英国姑娘唐娜·艾米利娅，两情依依。艾米利娅不仅爱他，而且愿意跟随他到遥远的南美洲去，成为老高尔德遗留下的一幢西班牙风格的府第的新主妇。起初，她支持丈夫经营银矿的意愿，目睹了银矿建设的全过程：清理荒地，修筑道路，在桑·托梅的岩壁上开凿新的小径。她接连好几个星期和丈夫一起住在工地。她高兴地看到废弃多年的矿井重新焕发生机，走上生产的正轨。她兴致勃勃地为桑·托梅深谷画了一幅水彩速写，挂在卧室墙壁上，作为永久的纪念。她还和丈夫一道到外地招募劳工。总之，她竭尽全力，支持丈夫的事业。但是，经营桑·托梅银矿遇到的纷繁复杂的问题以及面临的艰难险阻是她始料未及的。单说复杂的人事问题，以及和政府打交道的困难就让查尔斯·高尔德够头痛了。小说第一部第六章开头写到，高尔德太太凝视着黑色木框中的那幅画，叹了口气：

"啊，如果我们当时没有碰它，查理！"

---

1. 康拉德：《诺斯托罗莫》，刘珠还译，译林出版社 2001 年版，第 44 页。
2. 康拉德：《诺斯托罗莫》，刘珠还译，译林出版社 2001 年版，第 50 页。

"不"，查尔斯·高尔德阴郁地说，"不可能不碰它"。

"也许是不可能"，高尔德太太承认……她以一种精致、夸张的神气莞尔一笑。"我们惊动了那个天堂里好多、好多的蛇哟，查理，记得吗？"

"对，我记得"，查尔斯·高尔德说，"……但不要忘记，亲爱的，现在它不再是你写生时的那个样子了。"……"不再是蛇类的天堂了。我们已经把人类送了进去，我们绝不可以弃他们于不顾。自己走开，到别的地方去另谋生路。"[1]

高尔德太太曾向他明言："我不能对我们的处境视而不见，对这可怕的……"可是，查尔斯·高尔德却说："……现在没有回头路可走。从一开始我就知道绝对不存在退路。何况我们现在连停下来不动都办不到。"[2]

从高尔德回答他妻子的话里看出，银矿开工以后，虽然碰到许多问题、险阻，可以说处于骑虎难下的困境，但他丝毫没有打退堂鼓的念头，只有勇往直前、拼死一搏的决心。这可以说，他既为现实所逼，也出自一个有抱负的青年的希望和勇气。应该说，这时候查尔斯·高尔德的精神状态是积极的、向上的。但是在理想的光辉下，隐藏着可怕的阴影：个人的欲望和野心。一批批银锭生产出来之后，从海路运往美国，再从那里以贷款形式返回来。他因经营银矿而身价百倍，腰缠万贯的商贾出入于他的客厅，他成了商界的要人，在老百

1.康拉德：《诺斯托罗莫》，刘珠还译，译林出版社 2001 年版，第 159 页。

2.康拉德：《诺斯托罗莫》，刘珠还译，译林出版社 2001 年版，第 157 页。

姓眼里，他是"萨拉科王"。桑·托梅银矿是政府殷实的财源，查尔斯·高尔德成了要人。尽管他一再表明，他不介入政治，在柯斯塔瓜纳的党派斗争中，他表明中立。但是，为了使银矿经营事务畅通，他仍少不了贿赂政府官员，而且，私下有传言，桑·托梅银矿管理部门至少部分地资助了最近的一场革命，将里比厄拉推上了总统位置。总之，银矿改变了他的命运，使他深刻感受到财富的魔力。因此，他和桑·托梅银矿结下了不解之缘。他的全部心思都沉浸在银矿上，有时借口矿上事务忙，连家也不回，就住在矿上。高尔德太太觉得，丈夫像是迷恋上了另一个女人一样，已把她丢在脑后了。昔日两情依依的甜蜜情景似乎一去不复返了。查尔斯·高尔德迷恋银矿，导致家庭、婚姻蒙上阴影的情景使人想起，他和《黑暗的心》中那个可悲的库尔兹确有相似之处。他们追求物质利益，到了疯狂的地步，不过库尔兹显得残忍、野蛮、卑劣，而查尔斯·高尔德更为文明、高雅，尽管他们追求物质利益的方式、手段不同，但他们对财富的迷恋程度却一样：库尔兹心心念念的是象牙，而查尔斯·高尔德把银矿看得比自己的性命还重要。当攫取政权后的军阀彼德罗·蒙特罗宣称要把桑·托梅银矿收归国有时，查尔斯·高尔德以决绝的口气说，这样的话，他要把银矿夷为平地，他要和银矿同归于尽。他不只是口头上说说而已，他已命令矿长唐·皮普做好了毁矿的充分准备。这种豪情、胆略马上使蒙特罗收敛了嚣张气焰。这样看来，高尔德的形象比库尔兹高大得多，他绝不像库尔兹那样猥琐、卑劣。但是，萨拉科的第一夫人高尔德太太却不像库尔兹的未婚妻那样幸运，能在幻想中保持对库尔兹的美好回忆。唐娜·艾米利娅目睹自己心爱的丈夫日益被物质利益所侵袭，丧失了先前的可爱品格，使他们的爱情蒙上了浓浓的阴影。她却坚守自己的优良品格，保持慈爱的秉性，关心他人胜于关心自己。可以说，她是小说中道德理想的光辉卫士，她对物质利益如何腐蚀人性有深刻的认识。诺斯托罗莫被乔治·维奥拉误杀后，他的情人、维奥拉的小女儿吉塞尔伤心至极，一向对人关心体贴的高尔德太太安慰她说：

> "不要太伤心了，孩子。很快他就会因为财宝而忘记了你。"
>
> "夫人，他爱我。他爱我"，吉塞尔低语，伤心欲绝，"从来也没有一个人像我这样被爱过"。
>
> "我也被爱过"，高尔德太太语气严厉地说。[1]

高尔德太太从自身的不幸遭遇体悟到，在物质利益面前，爱情显得多么苍白、虚幻；她也洞察到，那个被人们奉若神明的诺斯托罗莫走不出财富魔力的怪圈。

如果说作为资产者一分子的查尔斯·高尔德沉迷于物质利益是不足为奇的话，那么，处于赤贫状态、重视个人声誉的诺斯托罗莫身陷财富魔力的怪圈而不能自拔，倒是富于戏剧性的。

其实，诺斯托罗莫并非圣人，而是一个十足的有七情六欲的凡夫俗子。他不仅凭自己外表的魅力在情场上春风得意，而且以自己超群的智慧、本事为有产者、统治者出色的服务赢得他们的信任和赏识。他不是不爱财，而是不把少量钱财看在眼里。平日他的薪资很快就被

---

1. 康拉德：《诺斯托罗莫》，刘珠还译，译林出版社 2001 年版，第 428 页（着重号为引者所加）。

他挥霍掉，所以，他经常身无分文。他曾对马丁·德考得说，他到萨拉科来就是为了发财。可是他不想小打小闹地发财，而是要发大财。他渐渐意识到他忠心耿耿为有产者服务，可是，除了空泛的好名声之外，什么也没有捞到，在萨拉科的政治风云变幻中，在富人们争权夺利的搏斗中，他只是一个被利用的工具。所以，只要有机会，他就要从富人的财富中分得自己的一杯羹。康拉德借德考得的口指出："这个人（指诺斯托罗莫）成为不可腐蚀的人，应归功于他贪得无厌的虚荣心，虚荣心乃是最精致的一种利己主义，可以呈现出一切美德的表象。"[1] 可以说，"贪得无厌的虚荣心和夺取财富的野心是诺斯托罗莫的精致的利己主义"互为表里的两面。这就不难理解，何以响当当的拒腐蚀、千里挑一的工长，竟成为桑·托梅银矿的窃贼。虽然表面上诺斯托罗莫从一个"拒腐蚀"的"圣人"蜕变为窃贼，但是诺斯托罗莫为自己身份的转化找到了一个冠冕堂皇的借口："富人靠从穷人那儿偷走的财富生活，而他从富人手里只不过拿了由于他们的愚蠢和背信弃义差一点丢失的东西。"[2] 因此，他把桑·托梅银矿险些丢失的银锭占为己有，觉得合情合理，心安理得。小说通过诺斯托罗莫的虚荣心和他的"拒腐蚀"的美誉被银锭的魔力击得粉碎的喜剧情景，暴露了他的赤裸裸的利己主义原形，再次揭示了道德理想在物质利益的魔力面前显得多么苍白、虚幻！

但是，康拉德并没把诺斯托罗莫写成一个令人厌恶的财迷，而是描写他在误中老乔治的子弹，面临死亡时，对自己的行为有所醒悟。

---

1. 康拉德：《诺斯托罗莫》，刘珠还译，译林出版社 2001 年版，第 229 页。

2. 康拉德：《诺斯托罗莫》，刘珠还译，译林出版社 2001 年版，第 412 页。

他对高尔德太太说："是银子杀了我。它抓住我不放，它现在还抓住我不放。"这多少使他的下场带有几分悲剧色彩。

这部小说的第二个重要的主旨是渗透全书的怀疑主义。正因为面对物质利益的魔力，道德理想显得苍白、虚幻，所以整个社会缺少了健全、有力的精神支柱。似乎驱策人们的就是追逐物质利益的强大欲望。在柯斯塔瓜纳共和国里，六年中更换了四届政府（这是对现实何等深刻有力的写照！直至今天，我们仍看到有些国家，在短时间内政权的更迭像走马灯似的），革命与反革命、联邦制与独立分治的主张，闹个不停，说穿了就是权力与利益之争。所以历届政府都把桑·托梅银矿看作自己的聚宝盆，而"银锭"就是物质利益的象征。谁占有了银锭，谁就是社会的主人。查尔斯·高尔德成为桑·托梅银矿的总经理，他便变为"萨拉科王"，萨拉科省的一号人物，而他的妻子唐娜·艾米利娅成为萨拉科的第一夫人。尽管艾米利娅明白查尔斯爱银锭胜于爱她，但他们在社会上仍显得风光迷人，他们双双频繁出访欧洲、美国。若是失去了财富，这一切都成为泡影。

但是，萨拉科的第一夫人开始认识到，建立在物质利益之上的一切又是多么虚幻！不错，西部省份已独立，萨拉科已成为西部独立共和国的首府，在难得到来的和平气氛中，银矿的发展的确带来社会事业的进步。米歇尔的船队已大大扩充，他对有身份的游客夸夸其谈地解说萨拉科的繁荣景象。但是，莫尼汉姆医生在和高尔德太太一次推心置腹的交谈中，一针见血地向她展现了社会动荡不安的情景。高尔德太太忧心忡忡地说：

"难道永远不会有太平的一天吗？永远不会有安宁的日子

吗?"高尔德太太低语,"我以为我们——"

"不会有的!"医生打断她说,"在物质利益发展过程中不会有和平与安宁。物质利益有自己的法则,自己的公理。但却是建立在权宜之上,是非人性的;没有是非曲直,没有持续性,也没有仅在道德范畴内存在的效力。高尔德太太,高尔德特区所代表的东西总有一天将和几年前的野蛮、残暴及苛政一样,成为人民身上不堪承受的重负。"

"你怎么能这样说,莫尼汉姆医生?"她叫起来,好像医生的话伤及她心灵最敏感的部位。

"凡是真的,我就能说,"医生执拗地坚持,"将和那些一样,而且将引发民愤,流血,以及复仇,因为人已经和以前不一样了。你是否还以为矿工会跑进城搭救他们的总经理先生?你是那样想的吧?"

她把十指交叉在一起的两只手背摁在眼睛上,发出绝望的喃喃声:

"这就是我们为之奋斗的一切吗?"[1]

医生告辞后,高尔德太太陷入痛苦的沉思中,她想查尔斯·高尔德"对伟大银矿的献身是无可救药的!他顽强坚定地效忠于物质利益,坚信从中将获得秩序与公理的胜利,无可救药。……成功是巨大而持久的……在成功行为的必要条件中,有某种固有的,在道德理念

1.康拉德:《诺斯托罗莫》,刘珠还译,译林出版社 2001 年版,第 388—389 页。

上是堕落的东西。她看见桑·托梅山凌驾于大草原，以及整个国土之上，令人畏惧，遭人嫉恨，财大气粗；比任何暴君都更加无情无义，比最坏的政府都更加专横跋扈；在自我张扬之中随时准备压垮不计其数的生命。他看不见这些。他不可能看见这些"[1]。

如果说物质利益的成功使她曾经沉迷的甜美的爱情现在变为苦涩的回忆，这对她来说还是可以忍受的话，那么，莫尼汉姆医生的一席话使她看到桑·托梅银矿的成功将带来巨大的灾难。这对她来说，则是难以忍受的伤痛，因为她对生活的信念被彻底摧毁了。

> 她曾希望有长长的未来，或许——但不！不会有未来。一种无限凄凉的感觉，对自己生命延续的恐惧，袭上萨拉科第一夫人的心头……（她）仿佛是一个不幸的睡梦中人，无可奈何地躺在无情的梦魇魔爪里，只听她以清晰的声音，毫无目的地、结结巴巴地道出：
>
> "物质利益。"[2]

高尔德太太只感觉到桑·托梅银矿并不像她丈夫预料的那样，给社会带来秩序与公理，银锭也没给他们的家庭带来幸福，反而毁了他们的未来。她不晓得，这一切只因为桑·托梅银矿产生的财富只掌握在少数人手中，穷苦的百姓照样穷苦，他们并没享受到银矿带来的裨益。所以，总有一天穷人要夺回他们被抢走的财富。这就是灾难的根

---

1. 康拉德：《诺斯托罗莫》，刘珠还译，译林出版社 2001 年版，第 396 页。
2. 康拉德：《诺斯托罗莫》，刘珠还译，译林出版社 2001 年版，第 397 页。

源。高尔德太太没有领悟到这点，但她已感觉到，一场巨大的灾难正在酝酿之中，所以她才会觉得，他们"不会有未来"。这就是弥漫全书的怀疑主义的根源。

这部小说还有一个重要的主旨，就是生存的孤独感。应该说，这个主旨贯穿于康拉德的全部小说创作中，特别是在《艾米·福斯特》中得到象征性的强烈的表现。而在《诺斯托罗莫》中，生存的孤独感具有异样的情调和色彩，这是因为渗透于小说中的生存的孤独感是不同身份、不同地位的人物对生活各显特色的感受，具体说来，主要有以下五种人的感受。

1. 昔日英雄的孤独

经营小酒馆的乔治·维奥拉是意大利侨民，年轻时是加里波狄麾下的一名骁勇的战士，是坚定的共和主义者。年老之后，他来到柯斯塔瓜纳这块战乱频仍的土地，以经营小酒店维持一家四口的生活。他和寄住在他酒店里的年轻同胞诺斯托罗莫关系密切，形同父子。在战乱中，诺斯托罗莫时刻关心他们一家的安全，但他是个忙碌的风云人物，难得回来一趟。所以他成为患病的妻子和两个幼小的女儿的保护者。当门外响起战斗的枪声和暴徒的狂叫声时，他摆出老战士的雄姿，手握一把老枪，时刻准备和敢于侵犯他的小酒店的暴徒拼搏。他那茕茕孑立的身影，显示了英雄暮年的凄凉孤寂！

2. 失足者的孤独

莫尼汉姆医生是个英国侨民，他在柯斯塔瓜纳生活了几十年。他眼下是桑·托梅银矿的医生，被矿工视为神灵，但"事实上萨拉科的欧洲人士都不喜欢莫尼汉姆医生"，大概因为他过于精明，说话总带讽刺，让人听了不舒服。加上他丑陋的、邋遢的外表，总叫人看不顺眼。他曾在共和国最蛮荒的地区生活过多年。在内陆的莽林中毫无目的地漂泊、流浪。"此番遭际却似乎附着在他伤痕累累、蹒跚在萨拉科街头的身躯上。"他来到萨拉科纯属偶然。人们对他的嫌弃，归咎于他性格中的某种缺陷。他年轻时，曾被军人独裁者古斯曼·本托任命为军队的医务官。当时，没有一个在柯斯塔瓜纳任职的欧洲人受到那个凶狠的大独裁者如此的厚爱。后来，有传言说，他牵涉一个所谓篡权的阴谋活动，被古斯曼·本托投入监狱中，他受不了酷刑，供出了他最亲密的朋友。这个不光彩的事件使他遭到众人的白眼。尽管他对自己的罪行讳莫如深，但是在内心里，他像失足的吉姆一样，备受耻辱的煎熬。为了弥补自己的罪过，他行事谨慎，特立独行。他受到高尔德夫妇的善待、厚爱，被任命为桑·托梅银矿的医官，而且经常是高尔德府第客厅的座上客。他救治伤员和一般患者总是尽心竭力，像是要以此作为昔日耻辱的救赎。同时，他对高尔德太太忠心耿耿，以致到了痴情的地步，而在高尔德太太眼里，这个有怪癖的、聪明睿智的医官是难得的一个可以推心置腹交谈的人。高尔德太太对他的厚爱，让他的孤寂的心感受到一丝人世的温暖。

3. 道德理想主义者的孤独

高尔德太太自幼受到人文思想的熏陶，心地善良，待人慈爱，思想单纯，相信随着物质的丰富和社会的进步，秩序、公理、正义便会来到人间。她也极其重视家庭婚姻和爱情。她和查尔斯·高尔德结婚后，对丈夫温柔体贴，全身心地支持他的事业。但是，丈夫对物质利益的痴迷，对婚姻、爱情的日渐淡漠，开始打破了她的生活梦想，而眼见物质财富的增长，不仅没给社会带来秩序、公理和正义，反而激化了社会矛盾，眼看她珍视的和平与安宁就要成为泡影。她的生活信念几近破灭。这比她处于无人关心的孤寂状态，更使她觉得心灵的孤独，更难以忍受。

4. 怀疑主义者的孤独

马丁·德考得是侨居欧洲的富家子弟，聪明能干，带有花花公子派头，不信仰宗教。古斯曼·本托的军阀独裁政府垮台后，文人独裁总统里比厄拉上台，在古斯曼·本托执政时期，备受折磨的安东尼娅的父亲唐·约瑟又在政坛上活跃起来，他委托马丁·德考得创办《未来报》，鼓吹民主、共和，人们猜想，如果实现西部分离、萨拉科自治的话，德考得便是第一任总统，其实，他并不热衷政治。他坦承，他回到萨拉科，不是为了投身政治，而是为了追求安东尼娅。他本对世事抱冷漠、怀疑的态度，但在动乱的时局中，他身不由己地卷进了当地的实际事务中去。他和诺斯托罗莫被高尔德委派护送银锭出海。他们装载银锭的驳船不幸与叛军的军舰相撞。他们把银锭安置在伊莎贝尔群岛海湾安全的地方后，诺斯托罗莫离开他，回到萨拉科，答应一两天后便回来。可是，诺斯托罗莫回到萨拉科后，受命前往凯塔请求西部司令巴里奥斯将军率部前来解救陷于彼德罗·蒙特罗和索第罗统治下的萨拉科。待他回到伊莎贝尔群岛时，马丁·德考得因耐不住寂寞、孤独与饥饿、绝望的折磨，开枪自杀后坠入海中。

5. 贪图虚荣者的孤独

如前所述，诺斯托罗莫无论是对虚荣的追求，还是对桑·托梅银矿银锭的窃取，都出于利己主义。但是，在特定的情况下，他能醒悟到名誉的虚妄，以及自己处境的可悲，说明他的良知还未泯灭，这是难能可贵的。当他泅水来到陆地，爬上古要塞，酣睡了一天一夜醒来之后，对自己的处境做了零星、杂乱的反省。他记起了乔治·奥维拉对他说过的一句话："国王、部长、贵族，凡是有钱人，总是让老百姓一辈子受穷、受奴役；他们豢养穷人，就像豢养狗一样，是要他们为自己打打杀杀，猎取财物。"[1]他承认，自己不过是富人豢养的一条狗，当他在城市与港湾之间的开阔地上赤脚踯躅前行时，无限孤独、凄凉的心绪涌上心头："'被出卖了！被出卖了！'他对自己叽咕着。没有人关心。不如淹死算了。没有人会关心——除非孩子们，他想。但她们去了英国夫人家，根本不会想到他。"[2]最使他感到孤独的是他身份转化的后果：他从"拒腐蚀"、千里挑一的工长变为可耻的窃贼之后，已无颜堂堂正正地与人打交道，他把自己放逐了。

上述各种类型的孤独情境或心理出自不同的情况，或由于理想与现实的对立（如高尔德太太和乔治·奥维拉），或由于自我的失落（如马丁·德考得），或由于环境的腐蚀、物质利益的诱惑扭曲了自我（如诺斯托罗莫）。总之，种种孤独情境或心理，显示了人类自身的脆弱、渺小、可悲。康拉德对人类孤独情境、心理的表现，和他的悲观主义、怀疑主义思想一脉相承。正如利维斯所说，这部小说中控制全书的怀疑主义使作品透露出某种"空洞之音"和"虚空的存在"，而"孤独"就是"空洞之音"和"虚空的存在"的表征。

（三）历史意识与史诗风味

历史意识和与之密切相关的史诗风味是《诺斯托罗莫》在小说体例上一个很显著的特色。

---

1. 康拉德：《诺斯托罗莫》，刘珠还译，译林出版社 2001 年版，第 314 页。
2. 康拉德：《诺斯托罗莫》，刘珠还译，译林出版社 2001 年版，第 319 页。

《诺斯托罗莫》的历史意识首先体现在两宗历史性的大事件上，即柯斯塔瓜纳共和国频繁的政权交替史（六年中换了四届政府）和桑·托梅银矿的开采史。这两大事件的发展密切相关，它们构成了刚从西班牙殖民统治下解放出来的那个虚构的柯斯塔瓜纳共和国的历史概貌，它们也就是小说叙事的框架。这部小说的历史意识还体现在众多具有意识观点，活跃于这两宗事件中的人物的个人历史上（例如高尔德家族史）。

这种历史意识使小说的叙事呈现出恢宏的气度。它以印象主义手法简括地展现了一个社会动乱的、戏剧性的、纷繁复杂的历史。在万花筒式的场景中展现了众多人物的活动和心路历程。这样，小说不仅具有纵深度，揭示了一个社会的动态历程；而且具有广阔的视野，展现了蛛网式的、复杂的人际关系。其中凸显了桑·托梅银矿的主人——高尔德家族和风云人物码头工长诺斯托罗莫的个人历史和心路历程。重大事件的纵横交织及其对主要人物的个人历史的烘托，便赋予这部小说史诗风味。但是，叙事的混乱使这种史诗风味变得朦胧、含混。

（四）独特的叙事方法

《诺斯托罗莫》叙事方法的特异，大概仅次于乔伊斯的《尤利西斯》。如前所述，这部小说带有突出的历史意识和史诗风味。但是，它不是按照传统的实证式的叙事方法，把历史事件和众多人物的活动按照时间顺序，有条理地、符合逻辑性地表现出来。它采用印象主义的叙事方法，即从叙述者的感觉出发来表述事件的发展和人物的活动。在康拉德看来，历史是一块黑幕，无法以理性穿透，只能按照个人的感觉去参悟。他的历史观和他的印象主义手法非常契合，他把复杂的柯斯塔瓜纳的历史事件和桑·托梅银矿的传奇历史加以切割，把一块块现实碎片加以拼贴、组合，这样，这部小说就出现了令读者和批评家头痛的时空的错乱及叙述的混乱，以致批评家、康拉德的传记作者阿尔伯特·J. 吉拉德也无奈地慨叹："即使重复阅读这部小说也无法厘清它的时间顺序。"[1] 有的批评家指出康拉德之所以把简单的事件弄得这么复杂，让读者摸不着头脑，以致有的地方时间顺序打乱得连他自己也弄糊涂了，是有其艺术目的的，小说的"整个叙事似乎设计来挫败读者传统的期望"[2]。也就是说，这部小说出格的叙事方法蕴含了对传统阅读习惯的挑战，旨在进行叙事革新。

诚然，如果单纯追求时空错乱，没把它和小说的整个结构联系起来，意义不大。康拉德打乱时间顺序的叙事方法，不仅为了向传统的阅读习惯挑战，也是出于小说史诗式恢宏结构的需要。如果按传统的叙事方法，把柯斯塔瓜纳的历史事件（包括政权的更替、桑·托梅银矿的发展史、主要人物的命运）依照时间顺序一件一件叙述，整部小说势必显得庞杂、烦冗、呆板。现在作者把事件和人物组合加以切割、拼贴，跳跃式地叙述，使整部小说既显得气势恢宏，又繁简得体，人物和事件的组合也显得错落有致。它的时序颠倒，常常是由于原因和结果的颠倒，即先叙述结果，然后追述原因。例如小说开头叙

---

1. H. M. Daleski, *Joseph Conrad: The Way of Dispossession*, Faber and Faber Ltd., 3 Queen Square London WCI, 1977, p.113.

2. H. M. Daleski, *Joseph Conrad: The Way of Dispossession*, Faber and Faber Ltd., 3 Queen Square London WCI, 1977, pp.115—117.

述里比厄拉独裁政府的垮台，发生了一场暴乱，后面则叙述这个独裁的文职总统是如何上台的。原先，上层人士和民众对他抱有期望，但他的施政却使社会失望。因此他失去了支持力量，导致垮台，这是符合读者的阅读期待心理的。康拉德在其他作品里（如《青春》），也在叙事中采用这种延迟解密法，不过规模较小罢了。

为了厘清这部小说的时间顺序，有些资深的批评家耐心地探寻、梳理，这无疑对理解这部小说的意涵和叙事技巧有所帮助。但是，即使没领会小说叙事的时序颠倒、错乱或时间的跨度，也不妨碍对整部小说的理解、欣赏。有的论者认为，在这部小说中，"时间错位""没有可供参照的准确标记"。其实不然，四届政权的更替和桑·托梅银矿的历史就是"可供参照的准确标记"。这两个中心事件的历史就是人物活动的时间坐标。把人物之间的复杂关系和活动流程与这两个中心事件挂上钩，就大致了解它们的来龙去脉，这是笔者阅读小说后的一个体会。

三、《间谍》[1]（*The Secret Agent*，1907）

（一）《间谍》的叙事线索与主旨
这部小说有两条故事线索：一条是一群无政府主义分子的秘密活

---

1. 这部小说的中文译本书名有两个：一种译本书名译为"特务"，另一个版本书名译为"间谍"。笔者认为，"特务"更切合原著书名（*The Secret Agent*），"间谍"的英文是"Spy"。不过，按中文习惯法，"间谍"一般指派往他国从事密探工作的人，而小说中的维尔洛克是在英国替俄国使馆做密探工作的。

动和格林尼治公园爆炸案，另一条是维尔洛克与温妮的家庭生活。这两条故事线索既是平行的，又是交叉的、互相渗透的。说它们是平行的，因为一个是政治活动、政治事件，另一个是人类的家庭生活，本来是风马牛不相及、互不相干的；二者之所以交叉、相互渗透，原因在于维尔洛克是欧洲大陆的无政府主义组织派来与英国的无政府主义分子联络的重要人物。他家就是这群无政府主义分子聚会的场所。为了掩人耳目，他家一进门的前堂被当作商店，出售一些贵得出奇的日用品和一些色情读物。

维尔洛克是个双料"特务"，他既被俄国使馆雇用为坐探，又被伦敦警署虚特探长雇用为线人。维尔洛克依靠做密探的可观收入，供养他的岳母、他的妻子和她智障的弟弟。维尔洛克受俄国使馆一秘符拉狄米尔的指示，制造了骇人听闻的格林尼治公园的爆炸案，他的妻弟斯迪威被炸得粉身碎骨，而格林尼治天文台却安然无事。这样，原本独立的两条故事线索紧紧地扭结在一起。那么，这两条故事线索哪一个是主要的呢？表面看起来，政治事件线索占了主要地位，其实不然，小说"真正的中心不是关于炸弹的情节或无政府主义者的阴谋，而是人类日常生活的悲剧，温妮的母亲乘车前往慈善机构的家这一情节作了象征性的暗示"[1]。

其实，故事本身已暗示小说中心的置换。小说开始时，讲的是无政府主义者的故事（温妮在小说的连载版中起初不是很突出）。但后来，温妮的形象得到凸显，而关于无政府主义者的主题却退到背景去

---

1. Frederick R. Karl, *A Reader's Guide to Joseph Conrad*, New York：Noonday Press, 1960, p.85.

了。康拉德一再提醒人们，不应该认为他在《间谍》中对无政府主义提供严肃的批判，他宣称："在这样的故事中，人们很可能误解，你终究不必太认真看待它。整个事情是表面性的，它不过是个故事。我没有从政治上去考量无政府主义的想法，或者从哲学方面去认真对待它。"[1]

他告诉一位通信者说："这部小说基于对历史上活跃的无政府主义的某个事件的内部消息。"但他坚持道："另一方面这纯粹是一部想象的作品。"[2] 这就是说，康拉德利用无政府主义者的题材为他的想象性的目的服务，甚至为了这个目的，他让无政府主义者的观念变得更激进易懂。这是他一向坚持的一种倾向，几乎象征性地把它作为带倾向性的征兆，迂回曲折地表现于他所描写的社会事件中。

伊恩·瓦特对康拉德处理题材的这种倾向有深刻见解，他指出："康拉德的小说经常以现实的题材为发端——一件轶事，一个历史事件，目睹的一件小事或者偶然听到的谈话——待到作品完成，它通常便割断了和实际人物、地点或事件的关系。""这部小说的最主要方面证明了它被看作'一部想象性的作品'是有道理的。"[3]

既然《间谍》真正的中心是关于人类日常生活的悲剧，亦即维尔洛克与温妮的家庭生活的悲剧，那么，小说的主旨自然要从这个悲剧里去探寻。为此我们必须了解这个家庭悲剧是怎么形成的，悲剧的核心，或者说悲剧的性质是什么。

---

1. G. Jean-Aubury, *Life and Letters*, II, Letter to John Galsworthy of 12 September, 1906，p.37.

2. G. Jean-Aubury, *Life and Letters*, II, Letter to Algernon Methuen of 7 November, 1906, p.38.

3. Norman Page, *A Conrad Companion*, The Macmillan Press Ltd., 1986, p.102.

我们先来考察一下这个家庭成员的情况。关于维尔洛克，前面已介绍他的身份和职业。他不喜欢劳动，懒惰成性，习惯于过舒适的生活，却又无一技之长，对人生抱虚无态度。作为一名无政府主义分子，他和那个绰号叫"教授"的一心要毁灭现存秩序的家伙不同，他为了过舒适的生活，倒希望保护现有秩序。但他作为俄国的间谍，不得不执行俄国使馆的指示，去炸毁作为英国崇尚科学象征的格林尼治天文台。这就为他的悲惨下场和斯迪威、温妮的悲剧结局埋下了祸根。其实，他没有害斯迪威的意思，他让斯迪威代替自己去安放炸药，大概出于考虑斯迪威是个孩子，比较不让人注意，不料，斯迪威被树根绊了一跤，被随身携带的爆炸装置炸得粉身碎骨。尽管维尔洛克并无害斯迪威的想法，但是他利用斯迪威去完成这一危险使命却早有预谋。比如，为了让斯迪威亲近他，听他使唤，他装出一副关心他、爱护他的样子，经常带他外出散步，这让温妮很高兴，当他们一起外出时，她高兴地想："没准人家还以为他们是父子呢。"待到临近实施阴谋的日子，维尔洛克借口为了不让斯迪威受陌生人的干扰和刺激，带他到乡下米凯利斯家住一段日子。这一举措既为维尔洛克实施他的阴谋做好准备，又使温妮失去了警觉。

格林尼治公园爆炸案虽然不是中心事件，但它是真正的中心事件——一出家庭悲剧的导火线。首先，它使斯迪威这个智障的、善良无辜的孩子成为阴谋的牺牲品。虽然斯迪威对世事懵然无知，但他的心地非常单纯、善良，当他和姐姐温妮送他们母亲前往济贫院时，乘坐一辆破旧的出租马车，有残疾的车夫为了使车跑得快些，鞭打拉车的老马。斯迪威看了非常心痛，哀求车夫别这样；为了减轻车上的重量，他坚持下车步行。这个惊人的举动昭示了这个智障孩子的仁爱之心，他的死便意味着无政府主义的暴行对仁爱主义的虐杀。

斯迪威是道德理想的象征。他的死不仅意味着他所代表的道德理想受到打击、摧残，而且直接导致家庭悲剧的发生。因为这个善良的智障孩子是家庭生活的中心。他的母亲为了他，甘愿到济贫院度过孤独的余生。而他的姐姐自幼非常疼爱他，后来，为了他，甚至放弃了她所爱的初恋情人，嫁给能为他们家庭提供生活保障的维尔洛克。呵护斯迪威成为温妮的生活目的。温妮和她母亲一样，为了斯迪威心甘情愿地作出自我牺牲，她们都体现了一种无私的、动人的亲情。她们对斯迪威的无私的爱，正如同斯迪威对拉车的那匹老马的怜悯、同情一样，都体现了感人的仁爱精神。

与这种仁爱主义相反，维尔洛克却奉行道德虚无主义。他的生活目标就是让自己过得舒服，其他一切，包括亲情与爱，他都不予考虑。他顾家也不过是为了有一个舒适、安定的环境。他和温妮同床异梦，他们互不了解彼此的思想感情。温妮甚至不知道他日常在忙什么，她也不想过问，他们确是稀里糊涂地过日子。维尔洛克自我安慰地想，温妮是爱他本人才和他结婚的，所以，他们的婚姻说穿了是貌合神离的契约关系。

当温妮明白了是维尔洛克把她弟弟推向死亡境地时，她顿时感到这个世界多么黑暗，世道多么残酷无情！她终于醒悟，原来她托付终身的这个男子是个无情无义、毫无人性的杀人凶手！于是，她在怀念、怜惜死去的弟弟的同时，对维尔洛克怀着满腔的仇恨和愤怒。温妮本是个内敛的女人，平日她待人温文尔雅。即使在痛失弟弟的极度悲伤的情况下，她也隐忍内心的痛苦，不哭不闹。

但在这危急关头，维尔洛克仍旧麻木不仁，他一味为自己的无辜辩解，对自己的罪过没显示半点愧疚之情，反而把斯迪威的死说成是不幸的偶然事故，他说斯迪威的灾难已经过去，而眼下他自己正面对灾难的降临，要求温妮谅解他，多为他们自己眼前的困境着想。维尔洛克的自私无情对处于极度悲伤的温妮来说，无异于火上浇油，把她推向疯狂的边缘。她悄悄地拿起桌上的切肉刀，走向仰卧在沙发上的维尔洛克身边，一刀刺死了他。

这一刀造成的惨剧立刻使温妮从灾难的受害者变为谋杀者。但是，她和维尔洛克之间的矛盾以及这个家庭悲剧的性质并没有改变。

最后，温妮受无政府主义分子奥西朋的欺骗，一同乘车前往巴黎，但上车后她被抛弃，在走投无路的情况下跳海自杀，为这出人类悲剧最终画上了一个句号。

（二）贯穿全书的讽喻手法

讽喻手法是《间谍》的一个显著的艺术特点。有评论指出，它的"讽喻的范围触及当代社会的所有角落"[1]。利维斯更把"反讽"看作这部"经典杰作"的一个重要的艺术特色。他认为，假如我们称之为反讽小说，那么"反讽"一词在这里的含义，当与我们称《大伟人江奈生·魏尔德传》[2]为反讽小说时是一样的。他认为，《间谍》"就见解之成熟和表现这一体裁的手法之高超完美而言，才是真正的一流杰作；相形之下，《大伟人江奈生·魏尔德传》虽然有艺术也有思想，却只

---

1. Michael P.Jones, *Conrad's Heroism: A Paradise Lost*, Ann Arbor, Michigan: UMI Research Press, 1985, p.122.
2.《大伟人江奈生·魏尔德传》是 18 世纪英国杰出小说家菲尔丁的一部著名的反讽小说。

能被视为毛手小子的笨拙之作"[1]。

《间谍》的副标题"一个简单的故事"实际上是对把《间谍》视为一个简单的侦探故事的反讽，正如菲尔丁把卑劣的江奈生·魏尔德称作"大伟人"是一种反讽一样。利维斯对这部作品极其赞赏，认为"这是一部经典杰作，当是更加无庸置疑的，而且它与人们对康拉德的俗见完全不符——这本书好像没有获得什么应有的承认，大概就是因此之故"[2]。利维斯所说的人们对康拉德的俗见，大概是指人们把这部小说看作一个简单的侦探故事。康拉德与朋友的通信中，虽然也提到这是一个简单的故事，但是，实际上无论是他自己或有见识的批评家都不认为这部小说不过是"一个简单的故事"。批评家 H. M. 达勒斯基（H. M. Daleski）在《康拉德的处理方式》一书中指出：

> 《间谍》是康拉德的作品中写得最好的——甚至是最有趣的。诚然，它没有《诺斯托罗莫》那样恢宏。在我看来，在效果的平稳可靠方面，它是康拉德唯一没有短暂闪失的小说——就方法突出的经济和想象的有力而言，它是康拉德的卓越成就［康拉德自己也看重这部小说，据 J. H. 雷廷格（J. H. Retinger）］报道，有一次他曾问康拉德："你认为你的作品哪一部最好？"康拉德毫不迟疑地答道：《诺斯托罗莫》和《间谍》，因为在那两部

---

1. F. R. 利维斯：《伟大的传统》，袁伟译，生活·读书·新知三联书店 2002 年版，第 349—350 页。

2. F. R. 利维斯：《伟大的传统》，袁伟译，生活·读书·新知三联书店 2002 年版，第 349 页。

作品中我积聚了最难的技巧障碍，我却极其成功地战胜了它们。"（Conrad and Contom Porarise，London，1941）。F. R. 利维斯也有相同的评价，他认为，在单纯的表面掩盖复杂的内涵方面，这是罕见的作品之一，这些正是我试图表明极其值得挖掘的方面。[1]

总之，不管康拉德以"一个简单的故事"做小说的副标题是否有意反讽世俗之见，从它名不副实的情况而言，至少客观上起到反讽的作用，以贬抑的名称掩盖其复杂、深刻的内涵。

《间谍》在表现人物形象时也出色地采用了反讽手法。

首先，它揭示了人物之间惊人的"隔绝"状态。维尔洛克的家庭可以说是这方面的代表。不喜欢深究事物的温妮对于她的丈夫与（俄国）使馆和警察的关系完全处于茫然无知的状态。维尔洛克也全然不了解温妮对他的感情，一刻也不怀疑温妮是真正爱他的。甚至在爆炸案发生之后，当温妮偷听了维尔洛克与虚特探长在室内的秘密谈话知道了事情的真相时，他还不了解她心中有多么悲痛和愤怒，不了解他已被她看作谋害斯迪威的凶手，对他怀着满腔的愤怒和仇恨，只以为她处于一般的惊吓和伤心状态，他竭力辩解自己毫无伤害斯迪威的意向，斯迪威的死完全是偶然事故。他还说，斯迪威的灾难已过去，现在是他面临灾难的时候了，希望她多替他考虑，也多为她自己着想：万一他被捕了，她一个人怎么办。这些辩解和劝说其实是火上浇油，使温妮心中的悲痛和愤怒变得更强烈，对他的仇恨变得更深。见她一

---

1. H. M. Daleski, *Joseph Conrad: The Way of Dispossession*, Faber and Faber Ltd., 3 Queen Square London WCI, 1977, p.150.

1. H. M. Daleski, *Joseph Conrad: The Way of Dispossession*, Faber and Faber Ltd., 3 Queen Square London WCI, 1977, p.150.

直沉默不语，他甚至向她发出求爱的低语；当她向他走来时，他甚至高兴起来；但当他看见她手里握着切肉的刀时，他顿时惊呆了，失去了反抗挣扎的能力，乖乖地承受她向他左胸口刺去的一刀。小说以细腻的笔触、反讽的语调揭示维尔洛克夫妇之间心理对峙的全过程。这是这篇小说的反讽手法运用得最精彩之处。再说温妮的弟弟斯迪威，尽管他对周围发生的事情全然处于无知状态，但当他对周围的事物感到不安，心中慌乱时，就不停地在纸上画圆圈；这些重复交叠的曲线反过来象征着世界的混乱，令人困惑。而整个家庭对温妮的母亲离开维尔洛克的家去济贫院的动机茫然无知。我们再考量一下维尔洛克在外面的重要关系。他的无政府主义者朋友像温妮一样对他与俄国大使馆及警察的接触毫不知情，符拉狄米尔也并不晓得他与虚特探长的关系；反过来，伦敦警察署在爆炸案发生之前对符拉狄米尔与维尔洛克暗中的关系也毫不了解。一切都处于黑暗中！

康拉德对人物之间"隔绝"状态的讽喻不仅仅停留在道德意义上，而且把它看作人与人之间难以沟通的象征；这种状况不是出现在丛林中，或海船上，而是出现在先进的大都市——伦敦！这是对人类现代文明的尖锐讽刺！

更有甚者，斯迪威被表现为最仁慈、最有人性的人，让他与小说中其他心智健全但道德堕落的人物形成鲜明的对比。

小说还对伦敦警察局官员的昏庸无能、自私自利做了辛辣的讽刺。维尔洛克和虚特探长的秘密关系保持了很长时间，虚特探长把维尔洛克当作他的线人，通过他掌握无政府主义者的活动情况，他们二人串通一气；因为有维尔洛克为他提供情报，虚特探长办案得力，才得到上司赏识，因此几年来他仕途顺利。不料，这次格林尼治公园的爆炸案，罪犯竟是维尔洛克，这对虚特探长来说无疑是当头一棒。起初他向副总监汇报案情调查情况时，认为最可疑的作案者是假释犯米凯利斯，因为他就住在案发现场附近。这只是他的猜测，并无确凿证据。这倒使副总监很担忧，因为米凯利斯的女恩主是他夫人的最有权势、最高贵的朋友。假若米凯利斯真是爆炸案的罪犯，那么这次他被抓进监牢就再也出不来了，这会使他的女恩主怪罪于他。所以当虚特探长和副总监讨论案情时，各怀鬼胎。待到从现场找到证据，维尔洛克被认定是作案者时，虚特探长竟劝说维尔洛克逃跑。不料维尔洛克不想逃走，他说，若是他被捕了，他就把整个事情抖出来，显然这主要牵涉俄国使馆的一秘符拉狄米尔——这个爆炸案的幕后策划者、指使者。虚特探长自然也担心牵涉他，因为他安排的线人竟是作案者，他怎么向上司交代呢？没料到温妮让他摆脱了困境，因为她把维尔洛克刺死后，他和维尔洛克的秘密关系就没人知晓了。而落实维尔洛克是案犯之后，副总监心上一块石头也落下了，他赶快去告诉米凯利斯的女恩主，受她保护的那个人没事。

（三）《间谍》蕴含的道德意义

如前所述，这部小说情节的中心落在人类生活悲剧上，而维尔洛克的家庭生活就是人类生活的一个缩影。斯迪威这个似乎无足轻重的智障孩子事实上是这个小家庭的中心。如何对待斯迪威竟成为家庭成员道德面貌的分水岭。温妮的母亲为了使孩子的生活有保障，她不愿意让自己成为家庭的拖累，暗下决心到济贫院去度过孤寂的余生。而温妮为了让弟弟的生活有保障，牺牲了自己的爱情。她们的行为都体现了无私的精神。而维尔洛克既把斯迪威看作家庭的累赘，又把他当作工具来使用，对他毫无怜惜、疼爱的感情。

　　温妮为了预防斯迪威走失，在他的衣领上缝了三角形的标签，上面写上他们家的地址，不料后来它竟成为格林尼治公园爆炸案侦查的一个重要证据和线索，而且它成为"维尔洛克背叛人性的象征和温妮对人类忠诚和热爱的象征。维尔洛克为了一个观念牺牲这个白痴，为了一个理论牺牲人类。为了抽象事物牺牲具体事物，抽象的东西除了换来康拉德的轻蔑之外，什么也没获得。……背叛和忠诚便是这部小说的整个道德意义"[1]。

（四）《间谍》的叙事特点：时序的错乱与圆形结构

　　《间谍》的情节并不复杂，康拉德力避平铺直叙，通过时序的错乱，使情节安排显得极其紧凑，并且跌宕起伏，扣人心弦。

　　从第一章到第三章是小说的"序幕"：第一章介绍维尔洛克家庭成员的情况。第二章写维尔洛克到俄国使馆与符拉狄米尔接触，接受制造爆炸事件的秘密任务。第三章写几个无政府主义分子在维尔洛克家的聚会。第四章写无政府主义分子奥西朋与小个子"教授"相会。"教授"掏出一份报纸，告诉奥西朋，今天上午有一个人在格林尼治公园被炸死了。奥西朋问他，最近他是否把炸药卖给了别人，小个子慢腾腾地点头，奥西朋指责就是他制造的雷管把公园里那个人炸得粉身碎骨的。奥西朋问小个子到底把炸药卖给了谁，小个子答道卖给维尔洛克。奥西朋大吃一惊，心想被炸死的可能就是维尔洛克，他已有

---

1. R. W. Stallman, *The Art of Joseph Conrad: A Critical Symposium*, Edited with an Introduction, Michigan State University Press, 1960, p.250.

一个多月没看见这个人了，很想到他的店里去了解情况，但担心有警察埋伏，弄不好会掉进陷阱，就打消了这个念头。第五章至第七章叙述伦敦警察署对爆炸案的侦查，由于涉及私人利益，副总监与虚特探长各自心怀鬼胎，对案件的侦查、处理产生意见分歧：虚特探长要保护维尔洛克，因为维尔洛克是向他提供情况的"线人"，他一口咬定住在案发现场附近的假释犯米凯利斯最可疑，而副总监则认为维尔洛克才是可疑人物。虚特探长自己从现场搜集到那块三角形布片上留下"布列特街 30 号"的字迹，标明了那是维尔洛克的住房，但是虚特探长认为情况复杂，这点物证不足为凭，根据他手下的警察的侦查情况来看，米凯利斯才是嫌犯。虚特探长固执己见，使副总监大为恼火。他向大人物埃塞里·德爵士汇报办案情况时，甚至建议撤掉虚特探长。

第八章是个拐点，倒叙案发以前情况：温妮与斯迪威乘马车送他们的母亲前往济贫院。第九章叙述爆炸案的前奏。维尔洛克赴欧洲大陆办事，回到家里，斯迪威对他毕恭毕敬，温妮评论说，这孩子愿意为维尔洛克赴汤蹈火。维尔洛克近来常携斯迪威外出散步，二人关系日益亲密。维尔洛克把斯迪威带到乡下米凯利斯家小住——这一切都是为实施爆炸做准备。爆炸案发生当天，维尔洛克一早就出门，到黄昏才回来，一身湿漉漉的，显得失魂落魄的样子。他对温妮说，他已把存款从银行取出。副总监和虚特探长先后来访，虚特探长与维尔洛克在室内的秘密谈话被温妮窃听到，爆炸案情和斯迪威的死已为温妮所知，于是这个家庭悲剧被推向高潮。第十章写副总监与维尔洛克密谈 40 分钟后，向大人物汇报案情进展情况。他在贵夫人家与俄国使馆的符拉狄米尔见面。人们谈起当天发生的爆炸案，符拉狄米尔假装不知情。副总监对他旁敲侧击，后来在路上副总监又和他就爆炸案含蓄地交锋了一阵。第十一章和第十二章写虚特探长离开后，维尔洛克夫妇的心理对峙和言语交锋，最终谋杀案发生，温妮刺死维尔洛克后仓皇出逃，路遇奥西朋，恳求他相救。奥西朋明白了事情原委后，知道甩不掉温妮，接受了她交给他的钱包，带她乘车逃往巴黎。上火车后，奥西朋把温妮支使开，独自跳下火车，逃回伦敦。第十三章叙述奥西朋和小个子"教授"在酒吧会面，奥西朋随身携带一份10天前的报纸，简要报道了温妮跳海自杀的消息。

从以上简要介绍看出，这出家庭悲剧的曲折进程从第四章小个子"教授"向奥西朋传达爆炸案的报道开始，到第十三章奥西朋向小个子"教授"报告温妮跳海自尽消息为止，整个叙事形成了圆形结构。小说对爆炸案的发生及与此相关的一个家庭悲剧的产生、发展做了快捷、清晰的叙述，情节的发展环环相扣，极其紧密，事件的叙述繁简得体。爆炸案和温妮的自杀叙述较简单，并且是间接叙述。爆炸案情是多渠道凑合的。除了报纸的简要报道外，就是虚特探长在现场的调查发现，以及维尔洛克向虚特探长供述的情景。关于温妮的自杀只有标题性的报道。唯独对"谋杀"做了详尽的直接叙述，因为这是悲剧的骨节点。尽管这部小说也采用了时序错乱的叙述方法，但不像《诺斯托罗莫》那样复杂、隐秘，因而较易为读者把握。

（五）《间谍》的艺术传承与影响

在《间谍》中我们明显看到康拉德对狄更斯小说艺术的继承、发扬。

在《个人纪事》中，康拉德不仅提到《尼古拉斯·尼克尔贝》译本几乎成为他的第一个英国想象性文学的引导，而且挑出《荒凉山庄》来，赞扬它是一部大师名作。从儿童时代起，他就对这部小说怀着无比钦佩的感情和强烈的热爱，以致它的弱点对他说来也远比其他作家的作品更可贵。他表示，在波兰和在英国，他读了它无数次。在"作者注释"中，康拉德谈到《间谍》的世界富于想象力地呈现在他面前的方式……这非常接近《荒凉山庄》的世界，但康拉德并不像狄更斯那样对事件做社会学的理解，不过关于城市在物质和道德方面的表现是相似的。

批评家弗勒德里克·卡尔在《康拉德受益于狄更斯》一文（1957）中指出，康拉德所描写的伦敦与狄更斯小说中的伦敦相差不远。康拉德的小说描写了一个肮脏、阴郁的城郊，维尔洛克的房子是肮脏的，他家附近有许多狭窄的小巷和气味难闻的院子，让我们觉得这情景与《荒凉山庄》的"汤姆独院"那个肮脏的贫民窟相差不远。康拉德小说中描写的街道是肮脏的、泥泞的，道德的混乱借此得到象征，就像《荒凉山庄》的开头以冷湿、不健康的雾所做的象征一样。我们还可以看到，在人物塑造、插曲和风格上所显示的狄更斯特色，例如符拉狄米尔这个人物更近似漫画，把温妮的母亲抛向孤独的死亡的马车使人想起狄更斯小说的某些场景。关于虚特探长的戏剧化表现也主要得益于《荒凉山庄》中布克特（Bucket）形象的启发。

《间谍》中最感人的人物是斯迪威。他怀有活泼的、最感人的同情心。从这个人物看出俄国文学对康拉德的影响。显然，若不是受到陀思妥耶夫斯基的名著《白痴》中主人公梅希金公爵形象的启发，斯迪威这个形象的塑造是难以想象的。

在彰显大都市下层阶级生活的悲惨和粗暴方面，《间谍》主要得益于狄更斯的影响。而这部小说把这个成分与一个谍报活动和政治阴谋的故事结合起来，对后来的格雷厄姆·格林（Graham Green）的政治小说产生重要影响。

从这部小说看出，康拉德对英国小说的发展起到了承前启后的重要作用。

四、《在西方目光下》（*Under Western Eyes*，1911）

临近 1907 年末，康拉德开始着手创作以"拉祖莫夫"为标题的长篇小说，创作时间一直延续到 1908 年和 1909 年，直到 1909 年末才完成。

手稿完成时，康拉德已身心交瘁，在 1911 年上半年有好几个月他病倒了。他妻子说，在他昏迷期间，手稿放在他床边，"他像是生活在小说的场景中，和人物进行交谈"。当他身体恢复时，便着手修改手稿，对 1367 页的手稿做了大量删节。小说分别在《英国评论》和《北美评论》杂志上连载（从 1910 年 12 月至 1911 年 10 月）。1911 年 10 月，小说的单行本出版；从连载到单行本出版，作者又对稿子做了进一步的删节。

这部小说出版后，获得一些评论家的高度赞扬。1911 年 10 月 11 日《蓓尔美尔报》发表评论，称赞它的"惊人的真实"和"富于变化的、巧妙的人物塑造"。理查德·库勒（Richard Curle，后来成为康拉德的挚友和康拉德早期创作重要的评论家之一）声称，"康拉德先生的新作是最为重要的文学事件"。它"虽然不是康拉德先生有代表性的成就，但是一部值得注意的作品"。[1]

评论界对康拉德新作的好评固然使他感到欣慰，但这部新作并未获得普通读者的欢迎和商业上的成功，使他摆脱经济上的困境。

早期的评论家强调这部作品的政治和国际方面的主题，例如 1911 年 10 月 14 日《威斯敏斯特评论报》曾发表评论称："从使俄国人为西方人理解方面，小说取得了光辉的成就。"爱德华·贾纳特在 1911 年 10 月 21 日《国民报》(*The Nation*) 撰文说，"康拉德受益于屠格涅夫和陀思妥耶夫斯基"。这部小说使得贾纳特和康拉德的关系变得极度紧张。作为一名斯拉夫派，贾纳特对小说中关于俄国专制制度深怀敌意的描写向康拉德写了一封个人的抗议信。尽管这封信没保留下来，但我们从康拉德写于 1911 年 10 月 20 日的复信中可以猜到它的大意。康拉德在信中说，他被指责颇为低劣地在小说中灌注了个人的仇恨意识，他反驳道："可能你没看到，在这部小说中，我关注的只是观念……"

眼下，对这部小说的评价总的来说是高的，尽管有的批评家持不同看法。贝恩斯（Baines）认为，这部小说的中心人物比康拉德其他任何一部作品的人物的发展更巧妙、更可信，拉祖莫夫是康拉德创造的最值得注意的人物。而娜塔莉娅·霍尔丁是康拉德所描写的最有力的妇女形象。不过，贝恩斯关于霍尔丁小姐形象的评价并没取得评论界广泛的赞同。批评家们认为，康拉德作品中的女性人物总的来说是弱的。在 F. R. 利维斯看来，《在西方目光下》虽然比《间谍》逊色，

---

1. Norman Page, *A Conrad Companion*, The Macmillan Press Ltd., 1986, p.106.

但它还是"最杰出的作品","因而一定要算在可以稳定确立康拉德作为英国大师之一的那些作品中"。[1]

这部小说有两个并置的、彼此密切相关的主题。

第一个主题是政治主题。作为一部政治小说,《在西方目光下》比康拉德的其他几部政治小说具有更强的政治色彩。首先,作者在小说中凸显了俄国社会政治体制的反动性,具有较强的批判力度。

小说围绕革命党人霍尔丁刺杀前镇压委员会主席、国务大臣 P 先生的事件,通过对几个俄国独裁高官形象的刻画,深刻揭露了俄国专制政府扼杀思想言论自由,对俄国人民实行残酷的、血腥统治的状况;而在俄国专制统治无处不在的阴影笼罩下,愤世嫉俗成为俄国社会精神的一种特性。

作者通过对俄国政坛几位高官简洁而入木三分的刻画,凸显了俄国专制政治的恐怖。

被霍尔丁刺杀的 P 先生是前任"臭名昭著的镇压委员会主席",是手握大权的国务大臣。小说描写他"一张脸像烤焦的羊皮纸,戴着一副眼镜,目光呆滞,皮包骨的颈前挂着圣普罗科匹厄斯会的十字架。曾经有一度,人们不会忘记,他的肖像几乎每月都会出现在欧洲某家图片报上。他为国效力的方式就是囚禁、流放、绞杀。他做这些事时,不论男女老少,一视同仁,不遗余力,不知疲倦。他对专制原则迷信膜拜,一心一意要把公共机构中与自由沾边的任何东西斩尽杀绝;对正在成长起来的年青一代进行无情镇压,不由使人觉得他志在

1.F. R. 利维斯:《伟大的传统》,袁伟译,生活·读书·新知三联书店 2002 年版,第 367 页。

毁灭自由本身的希望"。他宣称："自由的念头从未存在于造物主的敕令中。人民的意见无非就是造反和动乱；而上帝制造出的世界讲究稳定服从，造反和动乱都是罪过。上帝的神圣旨意表达的不是理性，而是权威。上帝就是宇宙的独裁者……"[1]

后来抓获霍尔丁，为 P 先生复仇的 T 将军，在小说中被表现为"手段残忍""面目狰狞"。他将抓获、审讯、拷打霍尔丁视为一桩赏心悦事，他说："我们想要鸟儿活着，如果在处置他之前不能让他唱唱歌那就太糟了。"

最能体现沙皇政府残暴的要数尼基塔，绰号"内卡塔"（拉丁文，意为"杀手"）的家伙。他表面上为革命派效力，其实他和拉祖莫夫一样，是双重间谍。与拉祖莫夫不同的是，他喜欢自己从事的这份工作，在政府和革命派两个敌对阵营里大肆杀戮。在小说中，另一位谜一般的沙俄政府官僚格列高里·米库林参谋，可以说是拉祖莫夫和尼基塔这两位双重间谍的顶头上司。他的表现具有欺骗性，他以温和的态度，貌似开明的倾向来迷惑对方，笼络对方，让对方落入他的政治圈套。

他对待拉祖莫夫的态度就表明了这点。米库林对拉祖莫夫貌似同情友善，说话有理有据，冷静客观，态度和蔼可亲，像个慈父。当举目无亲的拉祖莫夫六神无主时，米库林像他的父亲一样出现在他面前。但是，他的仁慈不过是一种伪装。他根本不关心拉祖莫夫的死活，他的所作所为不过是为了让拉祖莫夫成为他手中一个得心应手的

---

1. 康拉德：《在西方目光下》，赵挺译，上海译文出版社 2014 年版，第5—6页。

政治工具。我们在米库林身上看到拉祖莫夫的影子，假如维克多·霍尔丁没有闯入拉祖莫夫的生活，拉祖莫夫毕业后若在政府机构中任职的话，很有可能成为米库林那样的角色。

小说自始至终把批判锋芒指向沙皇俄国。一开始，康拉德就指出，霍尔丁刺杀 P 先生是再自然不过的事，因为"人性中最崇高的抱负、对自由的渴望、赤诚的爱国心、对正义的热爱、悲悯的情怀，甚至淳朴思维表现出来的忠实顺从统统被仇恨和恐惧所蹂躏，而仇恨和恐惧恰恰与令人不安的专制压迫形影不离"[1]。在这种情势下，霍尔丁被表现为一位满怀理想、朝气蓬勃的年轻革命者，他从理想主义者到政治刺客，再到带有宗教殉道色彩的政治烈士的转变，揭示出沙俄统治的暴戾恣睢。

在小说临近结尾处，老语言教师以西方人的目光评判霍尔丁一家和俄国人的苦难。他说："我现在不想奢谈自由，因为哪怕一点较为开明自由的观点，对于我们不过是讲几句话，表表雄心，或为选举投票……"但对于俄国人来说，"却是对毅力的严峻考验，关系到泪水、悲痛和鲜血。霍尔丁夫人已经感受过她这代人所受的创伤。她有个兄弟是个狂热分子——就是被沙皇尼古拉斯枪毙的那个军官。……这次轮到自己的孩子，霍尔丁夫人再受重创，旧伤未愈，又添新痛，余生注定要受痛苦的煎熬"。而她的女儿娜塔莉娅·霍尔丁，"她的青春在非欧洲式专制主义的笼罩下，被粗暴地剥夺了本应享有的轻松和欢乐；她的青春在同样残忍的两派激烈的争斗中危机四伏，阴

---

1. 康拉德：《在西方目光下》，赵挺译，上海译文出版社 2014 年版，第 5 页。

沉晦暗"。[1]

《在西方目光下》在批判俄国的沙皇政府的同时，也对聚集在日内瓦的革命派加以讽刺挖苦。号称女权主义卫士的革命派领袖彼得·伊凡诺维奇肆无忌惮地虐待他的秘书兼女佣特克拉，使她的处境与奴隶无异。实际上，伊凡诺维奇从事革命不是出于公正无私的信念，而是为了一己私利，由于他得到一个女人的解救挣脱了枷锁，他便将自己的感激之情上升为一种政治信条。他的野心在于扩大自己的影响力，主宰支配他人。他和俄国政府内的高官本质上并无二致，这点从他和米库林在列车车厢里密会，两人共同分享关于双重间谍的情报这个细节可以清楚地看出来。更有甚者，小说对相对开明的西方制度也加以嘲讽。在小说第三部分结尾处，拉祖莫夫独自来到罗讷河上的一个孤寂的小岛写日记。他意外发现岛上有个让－雅克·卢梭——现代西方民主思想的主要奠基者的塑像。叙述者以谴责的口吻说："这个以让－雅克·卢梭命名的弹丸之地人迹罕至，显得幼稚、可憎和空洞，有种荒凉感，而且还让人感到矫揉造作，寒酸之至。"[2]叙述者对日内瓦的蔑视嘲弄态度反映出对卢梭的鄙夷和不屑。小说还通过娜塔莉娅·霍尔丁的口，揭露西方国家"和命运做交易"，暗指他们拿真正的自由平等来换取政治稳定和经济繁荣。她指责"西方"物欲横流，资本主义在催生繁荣的同时，却让人们的心灵空虚失落。娜塔莉娅对"西方"弊端的揭示，在一定程度上代表了康拉德本人的观点。但对娜塔莉娅一概抹杀"西方"的态度，康拉德却有所保留，这

---

1. 康拉德：《在西方目光下》，赵挺译，上海译文出版社 2014 年版，第 354—355 页。

2. 康拉德：《在西方目光下》，赵挺译，上海译文出版社 2014 年版，第 324 页。

可以从老语言教师和娜塔莉娅的谈话看出来。老语言教师不相信世上会有一种政治制度可以挽救一个民族的命运，他不否认西方民主制度的种种弊端，这可以从他对卢梭的鄙夷以及娜塔莉娅批评西方物质主义时他的默认看出来。但他懂得，一切制度在创建时都伴随着牺牲，他尊重这种牺牲。当娜塔莉娅谴责西方唯利是图、拿命运做交易时，他回答道："我们的交易也许并不崇高，只是在这交易中我们付出的代价过高，由此换来的条款也显得神圣。"老语言教师这句话也许表达了康拉德本人的心声。

这部小说的另一个主题是人生悲剧主题，它和前面所说的政治主题密切相关，它是小说的中心，或者说构成这部小说的主体。值得注意的是，康拉德在展现这个主题时，也就是表现主人公拉祖莫夫的犯罪—赎罪进程时，对拉祖莫夫的思想、心理演变过程做了翔实的、令人信服的分析、描写，使拉祖莫夫的形象显得丰满、具有动态感，让人觉得这个人物生动、真实，因而从艺术上看，这个人物在康拉德的创作中占有显著的位置。康拉德对拉祖莫夫心理演变的描写也显示了他在心理探索艺术方面的功力，因而这部小说在康拉德的创作中也应该占有突出的位置。

拉祖莫夫的犯罪—赎罪进程经历了如下几个阶段。

（一）面对两难处境的选择

拉祖莫夫是大祭司女儿的私生子，他母亲已去世，生父是 K 亲王，但 K 亲王从未确认他们之间的父子关系，彼此心照不宣，所以，拉祖莫夫形同孤儿。K 亲王通过一位律师向他提供一定数量的生活费；虽然他的生活不算宽裕，但还算过得去。拉祖莫夫是彼得堡大学三年级学生。他个子高挑，面貌端庄，称得上帅。他天资聪颖，刻苦用功，在老师眼里，他是个前途无量的优秀学生。他自己也有很大抱负，他正在努力撰写一篇论文，希望论文写成后，能获得教育部的银质奖章。这是他日后成为著名教授的第一步。他对此满怀信心。特别是通过那位神秘的律师的安排，和 K 亲王见面之后，他对自己的前程信心更足了。不过，那位律师告诫他，不要对这次会面存过多幻想，更不宜向外宣扬，否则对他没有好处。尽管如此，K 亲王对他亲切慈祥的态度，特别是和他握手时，亲王那厚实柔软的手掌对他的手掌轻轻地一压，似乎向他传达了令人鼓舞的暗示。

那天会见 K 亲王之后，他怀着高涨的情绪回到他租住的公寓房里。但打开房间门时，他猛然发现他的同学维克多·霍尔丁坐在他房间里，他几乎吓了一跳。对方解释说，他曾记下拉祖莫夫的住址，早上他上楼来时，碰巧女房东打开房门，他便趁她不注意时悄悄溜进了房间，他在这里已待了两个多小时了。接着，他坦率地宣称：“今天早上是我把 P 先生除掉的。”当拉祖莫夫得知他就是刺杀 P 先生的凶手时，如五雷轰顶，心想，这一来，霍尔丁把他和这宗凶杀案牵扯上了，他不由得低低地发出一声惊恐的叫声，同时脑海里迸出一句不无调侃的话：“我的银质奖章没了。”[1]

拉祖莫夫和霍尔丁不是同一圈子里的人。霍尔丁经常旷课，校方对他印象不佳，但他在同学中很有威信，平日他们很少往来，只是在同学聚会时，他们偶尔见面，在听了霍尔丁对自己刺杀 P 先生之后如

---

1. 康拉德：《在西方目光下》，赵挺译，上海译文出版社 2014 年版，第 14 页。

何躲藏的陈述之后，拉祖莫夫问为何选择他。

　　"信任。"霍尔丁说。这个词封住了拉祖莫夫的嘴唇，像是有一只手盖在了他的嘴上。但他的脑海中却翻江倒海，涌动着各种念头。

　　"于是——你就来到这里"，拉祖莫夫从牙缝里挤出这几个字。

　　对方并未察觉他话里的愤恨口气。

　　"……我主要考虑到无人依傍你——你无牵无挂，万一出了什么事不会有人为此痛苦……"霍尔丁严肃地补充了一番。[1]

拉祖莫夫听了他这番话，"义愤难平"，心想："难道我'无亲无故'也算作一条你找上门来的理由吗？"

霍尔丁向他表明，他已将生死置之度外，但如果能成功，他也想逃生；但逃生不是为了挽救自己的生命，而是为了保存力量。他要求拉祖莫夫帮他逃遁，办法是，去找一个叫兹米安尼奇的人，只要对他说："你的熟人要你准备一辆配上好马的雪橇，在半夜十二点半时到往卡拉贝尼亚上游的第七个灯柱处，停在路的左侧。如果到时没人出现，就驾着雪橇沿着周围的街区转个圈，大约十分钟后再回原处。"[2]

　　"拉祖莫夫纳闷自己刚才为何不早早打断谈话下逐客令。是性格软弱还是有其他原因？"

---

1. 康拉德：《在西方目光下》，赵挺译，上海译文出版社 2014 年版，第 17—18 页。
2. 康拉德：《在西方目光下》，赵挺译，上海译文出版社 2014 年版，第 19 页。

"他将此归结为一种良好的直觉。霍尔丁肯定已经暴露了。……现在每时每刻危险都在滋长。现在把他轰出去，他肯定落个束手就擒。"[1]

此时拉祖莫夫想象自己因和这宗案件相牵连而遭受到的苦难的可悲状况，一幅人生的惨剧展现在他眼前："他不寒而栗。接着一股苦涩的镇定朝他袭来，心情反而平静下来。现在当务之急是想方设法阻止此人上街，一直等到他能瞅准机会逃跑时再摆脱他。这是目前最好的办法。当然，拉祖莫夫明白，自己孤寂的生活从此以后将永远不得安宁。只要此人还活着，只要现在的体制继续存在，他今晚的所作所为就可能随时为自己招来祸患。……他恨这个人。"[2] 在无可奈何的情况下，他答应会按照他的要求去办，但必须告诉他确切方位。

至此，事情似乎可能朝向良好的方向发展——如果拉祖莫夫能像霍尔丁所希望的那样通知兹米安尼奇按照霍尔丁的嘱咐，在预定的时间到达预定的地点，把霍尔丁安全送走的话。可是，"造化"弄人。这个"造化"就是在康拉德创作中经常出现的出乎人们意料的、干扰事情按常规或人们预定目标发展的"偶然性"。比如，在《诺斯托罗莫》中，诺斯托罗莫运载银锭的驳船与彼得罗叛军运载武装人员的轮船偶然相撞，于是他无法按照预定方案把银锭运送出去，不得不把它隐藏在伊莎贝尔群岛的山谷里。这才使诺斯托罗莫滋生将银锭占为己有的欲望。这个出乎意料的偶然性便改变了诺斯托罗莫的命运。同样，《在西方目光下》中的拉祖莫夫原本答应帮助霍尔丁逃遁。但是，

---

1. 康拉德：《在西方目光下》，赵挺译，上海译文出版社 2014 年版，第 19 页。
2. 康拉德：《在西方目光下》，赵挺译，上海译文出版社 2014 年版，第 20 页。

当他千辛万苦找到兹米安尼奇时，发现他已酩酊大醉，不省人事，哪怕拉祖莫夫朝他身上猛揍一通，打断了一根叉子把也不能唤醒他。即使如此，如果拉祖莫夫果真同情霍尔丁的处境，诚心诚意想帮助他的话，他回到住处，尽可以如实告诉对方兹米安尼奇的情况，让霍尔丁改变逃遁方案。但是，拉祖莫夫本来就不是和霍尔丁一路的人，不仅不理解、不支持他所从事的事业，反而对他的所作所为心怀反感，他答应帮助霍尔丁逃遁不过出于对自己安全的考虑，也许一时也受到自由主义思想驱动，同时还可能顾念同学之间的情分。但是，眼前碰到的情况使他本来怀有的愤恨更加强烈，这促使他往出卖对方考虑。他为自己改变意向找到种种理由。他心想自己是个孤儿，俄罗斯就是他的父母，K亲王是政府的高官，是他暗中的靠山，他未来的命运完全系在和"俄罗斯父母"的关系上。主张暴力革命的那些人，不过想借人民的名义实现个人的野心，即使诚心诚意想依靠人民改变俄国的命运，也不过是痴心妄想，人民就像兹米安尼奇一样，是麻木不仁的。他相信，改变俄国的命运，"需要一个民族在意志上强力统一，而不是在思想上互相倾轧：它不需要众声鼓噪，只要一个人——大一统的强人"！拉祖莫夫在回家的路上"内心做着自我斗争，感受到这种专制对他的眷顾"。他想，"霍尔丁意味着破坏……蒙昧黑暗要好于熊熊燃烧的火炬之光"。"专制的眷顾已经进入拉祖莫夫的思想。""拉祖莫夫信任专制者。历史的逻辑使得专制者无法避免。这个国家的人民也需要专制者。他在心里热切地自问：'难道还有别的东西能让民众朝同一方向一起行动吗？没有。只有专制意志才可以。'""他已经说服自己牺牲个人希冀的自由主义——拒绝这一颇有吸引力的谬误以迎合俄罗斯的严酷现实。"[1]

除了厘清自己的思想理念之外，拉祖莫夫还在心里寻找道义上的依据。

他问自己："我希望霍尔丁死吗？不！如果可以的话我会救他——但现在没人救得了他——他现在是枯萎的部分，必须要砍掉。如果我不得不因他而死，至少不能让我站在他这边死去，不能忤逆我自己的意志。……"拉祖莫夫在幻觉中似乎看见霍尔丁躺在雪地里，挡着他前进的路。他咬着牙吐出一句："我要把他供出去。"[2]

拉祖莫夫想到"背叛"这个字眼。

> 背叛！一个不平凡的字眼。什么是背叛？人们总说某人背叛祖国，背叛朋友，背叛爱人。这其中首先要有一条道德纽带。归根结底人背叛的还是自己的良心。在这件事上我的良心如何？我和那个疯狂的白痴没有共同信仰，没有共同信念，凭什么任由自己被他拖下水？恰恰相反——出于真正的勇气应尽的责任就是不与他同流合污。[3]

拉祖莫夫也想到世俗偏见可能会责备他。

> 世俗的偏见如何责备我？是我激起他的信任的吗？不！是我

---

1. 康拉德：《在西方目光下》，赵挺译，上海译文出版社 2014 年版，第 34—37 页。
2. 康拉德：《在西方目光下》，赵挺译，上海译文出版社 2014 年版，第 37—38 页。
3. 康拉德：《在西方目光下》，赵挺译，上海译文出版社 2014 年版，第 39 页。

通过一个词语，一个眼神，一个动作令他以为我不会辜负他的信任吗？没有！我是同意出来找兹米安尼奇。好吧，我也确实见到他了。我还在他背上打折了一根棍子——这个畜生。

……

"不过，"他转念又想，"对于刚才那件事最好还是先守口如瓶吧。"[1]

拉祖莫夫渴盼着道义上的支持。他感到自己在道义上孤立无援，长此以往，没有谁不会发疯。"他用了整整一分钟时间臆想着自己如何冲回住处，在那黑色身形躺着的床边席地跪下；用最热切的话语原原本本地把触动自己内心最隐秘处的想法坦白地说出来；最后两人流着眼泪拥抱在一起，结成了举世无双的莫逆之交。这样才是崇高的！"[2]

"拉祖莫夫的内心颤抖着，哭泣着。"他用臆想的情景抚慰自己颤抖的心灵。但是具有反讽意味的是，"一个蓄着灰色络腮胡子的行人在他的目光中转瞬即逝，一下子唤起 K 亲王的完整形象"，"拉祖莫夫对自己感到惊讶。先前怎么就没想到他呢！"他下意识地感到，只有从他那里，才能得到道义上最有力的支持。于是，他跳上一辆雪橇，朝着车夫喊——"去 K 亲王府。上来——你！飞驰过去！"[3] 到了 K 亲王府，拉祖莫夫向 K 亲王禀报了情况。K 亲王表扬他"做得很好"，

---

1. 康拉德：《在西方目光下》，赵挺译，上海译文出版社 2014 年版，第 39 页。

2. 康拉德：《在西方目光下》，赵挺译，上海译文出版社 2014 年版，第 41 页。

3. 康拉德：《在西方目光下》，赵挺译，上海译文出版社 2014 年版，第 41—42 页。

立即和他乘车前往警察头子 T 将军府邸，供出霍尔丁的犯罪事实。由于拉祖莫夫的告密，霍尔丁当日午夜在街头被捕；经严刑拷打审问，他始终守口如瓶，于次日午后被处死。拉祖莫夫终于在政治理念与个人友谊矛盾中走出来，他为了顺从政治理念，也为了保全自身出卖了朋友，结果落得告密者的恶名，他原以为这样做可以保全自己，殊不知却酿成了他的人生悲剧。

（二）沦为沙皇政府的密探，充当双重间谍

拉祖莫夫供出霍尔丁的后果，是他万万没有料到的。他原先以为供出霍尔丁之后，他就和这家伙脱离了干系，警方会为他对政府的忠诚表示感谢，并对他报以信任。加之，有 K 亲王做他的后盾（这无异于一种政治担保），从此他可以保持宁静的生活，继续从事他的学习、研究。殊不知，从警方角度来看，霍尔丁来投奔他，求他保护，他和这个要犯的关系就十分值得怀疑。何况，拉祖莫夫向警方提供了太多关于霍尔丁的细节，警方不得不怀疑，假若他们不是同党，或者没有密切的关系，霍尔丁何以会向他讲述这么大的案情？难怪老奸巨猾的 T 将军听了拉祖莫夫的供述之后，以委婉的口吻提出种种质疑。这时拉祖莫夫开始意识到事情并不像他预料的那么简单。果然，没过多久，趁他不在家时，警方以突袭方式搜查了他的房间。接着，警察总署的米库林顾问又传讯他。这使得拉祖莫夫醒悟了：他的宁静日子已一去不复返，美好前程也断送了。幸好，警方大概考虑到他和 K 亲王的关系，没把他牵扯进霍尔丁的案情里，甚至连他的名字也给予保密。尽管如此，拉祖莫夫从此变得焦虑不安。当米库林传讯他时，他表示，他不想卷进政治旋涡里去，他要退隐，过清静的日子。米库林

以嘲讽的口气问他："去哪里？"他向拉祖莫夫表示，许多像他这样的人，最终还是回到他们那里去。果然，过了些时日，米库林在一个隐秘的地方召见他，派他到日内瓦去，监视聚集在那里的革命党人。这样，他就成了沙皇政府的一名密探，同时他以霍尔丁同伙的身份，出现在革命党人中间，充当双重间谍。

（三）霍尔丁事件像幽灵般缠住他，使他提心吊胆，焦虑不安

拉祖莫夫是在霍尔丁牺牲后不久到达日内瓦的。作为霍尔丁的同学、朋友，他的到来自然引起霍尔丁的亲人和聚集在日内瓦的俄国革命分子的好奇和关注。他们都向他打听霍尔丁牺牲前后的情况，特别是霍尔丁的母亲和妹妹娜塔莉娅·霍尔丁，更是心急如焚，渴盼拉祖莫夫能向他们提供他们亲人牺牲的详细情况。这对拉祖莫夫来说，无疑是天大的难题，他既不能如实以告，也不能胡编乱造；否则他们获悉真相后，他就自曝原形了。所以每当他们向他询问时，他总是闪烁其词，支支吾吾。面对这种情况，他们作出善良的解释，把他这种模棱两可的态度归之于他的内敛个性；或因好友刚牺牲，心境不佳，不想碰触这伤心话题，娜塔莉娅·霍尔丁甚至认为，他身负重任，正在从事一项重大的计划。

从拉祖莫夫这方面来说，他平日沉默寡言，和人交谈时言语生硬，经常意气用事，甚至带点靡菲斯特式的冷嘲热讽。这不只是脾气问题，说开了，和他孤独的人生处境形成的阴郁心理有关，可以说这是在俄国的政治思想氛围下形成的愤世嫉俗特性的一种表现。当别人的言谈触及他心灵的痛处时，他的奇特的个性便显得更加突出。

不管怎样，流亡日内瓦的日子，拉祖莫夫无法避开有关霍尔丁牺牲的话题。他的心理防线终究会被突破。

当他第一次和娜塔莉娅·霍尔丁见面时，她的形象便对他的心灵产生了巨大的冲击：

> 她就是那位最诚挚的姑娘！霍尔丁说的每个字都印在拉祖莫夫的记忆中。它们像挥之不去的幽灵，在拉祖莫夫脑海中无法抹去。在他说的那些话中，给拉祖莫夫印象最深的就是关于他妹妹。从那时起他就记住了这位姑娘。但刚才他并没有马上想起眼前这位姑娘就是霍尔丁的妹妹。在和彼得·伊凡诺维奇一起走来时，他确实注意了她；两人的目光甚至还接触了一下。他感受到她身上那优雅的魅力，那种坚强，那种风度，那种平静和坦然。这些特点换成谁又能熟视无睹呢？……这个细节记录在他那份袒露心声的文稿中。他写道，这次相识在情感上带着仇恨和惊恐，几乎令他在肉体上感到窒息，霍尔丁小姐的出现仿佛象征着一场完美的复仇。[1]

叙述者在小说后面还谈到，自从那天在勃莱尔堡的院落里见到维克多·霍尔丁的妹妹，拉祖莫夫就再也没睡过好觉。他在交给霍尔丁小姐的文稿里记录了他当时睡不着觉的茫然无措和说不上来的惊恐。

如果说和霍尔丁小姐相遇在拉祖莫夫心头引起不安和惊恐是意料中的话，那么，随后的一件事像是把拉祖莫夫推向一场心灵的拷问。

---

1. 康拉德：《在西方目光下》，赵挺译，上海译文出版社 2014 年版，第 183 页。

作为霍尔丁小姐的老师和亲密朋友，老语言教师与拉祖莫夫初次见面交谈时，就向他提出了一连串尖锐的问题。他告诉拉祖莫夫，最近英国报纸登载了一篇由英国记者写的关于霍尔丁午夜在街头被捕的报道，第一次披露了霍尔丁被捕的消息，引起人们的关注和震惊。他对拉祖莫夫说："被捕的前前后后有些蹊跷，无疑你知道全部真相……"拉祖莫夫一听这话，火冒三丈："你就像从地下冒出来一样在和我交谈。见鬼，你到底是谁？……到底想干什么？你知道什么蹊跷不蹊跷？你干吗要趟这浑水，去掺和俄国的事情？"[1] 拉祖莫夫一口咬定：那篇报道"或许整个就是谎言"。老语言教师驳斥他："这名记者干吗要在这起无关紧要的事件上编造出一个细节齐全的谎言呢？"[2]

接着，老语言教师郑重地对他说，拉祖莫夫作为霍尔丁的朋友，而且是霍尔丁非常器重的朋友，不可能对待他的母亲和妹妹形同路人。"我希望你能跟他们讲述真相。""她们对你的话和判断深信不疑。"

老语言教师有些不留情面地告诫他："我觉得和霍尔丁午夜被捕有关的情况都应该……"

拉祖莫夫以揶揄的口气打断他的话："不过是一位记者写的，供文明开化的欧洲人消遣而已。"

"没错……但难道写的不是事实吗？我不知道你在这件事上是什么态度。他对你来说，不是英雄还是会……"

"你在盘问我！……"拉祖莫夫以愤怒、忧伤的口气诉说自己的遭遇："……我有过很好的前程，这是毫无疑问的。可如今你看我沦

---

1. 康拉德：《在西方目光下》，赵挺译，上海译文出版社 2014 年版，第 204—205 页。

2. 康拉德：《在西方目光下》，赵挺译，上海译文出版社 2014 年版，第 207 页。

落到异国他乡，什么都没有，什么都失去了，什么都牺牲掉了。你在这里见到我——还诘问我！你亲眼见到我了……"

老语言教师反唇相讥：

"对，我是亲眼见到你了；我想你是因为霍尔丁事件才来这里的吧？"

老语言教师的话似乎揭穿了他心灵的隐秘，使他突然"神色大变"。[1]

老语言教师离开后，拉祖莫夫独自站在桥上，依着桥的栏杆，上半身伸出栏杆外，俯视下面湍急的流水，陷入了沉思："那个爱管闲事的英国老头干吗要掺和进来和我作对？还有那个疯老婆子到底在演什么戏？"他百思不得其解。他想撇开这些揪心的问题，但是不行，过了一会他又想到这个问题，他想起那个英国老头的话："说出真相难道不行吗？"这到底是什么意思？他说得倒轻巧，对那个疯老婆子来说，真相就是——"拉祖莫夫想到这里，不由得打了个寒噤。这个想法他甚至觉得很管用，说不定那个老太婆会对他感激涕零呢，但这个念头很快就消失了，他告诫自己："我一定要小心谨慎。"[2]

听了老语言教师一席话之后，拉祖莫夫越发变得焦虑不安，他开始意识到自己处境的窘迫。他提醒自己，千万要谨慎行事，力避危险，保护自己的安全。

接下来，拉祖莫夫就用两面派手法和谎言来把自己装扮成一个真正的革命分子。他的这种伪装伎俩也得益于革命分子的"轻信"和

---

1. 康拉德：《在西方目光下》，赵挺译，上海译文出版社 2014 年版，第 210—211 页。
2. 康拉德：《在西方目光下》，赵挺译，上海译文出版社 2014 年版，第 218—220 页。

"愚蠢"。比如，索菲亚·安东诺芙娜接到她的线人的报告，就是刺杀P先生那天早上有人看见拉祖莫夫去上课，索菲亚佩服他的勇气和镇静。拉祖莫夫心里觉得好笑，嘴上却说，他干完这件事后的确安然地回到住处取了笔记本到学校上课，他俨然把自己装扮成霍尔丁的同谋者。他在心里非常厌恶那个自命不凡的彼得·伊凡诺维奇，却把自己装扮成他的崇拜者，对他的非凡气度和作为赞誉有加。再如，索菲娅·安东诺芙娜在和他交谈时，坦承自己觉得累了。这时，拉祖莫夫自己也觉得浑身上下都是倦怠的感觉，却大唱高调，说什么革命党人不应该觉得累，应该振作精神为革命事业竭尽全力。凡此种种，表明拉祖莫夫为了避免革命分子对他产生怀疑，已把虚伪和谎言当作自己的护身符。

（四）处境突变后的心态

正当拉祖莫夫焦虑不安，想尽办法掩护自己时，一个情况出乎意料地发生了。索菲娅·安东诺芙娜无意间告诉他一个消息：她在彼得堡的线人来信向她报告，那个以拉雪橇为业的农民兹米安尼奇被发现在马厩里上吊自杀了。据说促使他自杀的原因有多方面，除了与情敌角斗，被对方踢下楼梯，使他深感羞辱这一因素之外，主要是他向警方告密，出卖了霍尔丁，心存畏惧。他在醉得不省人事时挨了"魔鬼"一顿鞭打。他还向人展示身上的伤痕。索菲娅·安东诺芙娜推断，兹米安尼奇是"负罪自杀"。拉祖莫夫心想："现在兹米安尼奇一死，再加上这帮家伙的愚蠢推断，他的境况相对而言更安全了。他内心开始企盼自己能彻底上岸，那样他就可以信口开河地扯谎，周旋于他们当中，没人怀疑他，说话也不背他。他想听什么都可以，自己还能装出一副莫测高深的样子，就像他们犯下的罪行和愚蠢一样。"[1]

拉祖莫夫觉得，要把那个线人报告的情况全部摸清楚，才能安心。他问索菲亚·安东诺芙娜，对那个鞭打兹米安尼奇的"魔鬼"，你和你那位去过现场的线人怎么看？"我和他的看法一致。此人就是经过伪装的警方鹰犬。除了他们，谁还能狠下心来痛揍一个毫无还手能力的人？……"拉祖莫夫听了索菲亚的解说之后，觉得"他现在放下心来；迎来了久违的踏实感。这是自从那个晚上……那一晚以来所没有过的"。通过和女革命家的交谈，他明白自己当初的处境多么危险，而现在这种危险显然已经解除了。拉祖莫夫心想："由那个神秘的兹米安尼奇替我垫背真是天赐良机。再也不用撒谎了。今后我只需倾听，小心行事，尽量不表现出鄙夷不屑就行了。"[2]

（五）爱情唤醒了良知——坦白，悔罪

照理说，有了兹米安尼奇的自尽替他垫背，拉祖莫夫从此可以心安理得高枕无忧了，只要他说话行事得当，就没有人会再怀疑他。虽然他安慰自己，从此不用再说谎了，可是内心深处似乎有个声音告诫他：这种坦然的伪装，岂不是最大的撒谎？这种无言的谴责来自哪里呢？理智告诉他，是娜塔莉娅·霍尔丁那双诚挚的眼睛、纯洁无瑕的品格和她的整个形象所产生的巨大的精神压力。拉祖莫夫终于向她坦承："我第一次见你时，仅仅过了一个钟头就知道结局会是什么样子。那天在该死的别墅花园里，你第一次出现在我面前，你的音容笑貌对

---

1. 康拉德：《在西方目光下》，赵挺译，上海译文出版社 2014 年版，第 311 页。

2. 康拉德：《在西方目光下》，赵挺译，上海译文出版社 2014 年版，第 315—318 页。

我构成了一种强烈的诱惑；与之相比，对悔恨、复仇、坦白、愤怒、仇恨、害怕的种种恐惧之情统统不算什么了。"[1]当拉祖莫夫亲自从娜塔莉亚·霍尔丁口里得知，她相信悔恨的作用，永远不会复仇，一点也不会时，就用含蓄的语言告诉她，出卖她哥哥的不是那个无辜农民兹米安尼奇，而是他——拉祖莫夫。拉祖莫夫离去后，娜塔莉娅小姐用微弱的声音喃喃自语："哀莫大于此了……我觉得自己的心正在结冰。"[2]

拉祖莫夫不仅向牺牲者的妹妹、他心仪的姑娘坦白悔罪，而且随后他冒着大雨去向聚集在无政府主义者朱利斯·拉斯帕斯家的革命分子勇敢宣布：是他出卖霍尔丁的。革命者们听了他的坦白后，大为震惊，鉴于他主动坦白悔罪，他们决定暂不处置他，让他自由离开。可是混在革命者当中的双面间谍、狰狞的杀手尼基塔却纠集了几个人趁送拉祖莫夫离开时对他施虐，以致拉祖莫夫两耳失聪。接着，他在回家的路上遭电车碾压，造成严重伤残。幸好几个好心人及时发现了他，送他去医院治疗，他才保住了性命。他身体的伤残痊愈后，住在南方一个小城郊外的两间小木屋里，由自愿为他服务的善良的女革命党人特克拉陪伴他、照料他。据说，许多革命者在路过他的住处时，都会进去探望他。

尽管拉祖莫夫遭遇惨痛的人生，不仅年少时的壮志未酬，而且到头来落得一身伤残，在一个偏僻的小镇隐居，了此余生，但在精神上他却变得比先前健康。正如著名的康拉德研究者 G. 佩忒斯所说："在

1. 康拉德：《在西方目光下》，赵挺译，上海译文出版社 2014 年版，第 393 页。
2. 康拉德：《在西方目光下》，赵挺译，上海译文出版社 2014 年版，第 396 页。

拉祖莫夫爱上娜塔莉娅之前，他在肉体上是完整的，而精神上是残废的。但是，在小说的结尾，尽管他在肉体上是残废的，精神上通过与娜塔莉娅及特克拉的交流变得完整了。"[1]

---

1. John G. Peters, *Conrad and Impressionism*, Cambridge University Press, 2001, p.148.

第三章

过渡时期（1913—1917）

这时期，康拉德创作的比较突出的作品有三部，即《机缘》《胜利》和《阴影线》。除了《阴影线》之外，其他两部作品都以描写爱情为中心。这些作品的先锋品格已明显减弱，主要表现在以下几点：

第一，虽然这些作品也关注人生问题，但是，主要人物的经历已从先前的灵魂历险（亦即精神的磨炼、道德的考验），转向爱情的历险，因而远离了时代精神，减弱了对读者心灵的震撼力。这些作品既没有对英雄品格的讴歌、对人生理想的弘扬，也欠缺对社会人生的深刻剖析和批判，艺术视野也比较狭窄，而专注于男女之间情感的纠葛和悲欢离合。

第二，这些作品比较注意以生动的情节吸引读者，偶然性的事件及戏剧化的场面较多，而不大关注人物、事件的思想内涵，道德批评已大为减弱，只满足于对某些不良习性和思想品格的调侃或讽喻，缺乏对丑恶人性的深刻揭示，因而小说缺乏思想深度。

第三，虽然这些作品在主题思想上有某些新意，艺术上也有可取之处，但在思想内容上已拉大了和社会现实的距离。就爱情题材而言，已趋于模式化——男主人公把受困于险恶环境中的年轻女子解救出来，彼此相爱，但彼此缺乏心灵沟通，爱情、婚姻陷于不和谐的困境。最终因悲剧性的突发事件使得彼此加深了了解，密切了感情。

总的说来，康拉德这一时期的作品，从思想艺术格调方面看已呈现下降趋势。

一、《机缘》(*Chance*，1913)

(一)《机缘》是康拉德创作路线改变的开局之作

康拉德前一时期的几部政治小说，在主题和艺术性方面都是上乘的，不仅他自己对这些作品比较满意，而且得到评论界的广泛赞扬。但是，大众读者对这些作品的反应却比较冷淡，因而作品销量不大，经济效益较差。

早年的康拉德曾明确表明，他不会成为一名通俗作家，也决不会成为通俗作家，他要让自己的作品成为一种精英艺术。1987年春天，他突然接到小时候在克拉科结识的一位女友的来信。10月2日，康拉德在给她的回信中，概要介绍了自己的情况：

> 十八个月前我已结婚，从那时起，我不间断地工作，我已取得某种声誉——文学方面的——但是未来还不确定，因为我不是个受大众欢迎的作者，而且我可能永远不会成为受欢迎的作

者。但是这一点不使我灰心丧气，因为我从未有野心为最强大的多数写作。我不喜欢民主主义，而民主主义也不喜欢我。我得到些精英的赏识，我不怀疑我最终会创造自己的大众。当然，人数有限，但是已为我赢得生计。我并不梦想发财，不管怎样这并不是在墨水池里可以找到的东西。不过，我得承认，我梦想和平，梦想获得些认可，而把我的余生献给艺术，让我免受经济上的忧愁。

但是，在商品经济日益侵入文学艺术领域的时代，一个精英作家却不得不面临作品营销情况的考验，正如爱德华·贾纳特所说："十九年的辛勤创作却未能给他带来真正的广受欢迎。"(*Letters From Conrad*，p.15) 而这时候他却非常需要钱。在创作《诺斯托罗莫》与《机缘》期间，康拉德自己、他的妻子和两个孩子都长期患重病，医生的账单已积累了一大沓。出于经济上的窘迫，他几次三番向他的文学代理人借钱。经济危机使他不得不考虑今后创作的路向问题。我们必须承认，康拉德转向爱情题材，除了金钱问题，可能觉得在描写英雄的灵魂历险、探索人物的道德失败方面，他已竭尽所能，并且对此已有些厌倦。此外，康拉德急于赢得读者的喜爱，除了经济上的原因，还有如他在"作者注释"中表明的缘由："我通常最担心的是不自觉地滑向为有限的小圈子写作的境地；这种地位对我来说是令人厌恶的，因为它怀疑发自单纯的观念和诚挚的感情的关于人类大团结的健全信念。"

这同样的思想感情在他稍后几年（1918年12月21日）的一封信中得到回应："我的深厚的民主思想使我厌恶成为在广大文学艺术领

域中自封为精英的狭小圈子里的一名作家。……我要让自己的作品为所有人阅读。"

显然，这时的康拉德比起他的早年来，在创作思想上发生了一百八十度的转变。

当康拉德在 1912 年写完《机缘》时，他已在这部小说的创作上断断续续花了七年时间。他大概于 1905 年动笔，在完成《诺斯托罗莫》之后，他又拖了很久时间，经常被其他事务所打断。对这部作品创作的一个促进因素是 1910 年夏天，他受邀为美国的一流报纸《纽约先驱报》写连载小说。机不可失，《机缘》便在《纽约先驱报》连载（从 1912 年 1 月 21 日至 6 月 30 日）。扩充的改写本完成于 1914 年初，以单行本形式出版之前，这部小说没在英国报刊上连载。

起初康拉德很看重这部小说，他对他的文学代理人平克尔说："这是我在《吉姆爷》之后所写的最重要的作品。"他在同一封信中又说："辛酸的经验已教会我对大众的反应不大自信。"

康拉德的顾虑是多余的。《机缘》出版后，成功地进入大众当中，在头两年就卖了 13200 册——比他的前一部小说《在西方目光下》多卖了三倍。有些评论者认为，这次成功是日积月累的自然结果。康拉德的声誉日隆，把他看作当代重要小说家之一的呼声很高。不过，《机缘》受到广泛欢迎也有它自身的原因。康拉德自己解释说："这部小说的内容也许可能赢得大众。"除了幸福的结局和强烈的女性成分之外，它还重新引入马洛这个人物，这就使他的老读者想起他早年的作品。许多读者对于他们所喜欢的作家的任何改变和发展似乎都不大赞同甚至表示失望（就像狄更斯的粉丝常常恳求他回到《匹克威克外传》和《马丁·瞿述伟》一样）。《机缘》的某些职业批评家甚至也高兴地注意到康拉德早年兴趣重现的迹象。

当代评论家诺曼·谢雷说，欣喜若狂，像"魔力"和"令人入迷"之类的赞誉之词漫天飞。康拉德被归入"我们时代最有天才、最富于创造性的作家之一"。这部小说甚至被某些批评家称作他的作品中最好的一本。一位深受欢迎的评论家罗伯特·琳德（Robert Lynd）却以一种奇怪的不偏不倚的态度评价这部作品，声称它是"一部富有魔力的、天才的作品"，康拉德是最富于创造性、最有魅力的小说家之一。但他又认为，"它的隐晦的方法却会使许多读者觉得它讨厌"。[1]

从某方面说，《机缘》受欢迎令人感到奇怪。因为这部小说并不好读，原因在于它的累赘的、荒谬的叙事方法。向叙述者讲述故事的马洛，他自己转述的东西中有些是第二手或第三手的。总的判断是，这部作品在精巧方面或戏剧化效果方面收效甚微。有的评论者甚至认为，康拉德花这么长时间，殚精竭虑地构思这部作品是否值得。沃尔特·艾兰在他的专著《英国小说》（1954）中，对马洛这个人物做了中肯的论述，他指出：

> 马洛被公认是康拉德的替身，但是有几次，例如在《黑暗的心》和《吉姆爷》中，他不只是替身，而是一个有权介入行动并被它改变的人物。后来在《机缘》中，他几乎不介入行动，当然也不为它所改变，于是，他成为一个道具，仅此而已。[2]

1.《每日新闻》1914 年 1 月 15 日。

2. Walter Allen, *The English Novel*, New York: E. P. Dutton & Co. INC., 1954, pp. 365–366.

艾兰进一步评论说，当康拉德去掉马洛，而以其他手段来表述他的观点时，便写出了他的最优秀的作品。因为马洛有一个致命的缺点，就是他谈得太多，而且有时候总体上走入歧途。[1]

这样看来，对这部小说的总体评价，评论界没有一致的意见。在利维斯看来，《机缘》无疑是一部出色的小说"[2]。但是，有些批评家却把它看作康拉德创作后期走下坡的征兆。例如道格拉斯·赫威特（Douglas Hewitt）认为它是失败之作，乔斯林·拜恩斯（Jocelyn Baines）说它"肯定是康拉德最不完善的小说之一"[3]。

那么，康拉德自己对这部小说如何评价呢？令人惊讶的是，在这部小说进入大众、广受欢迎并为他带来从未有过的丰厚的经济效益之后（这部小说不仅印数比他以前任何一部作品多得多，而且被好莱坞改编成电影），他却一反创作初期对它极其重视、高度评价的观点，以鄙视的口气说，"和大众有缘分的就是这类劣货"[4]。

（二）《机缘》的人性化题材引领当代小说的世俗性

《机缘》题材的人性化在康拉德创作中，特别是后期作品中显得很突出。它在不长的篇幅中展示了中下层社会的世态人情、各类人物的思想性格特点以及它们之间的关系。这种人性化，特别表现在弗罗

---

1. Walter Allen, *The English Novel*, New York: E.P.Dutton & Co.INC., 1954, p.368.

2. F. R. 利维斯：《伟大的传统》，袁伟译，生活·读书·新知三联书店 2002 年版，第 375 页。

3. Norman Page, *A Conrad Companion*, The Macmillan Press Ltd., 1986, p.113.

4. J. H. Stape（ed.），*The Cambridge Companion to Joseph Conrad*, Cambridge University Press, 1996, p.19.

拉的悲惨身世和她与命运抗争的过程中。

弗罗拉出身于一个银行家的家庭。但当她还在孩提时代，母亲便去世了，后来其父德·巴勒尔因侵占存款户的资金而入狱，被判了七年劳役。其父遭难后，家庭女教师伊丽莎对弗罗拉落井下石，不仅百般诋毁巴勒尔，而且欺凌、虐待弗罗拉。最后竟置她于不顾，私自和巴勒尔的一个毫无心肝的朋友私奔了。孤苦伶仃的弗罗拉痛苦地呼叫爸爸，当凶恶的家庭女教师恶言诋毁她爸爸时，她提出抗议。伊丽莎离开后，她茫然地冲出家门，不知道该往何处去。幸好这时弗罗拉被她爸爸的好心朋友菲恩斯夫妇发现，他们把她带回家去。弗罗拉从此在他们家安顿下来。可是不多久，来了个像是生意场中的男子，外表粗俗，态度傲慢，他自称是巴勒尔的表兄，接到巴勒尔的请求信，要把弗罗拉带去收养。那人只停留了很短时间，就把弗罗拉塞进公共马车带走了。弗罗拉在这位亲戚家生活了一段时间，处境很悲惨。她忍无可忍，终于在一个下雨天逃出那个地狱似的环境，回到菲恩斯夫妇身边；但是过不多久，那个粗俗的亲戚又来了，他强拉硬扯，又把弗罗拉带了回去。据菲恩斯推测，此人心怀叵测，他之所以如此执着地带走弗罗拉，不是因为受表兄所托，而是看到有利可图。在他看来，巴勒尔肯定转移了自己的一部分财产，所有银行家在破产之前都会采取这一预防方法。这样，巴勒尔出狱后，他就可以借口曾收养弗罗拉邀功受赏。

这年还未过去，弗罗拉又出现在菲恩斯夫妇家门口。那天下午，菲恩斯太太戴上帽子正要出门去一位朋友家听一位新进提琴手的演奏。不料，弗罗拉由一位壮硕的年轻人陪着出现在门口。那年轻人说，他奉主人之命把她带到这里，交给这里的女士、先生照看。因为过去几个星期来，这位姑娘在他们家里吵吵闹闹，弄得鸡犬不宁。他永远不想再看到她的脸。他执行这一护送任务实是出于无奈，因为今天本是他和女友约会的日子，他还得赶回去。说完，他扭头就走。弗罗拉也想转身逃走。可是被菲恩斯太太抓住，拉进家里。菲恩斯太太立即吩咐女仆关上房门。弗罗拉挣扎了一会，就安静下来了。她就这样又被菲恩斯夫妇收养，前后达五年之久。

这期间她因为受不了菲恩斯太太对她人格的不尊重，曾萌生自杀的念头。马洛在采石场第一次与她相遇时，她正站在悬崖边上，见此情形，马洛叫了她一声，她才没有往下跳。后来她解释说，其实，不是因为马洛叫了她一声，她才没跳，而是因为她身边那只狗围着她嬉戏，她若往下跳，狗也必然跟着跳。于是，她取消了自杀的念头。

后来出于偶然的机会，她结识了在菲恩斯太太家度假的安东尼船长。他是菲恩斯太太的弟弟，和弗罗拉一样没有什么朋友，感到孤独，这对青年男女可以说心有灵犀一点通。结识不多久，他们就谈婚论嫁，悄悄私奔了。菲恩斯和到他家做客的"我"找了她半天没着落，后来菲恩斯太太接到弗罗拉的来信才知道，她和安东尼要结婚了。菲恩斯太太反对她弟弟和弗罗拉结合，觉得他们若结婚，只会给她增添麻烦。安东尼出海后，她得照顾孤独的弗罗拉；若安东尼放弃航海生活，这对夫妇又得依赖她。只有马洛理解她、同情她的遭遇。他和菲恩斯私下谈话时指出，他妻子对待弗罗拉的错误在于没把她当一个女人看待，而是把她看作行为不谨慎、没性别、惹麻烦的东西。其实，她跟安东尼私奔是想逃出她所处的令人郁闷的、没希望的世界，她要寻求自己的幸福。

马洛对弗罗拉的理解、同情，触及了这部小说题材的人性化实质。的确，弗罗拉的形象饱含人性化精神：一个遭遇不幸的姑娘敢于向命运抗争（包含消极的和积极的两方面），显示了一个弱女子的不屈精神，彰显了人的尊严和高贵，这确实是康拉德后期作品中独无仅有的，即使在康拉德塑造的众多女性形象，特别是年轻女性形象中，弗罗拉的形象也显得相当突出。

诚然，《机缘》不是表现康拉德创作世俗性的唯一作品，但是，"康拉德题材的人性化开了当代主要小说家创作趋向世俗性先河"[1]。

（三）弗罗拉的女权意识、独立自主精神与 20 世纪文学的精神导向

女权意识和独立自主精神是弗罗拉思想性格的鲜明特征。仅此一点，弗罗拉作为一个年轻女性形象在康拉德创作中，特别是在他走向衰落的后期创作中，显得极其突出。也许正是这个形象的坎坷身世和她的独特性格，成为《机缘》赢得广大读者喜爱的一个重要原因。

作为女权主义者菲恩斯太太的养女，弗罗拉受其女权主义意识影响，本在情理之中。这种女权主义意识和她与生俱来的"傲骨"极其合拍。她对家庭女教师诋毁她父亲的恶毒言辞敢于提出抗议。尽管后来她无法抵制她父亲的表兄对她的"收养"，但是，当她在那里遭受非人的待遇时，她就闹个不停，弄得他们鸡犬不宁，使他们不得不把她送回到菲恩斯太太身边。由于菲恩斯太太忽视了弗罗拉内心的需求，把她看作无灵性的东西，弗罗拉抱着"不自由，毋宁死"的想

---

1. Frederick R. Karl, *A Reader's Guide to Joseph Conrad*, New York: Noonday Press, 1960, p.242.

法，萌生了自杀的念头。她与菲恩斯太太的弟弟安东尼船长的偶然相遇、相爱，成为她命运的转折点。弗罗拉与安东尼结婚后，向刚出狱的父亲德·巴勒尔（亦即现在的史密斯先生）报告她结婚的消息，并陪伴他登上航船——他们暂时的家。巴勒尔对女儿的婚姻感到非常吃惊，心想对方不是流氓就是骗子，看中他女儿年轻漂亮才娶她。尽管弗罗拉向他介绍了安东尼的心地如何宽厚、为人如何正派以及他们相识相爱的过程，巴勒尔仍对女儿的婚事耿耿于怀，闷闷不乐。到船上后，他对殷勤侍奉他的女婿安东尼仍心存芥蒂，他甚至把安东尼为他精心设计的密室看作新的监狱。巴勒尔一直对安东尼怀着不信任、厌恶、甚至敌视的感情。他甚至从不称呼他的姓名，谈到他时，只说"那个汉子"。他深信，他女儿和他在一起没有好下场，不时鼓动她一起离开他。弗罗拉夹在两个敌对的"亲人"之间，感到非常为难、痛苦。她坦率地对她父亲说，要她离开安东尼是不可能的。

其实，这不是弗罗拉的由衷之言。对她来说，夹在两个敌对的"亲人"中间，固然使她感到痛苦，但实际上，使她更痛苦的是，她和安东尼之间缺少心灵的契合，他们的婚姻貌合神离。他们之间极少进行推心置腹的交谈，在公开场合，或是别人看得见的场合，他们也难得说几句话。安东尼觉得，她并不真正爱他。他呢？对她的内心世界并不了解。一开始，只是出于同情她的不幸命运而挽救她。他自以为他给了她自由和幸福，并且让她的出狱后的父亲有个归宿。他把自己看作他们父女的救星。他并没有真正从心里爱她，没有把她看作一个与他平等的、值得敬爱的对象，而只是把她看作一个附属物，应该一切听从他。弗罗拉觉得，他出于仁慈，把她从一个悲惨的境地救出来之后却又把她置于一个毫无自由幸福可言的境地。她受不了他的专横的态度和居高临下的讲话口气。有一次,她毅然离开船,独自跑到码头上去。安东尼发现后追上来,把她拉回去。她顺从了他,只因为觉得无路可走。她可以跳进海里,一了百了,但是,她死后,她的老父亲怎么办?她只能继续处于屈从的地位。弗罗拉觉得,在这个世界上没有人真正爱她。她要的不是物质上的救助,更重要的是精神上、道德上的关怀。她觉得安东尼和家庭女教师一样,把她看作无足轻重的人物,漠视她的人格的独立和尊严。

小说通过弗罗拉的不幸身世和她带有悲剧情调的婚姻,彰显了强调个人独立自由、自我负责的道德观。"这种个人道德观不仅深入20世纪的文学观念中,而且它的总的观念接近由萨特和加缪加以理论化的存在主义哲学。康拉德的观念也与法国作家纪德对人的自由的强调并行不悖……它还为普鲁斯特的创作提供了背景,表明个人与其重现的过去正是唯一有价值的宇宙的中心。"[1]

(四)小说的悲剧情调,喜剧余音

《机缘》这部小说带有浓浓的悲剧情调,却又以喜剧收场;或者说,带有喜剧余音。这在康拉德的小说中,是绝无仅有的一例。这也许是康拉德的这部作品受大众读者欢迎的又一个重要原因;在这点上,康拉德与擅于以大团圆结局赢得读者喜爱的狄更斯可以说是同气相求。

弗罗拉的不幸身世,她与安东尼的不和谐的婚姻,她父亲德·巴

---

1. Frederick R. Karl, *A Reader's Guide to Joseph Conrad*, New York: Noonday Press, 1960, p.242.

勒尔不经意的服毒自杀，特别是安东尼驾驶的"芬得号"和一个比利时人的船相撞，被拦腰撞断，在运载的炸药事前已卸完、船上的人（包括弗罗拉）被转移到营救船里之后，安东尼最后与船一同沉下海里——这些构成这部小说浓郁的悲剧气氛。特别是船长安东尼和他驾驶的"芬得号"的结局，带有悲剧性。而主人公弗罗拉在遭受痛苦的煎熬之后，却否极泰来。

命运使弗罗拉与年轻的鲍威尔结下不解之缘。鲍威尔是这部小说最早登场的人物。小说一开头，叙述者便介绍鲍威尔因特殊的"机缘"（他与港务局的头头老鲍威尔同姓），港务局的官员便以为他是他们的头头的本家，所以当他来求职时，爽快地任命他为由安东尼任船长的"芬得号"的二副。

安东尼与弗罗拉在船上的水手眼里是影子似的人物。富兰克林大副一直对船长夫妇有不好的看法。他认为，弗罗拉来到船上是不祥的，她身上有一股邪气。可是鲍威尔却同情弗罗拉，认为这个脸色苍白的、天真的女孩（她比她丈夫小许多，却比鲍威尔略大）是一个"快活的姑娘"。而弗罗拉对鲍威尔也有好感，认为他在周围怀有敌意的、满脸凶相的人中是个祥和的、可亲的人。鲍威尔热情、开朗，经常利用短暂的机会向他们讲述一些叫人开心的逸事，使郁郁寡欢的弗罗拉高兴得开怀大笑。鲍威尔为人正派，他尽量向安东尼解释，富兰克林和乘务员布朗对船长的态度不大恭敬、友好，但他们并不是坏人。而当这些人在他面前唠唠叨叨诋毁船长和他的岳父、妻子时，他不时予以辩驳。鲍威尔跟随安东尼航海数年，大副富兰克林退职后，他升任了大副。

"芬得号"沉没后，匿名叙述者"我"问鲍威尔："安东尼太太怎么样？"他答道，"她住在英国乡下"。翌日，"我"前去拜访她，发现不到30岁的弗罗拉，神态安详、愉快，显得比以前成熟得多。谈起往事，她说，安东尼是个十足的好人。"我"问她，她写给菲恩斯夫妇的信上，不是说过，她不爱菲恩斯太太的弟弟，却毫不迟疑地要嫁给他吗？她说，她当年少不更事，说了些疯话，菲恩斯太太理应懂得年轻人的疯狂。她谈起跟随安东尼那些年的航海生涯，非常高兴，她说："你自己也是名水手，你在海上度过了一生，但你知道吗，大海多么美丽，多么强大有力，多么迷人，多么友好……"[1]

她怀念鲍威尔，说，他会关注她吧。"我"把这信息转给鲍威尔，他立刻上岸去找她。当"我"驾船经过村庄所在的岸边时，看见他们一同出现在岸边。"不久你就会听到我的消息。"正当"我"的船离开小河口时，鲍威尔突然朝"我"喊道。显然，这句话暗示不久他们将永结连理。的确，"机缘"总是赐予为人正派、乐观、善良的鲍威尔！

二、《胜利》(*Victory*，1915)

《胜利》(《胜利：荒岛上的爱情》) 创作于 1912 年 10 月至 1914 年 7 月。最初，它是当作短篇小说来写的，后来作者改变了初衷——这在康拉德是常有的事。这部小说断断续续地写了两年，完成于 1914 年 6 月末。残存的原稿表明，它经过大量的修改，以致康拉德原来的想法发生了根本的改变。它分别在 1915 年 2 月在纽约的《蒙西杂

---

1. Joseph Conrad, *Chance*, New York: Penguin Books, 1974, p.365.

志》、1815 年 8 月 24 日至 11 月 9 日伦敦的《星》连载。随后，分别于 1815 年 3 月、1916 年 9 月在纽约和伦敦出版单行本。纽约的单行本发行量为 30000 册，伦敦的单行本发行量则为 8000 册。这表明，这部作品的商业前景得益于《机缘》的成功。

《诺斯托罗莫》出版后若干年才得到批评家的赞扬，可是《胜利》一出版就受到好评。最初批评家大都肯定它的想象的奇异性，而对它的社会政治意义不予注意。到了 20 世纪中期以后，批评家才对它做出较全面的评价。一个有代表性的观点认为：“《胜利》是康拉德小说中最后的一部重要作品，是作者进一步陷入悲观主义、无可奈何，也许是麻木状态中的产品。它不像康拉德后期的小说（《金箭》《拯救》《流浪者》等），它的文学价值仅次于中期的历险故事。”[1] F. R. 利维斯在对《胜利》做出深入分析后得出结论，他认为，“诚然，《胜利》不敢妄称是有《诺斯托罗莫》的宽广和厚重，也没有任何与布局严密紧凑的意义结构相当的东西”[2]。但是，在康拉德的那些该当传世以代表其理应享有经典地位的作品中，《胜利》也有一席之地。

（一）《胜利》主旨的多义性

康拉德的创作常常包含并置的多个主题，《胜利》就出现这种情况，它包含了多个主旨。

---

1. Michael P.Jones, *Conrad's Heroism: A Paradise Lost*, Ann Arbor, Michigan： UMI Research Press, 1985, p.130.
2. F. R. 利维斯：《伟大的传统》，袁伟译，生活·读书·新知三联书店 2002 年版，第 347、349 页。

1. 揭示世界的混乱无序、人世的险恶

小说主人公阿克塞尔·海斯特生活在一个善良人士被无端造谣中伤、恶棍歹徒横行无阻的混沌世界里。

海斯特得知，善良的英国商人莫里森赖以营生的双桅帆船已被葡萄牙海关扣留，将要被拍卖，他二话没说，借钱给他把船赎了回来。这完全是一种无私的善举。谁料过后不久，莫里森回英国后得病去世了，消息传来，有些人便造谣说，莫里森是因为遭到海斯特的残酷盘剥后死去的，实际上是被海斯特害死的。散布这个谣言最卖力的是酒店老板、日耳曼人苏姆贝格，他经常在顾客中散布关于海斯特的谣言，说他如何恶毒，如何没人性，简直是十恶不赦的坏蛋。有一次，一位顾客听得不耐烦了，讽刺地反问道："海斯特欠了你的酒账吗？"他答说："那倒没有，他来酒店总共才两次。"那位顾客说："那你为什么要诽谤他呢？"见苏姆贝格无言以对的窘态，他想：这是人性的卑劣和愚蠢使然。

海斯特在光顾苏姆贝格的酒店时，无意中发现管弦乐队中一个拉小提琴的姑娘受到乐队的工头、乐队指挥臧贾科莫的女人的虐待。经接触了解，她是英国姑娘，还不到20岁，在乐队里她常受到那个女人的虐待，而且苏姆贝格对她不怀好意，一直纠缠她。海斯特对这个秀气、温文尔雅的女孩动了恻隐之心，但他没有钱把她赎出来。经女孩同意，并在富于同情心的苏姆贝格太太（她和丈夫不和）的帮助下，把这个女孩（她在乐队被安了一个她不乐意的名字阿尔玛，后来，她让海斯特给她改名为莉娜）悄悄带到他隐居的荒岛桑博兰去。

得知海斯特把英国女孩带走后，苏姆贝格对他更是恨之入骨。从此，他在酒店的顾客中更频繁地散布关于海斯特的谣言，并且给他加

上"拐带女孩，品性淫邪"的恶名。

不久，酒店来了三位奇异的客人。为首的瘦高个子名叫琼斯，自称无业游民，有厌女症。矮胖、目露凶光的马丁·里卡多自称是琼斯的秘书。还有一个浑身长毛、相貌丑陋、像熊一样的哥伦比亚人是他们的随从，名叫彼得·佩得罗。琼斯声称，三年来，他们有过不平凡的历险。马丁·里卡多一有机会就向苏姆贝格吹嘘他们的历险故事。苏姆贝格摆着笑脸和他们周旋应酬，但心里一直犯疑，觉得他们来路不明，身份可疑。他们在酒店的消费又不多，住了三星期还不想走。听说他们要寻找财宝，苏姆贝格便给里卡多出主意，说隐居在桑博兰岛的海斯特害死英国商人莫里森之后，夺了他的全部财产，要寻宝就得到那边去。苏姆贝格想用这个办法摆脱这三个难缠的家伙，又可以借刀杀人，让他们去收拾海斯特，替他出心中这口恶气。

这三个奇异的家伙驾着船以"受难者"的面目出现在桑博兰岛的码头边。马丁·里卡多对前来接待的海斯特说，他们划了30个小时船，有40多个小时没能喝上一口水，都快要渴死了。善良的海斯特忙叫仆人王找来工具，把码头上水管的龙头打开，用水管接到船上。他们轮流对着水管喝了个够。那个像熊似的随从佩得罗不知什么缘故触怒了里卡多，头上被他用木板猛击了两下，弄得头破血流，立刻倒在船舱里。佩得罗扯了一块布，把受伤的头包扎好。海斯特见此情景，觉得他们是一伙可疑的怪人。但出于礼貌和恻隐之心，他还是接待他们到住地安顿下来。破产的煤矿公司在这个荒岛上有三座平房，海斯特把这三位来客安排在原先的会计室里，而他和英国女孩莉娜则住在附近的平房里。

海斯特心里一直犯疑：这三个奇怪的家伙到底是什么人？他们为

何千辛万苦来到这里？他按捺不住心头的疑虑，当他和里卡多的主子琼斯交谈时，直截了当地问他们的来意，琼斯起先支支吾吾地不正面回答，但露了个口风：他们是有目的而来的。经海斯特追问，他才说明白：他们是为探寻财宝而来的。海斯特直白地回答他：他们打错了主意，这里没什么财宝，不信，你们就去搜寻吧。可是琼斯不相信他的话，认为海斯特是个诡计多端的家伙，不会轻易说出真相的。

海斯特觉得奇怪，这些家伙怎么会认为他在桑博兰岛隐藏了财宝呢？他们又凭什么明火执仗来抢夺呢？可见来者居心叵测。倒是心直口快的里卡多给他解开了疑团，他说，他在酒店里听苏姆贝格说过，海斯特害死了英国商人莫里森之后，夺去了他的全部财产，把它带到桑博兰岛上隐藏起来。凭着这批财产，他才得以在这个荒岛上优哉游哉地过隐居的生活。他们之所以来到桑博兰岛，是因为琼斯想经营东海岸煤炭公司，需要一大笔钱，无处筹措；里卡多听了苏姆贝格关于海斯特的故事之后，便鼓动他的主子到这里来。里卡多和他的主子"一个是罪恶的流浪者，另一个会被蔑视和反抗的精神所鼓舞，具有肉食动物将一切温顺动物看作猎物的攻击性。然而，这两者都足够精明，并且两人都意识到，他们没有仔细考察就已陷入了这样的冒险之中"[1]。

主仆二人在对付海斯特的策略上有些不同：琼斯想以比较温和的办法把海斯特引入他们的圈套，具体的策略是和海斯特赌牌。而里卡多则想以血腥的手段，直接向海斯特发起进攻，必要时杀了他。此人本性凶残、嗜血成性，只是在头领管束下才克制自己。他监视莉娜

---

1. 康拉德：《胜利：荒岛上的爱情》，何明霞、王明娥译，新华出版社 2015 年版，第237 页。

居住的平房多时之后，在三座平房前转悠了一阵，最后潜入莉娜和海斯特居住的平房。他在幽暗中向正在梳头的莉娜扑过去，把她紧紧抱住。没想到莉娜很有力气，回过头来，死死掐住对方的喉咙，迫使他放松对她的拥抱，然后她用力把他推到墙壁上。里卡多想再发动攻击时，又被她推倒在木桶上，这使里卡多明白，对方非等闲之辈。在搏斗过程中，莉娜没发出一声呼叫。里卡多拔出刀子，心想，若莉娜叫喊，就杀了她。不过，他回心一想，如果杀死了她，整件事情就完蛋了。他在凶暴之余，想到他曾拥抱她，不免对她生出几分柔情。他便竭力拉拢她，把他们放到一个利害相关的平台上。他要她说出海斯特搜刮来的金钱财宝藏在何处。莉娜说，它不在房子里，而在外面，她这样说是为了转移他的注意力。这时她才意识到，原来这家伙是受了苏姆贝格的欺骗和鼓动来找麻烦的。情势急转直下，里卡多已把莉娜称作他的朋友，而莉娜想到，她和他的斗争远未结束。

当莉娜和里卡多在进行搏斗时，恰巧仆人王正想进入房间办他的例行事务，听到里面发出震耳的砰砰声（那是里卡多挨了莉娜的一踢倒在墙壁上发出的响声），不明白是怎么回事，总觉得他服侍的那个白人触了霉头，他不想进去看个究竟，却在门外闲逛了一阵才走。自从来了怪里怪气的三个白人之后，他已下决心不在这个是非之地待下去了。他偷了海斯特放在抽屉里的一把左轮手枪之后，便向海斯特辞职。海斯特发现手枪丢失后，断定是王偷的，但不明白他为何要偷自己的手枪。当他坐在椅子上看书时，王突然出现在房间里，对他说："我该走了。"

"哦！你现在就走吗？"海斯特将书放在膝盖上，往后躺了躺，问道。

"是的，俺不喜欢这里，不喜欢这个人、这两人，不，是这三个人——我无能为力！俺要走了。"[1]

海斯特责问王是否偷了他的手枪，王却矢口否认。海斯特也就不再追究下去。

苏姆贝格之流对他的诽谤、三个怪人进驻桑博兰岛后对他的生活的骚扰，加上手枪不明不白地丢失，使他感觉到"他周围的一切已经变得不合理，不稳定，还有隐隐约约的紧迫感，他知道这是他的义务，但却不知道如何去行动。现在这个情况，让他感到很恼火。他的外部世界已经被打破；海斯特不知道自己做错了什么，会带来这些事情，他不知道他做了什么，会激起了关于他对待可怜的莫里森的可怕诽谤。因为他忘不了这一点。它已经传入每一个行为正直的人耳中"[2]。

尽管海斯特意识到，这三个不速之客已向他步步紧逼，特别是他和琼斯一席长谈之后，明显感到他们即将采取果断行动，大有山雨欲来风满楼之势。海斯特无计可施，只能被迫应对，情急之下，他和莉娜决心冒险去找那个仆人王，向他求助。他们千辛万苦找到王的居住点后，王却拒绝介入他们和白人的纷争。这使海斯特感到很无奈、内疚，他竟无力保护莉娜。他"面对侮辱和暴力，束手无策，体验着生活的无尽悲惨"[3]。

---

1. 康拉德：《胜利：荒岛上的爱情》，何明霞、王明娥译，新华出版社 2015 年版，第 275—276 页。

2. 康拉德：《胜利：荒岛上的爱情》，何明霞、王明娥译，新华出版社 2015 年版，第 227 页。

3. 康拉德：《胜利：荒岛上的爱情》，何明霞、王明娥译，新华出版社 2015 年版，第 317 页。

事情的结局果然是他所说的"无尽悲惨"：在最后摊牌的时刻，琼斯站在海斯特背后朝莉娜开了一枪后离去。莉娜中弹死去。起初海斯特不知道莉娜中了枪弹，因为当时里卡多和莉娜在一起。琼斯看见这个口口声声对他无限忠诚的秘书，竟然背叛他，没按他的计划行动，却和这个女人厮守在一起，便对海斯特说，现在他要杀的不是海斯特，而是那个叛徒。当时，里卡多头上流着血，见海斯特出现在房间里便夺门逃走。琼斯这一枪不知是朝里卡多开的，还是朝莉娜开的，反正莉娜的胸脯上留下枪伤，海斯特觉得可怜的莉娜是因他而死的。尽管在这场骚乱中，海斯特安然无恙，但他已不想在这个残酷无情的世界上活下去，他要和莉娜一同离去，于是放火烧掉了三座平房，和莉娜一同魂归西天。

从以上介绍看出，这部小说的形式和内容都是混乱无序的。恐怕康拉德不是简单地以情节的离奇吸引读者，而是在离奇中寄托了深意，正如约翰·巴奇勒所指出的："《胜利》的意义是，'像海斯特这么高贵的人在现代世界中竟找不到安身之处，现代世界本身毕竟是不可言说的恐怖的。正在到来的这场冲突（指 1914 年至 1918 年发生的第一次世界大战——引者）证明了这点'。"[1]

2. 对怀疑主义和退隐思想的讽喻

如前所述，小说通过海斯特的遭遇，揭示了世界的混乱、人世的险恶，像海斯特这么善良、高贵的人在现代世界中竟找不到安身之处。但小说的主旨不限于此，它还涉及了另一方面。不错，世界是混

---

1. John Batcherlor, *The Life of Joseph Conrad: A Critical Biography*, Blackwell Publishers, 1994, p.235.

乱无序的，现代社会是恐怖的，但是人们应该如何面对这个世界呢？具体地说，海斯特应该如何面对生活呢？小说进一步揭示了海斯特的悲观主义世界观和怀疑主义人生观。从某种意义上说，海斯特的悲剧不仅是险恶的客观环境造成的，而且和他自身消极的生活态度有关。

海斯特的思想深受他父亲的影响。他父亲是个悲观主义、怀疑主义的学究。海斯特 18 岁毕业后，和他父亲一起生活了三年，深受他父亲思想的熏陶，脱离了男孩的稚气，对生活有了深深的怀疑，对人生不怀希望，对爱情不抱幻想，也不相信任何人。尽管他对人彬彬有礼，也乐善好施，对人富于同情心，但令人难以接近，别人都说他是个怪人，是个"空想家"。

在他看来，这个世界恶人当道，防不胜防，只有躲得远远的，才安全。于是他决心在桑博兰这个荒岛上过隐居生活。他把苏姆贝格酒店里那个拉小提琴的英国女孩解救出来之后，也把她带到荒岛上和他一同生活。当他的朋友、善良的航海家戴维森出于对他的关心来岛上探访他时，他说："这个世界就是一只恶狗，逮着机会就咬人，但我相信，我们在这里可以安全地同命运抗争。"戴维森把这一切告诉朋友时，不免感慨地说："异想天开地想与命运抗争，还拖着一个女人！"[1]

戴维森的感慨不妨看作康拉德的讽喻之词。接下来在桑博兰岛上发生的"荒诞的悲剧"证实了这一点。

三个奇异的不速之客造访桑博兰岛，证明桑博兰并非世外桃源。

1.康拉德：《胜利：荒岛上的爱情》，何明霞、王明娥译，新华出版社 2015 年版，第 54 页。

现实中的邪恶是无处不在、无孔不入的，想躲也躲不了。海斯特想以隐居、退让的方式躲避世界的邪恶不过是空想。

海斯特孤身一人，赤手空拳，还拖着一个女人，在荒岛上竟想同命运抗争，的确是异想天开。接下来的事实证明，海斯特在和三个怪异来客的斗争中，一直处于被动防御、无可奈何的劣势。要不是琼斯和他的秘书马丁·里卡多之间发生了矛盾，削弱了他们咄咄逼人的气势，海斯特难免成为可怜的牺牲品。即使在这种情况下，莉娜也没躲过一劫，献出了美丽的生命。不过，她的死，证实了生活的胜利，表明一个弱女子不仅有坚强的生活意志，而且有自我牺牲精神和惊人的忍耐力，对她所仰慕的人确实怀着诚挚的感情。莉娜的表现向海斯特证实世间确有真情在，他对生活的怀疑、对女人爱情的怀疑是错误的。康拉德以隐喻性的语言描写道：

"桑博兰上空的雷鸣终于停止了，大地上的事物也终于不再在星空下颤抖了。即将逝去的这个女孩，她的精神证实了她所获得的超越死亡的胜利。"[1]

莉娜弥留之际，戴维森在场，海斯特对他说的最后的话是："哎，戴维森，一个人年轻的时候就没有希望，对爱情不抱幻想，也不相信任何人，这是多么悲哀啊！"[2]

---

1. 康拉德：《胜利：荒岛上的爱情》，何明霞、王明娥译，新华出版社 2015 年版，第 366 页。
2. 康拉德：《胜利：荒岛上的爱情》，何明霞、王明娥译，新华出版社 2015 年版，第 370 页。

这可以说是海斯特通过生活实践觉醒后，对自己的怀疑主义人生观所做的一种自我批判。

3. 彰显爱情在人类生活中的意义

海斯特之所以对自己的怀疑主义人生观有所觉醒、悔悟，莉娜的爱情起了决定性的作用。莉娜纠正了他对异性的片面看法，让他看到了人性的闪光点，这无疑对他的心灵产生了巨大的冲击力。但是，不管是莉娜的高尚人格还是她临终时对海斯特所显示的动人的爱情，都不过只是掠过海斯特迷茫的灵魂的一道闪电，它只在刹那间照亮了他的心灵，却无法驱散他心头弥漫的悲观主义阴霾。加上这时他的整个生活信念、他的全部感情都和眼前这个女子紧紧联系在一起，失去了她，他无法生存，生活对他也失去了意义，所以他决心和她一同离去，毅然放火烧掉他们的居所。

（二）《胜利》的艺术特色

1. 以二元对立手法组合人物

所谓二元对立方式，即人性差异形成的对立。这部小说便以此方式来组合人物关系。

首先，海斯特与酒店老板苏姆贝格之间的对峙。

海斯特的性格既善良又内敛，待人彬彬有礼，他因不善于和人打交道，显得像是令人难以亲近。而苏姆贝格是自私的、恶毒的、富于攻击性的，十足地显示了人性的愚蠢与卑劣。小说叙述者这样描绘他："他的雄心壮志就是在有利可图的基础上施舍，他的乐趣就是在背后人云亦云。对海斯特一无所有，甚至不能体面地吃饭的事情感到欣喜若狂，这正是他的特点。"[1] 海斯特并没招惹他，他却对海斯特大肆造谣诽谤，竭力抹黑他，把他妖魔化，并以此为乐。海斯特毅然解救在酒店管弦乐队中拉小提琴的英国姑娘莉娜，苏姆贝格更以十倍的劲头诽谤海斯特。海斯特与苏姆贝格的矛盾，显示了善良人性与邪恶人性之间的对立。

其次，海斯特、莉娜与琼斯、马丁·里卡多、彼得·佩得罗"三人帮"之间的对峙更凸显了人性与非人性的对立。

海斯特和莉娜代表了人性的不同方面——海斯特代表了人性中的智慧和哲学抱负，尽管它们是误导性的；莉娜代表了人性中的爱情和忍耐力量。以琼斯为首的"三人帮"是藏匿在这个世界中的邪恶势力，这个重复的意象一再强调他们非人性的本色——贪婪、暴力和破坏。高个儿、极其消瘦的琼斯被比喻为一具僵尸、鬼怪和幽灵；他用可怕的声音说话，他穿行于热带高高的草丛中，像一根纤细的草在高视阔步，表现他像行尸走肉和一种虚幻的狠毒。而里卡多被表现为纵欲的货色，像一只"食肉兽"，尤其像一只大猫或老虎。他的胡须以一种古怪的、像猫一样的方式摇动；他起身时，常常发出一声叫喊，同时伸懒腰，有时他"像猫一样发出满足的呜呜的叫声，并且吐口痰。他在攻击莉娜时，显出十足凶残的本性。他在腿上用皮带绑的一把利刃，就像是猫的爪子。生活对于他就是一场血腥的战争。——而海斯特表现的却是退却、清静无为"。"三人帮"中的第三号人物彼得·佩得罗在不同时间被比作一只猿猴，一只熊，一只豹。假如里卡

---

1. 康拉德：《胜利：荒岛上的爱情》，何明霞、王明娥译，新华出版社 2015 年版，第 25 页。

多代表狡诈和残忍的欲望相结合的话，那么，佩得罗则代表动物愚笨而残忍的力量。

岛上两方面的斗争最终表现为莉娜试图拯救海斯特而达到高潮：她在拯救他（解除了里卡多身上的利器——一把锋利的刀，使里卡多无法伤害海斯特）时，赢得了他的爱情。这既是莉娜的胜利也是海斯特的胜利。正如利维斯所说："所谓的'胜利'乃是对怀疑主义的胜利，是生活的胜利。虽然胜利来得太晚而且就是死亡，但这种悲剧性的反讽并没有削弱胜利的意味，胜利是明白无疑的。"[1]

《胜利》的二元对立组合人物的手法，除了起到凸显主题的意涵之外，还使小说的脉络更为清晰，结构更紧凑，这在康拉德的其他作品中是比较罕见的。

2. 象征主义与心理现实主义的融合

有评论指出："康拉德同时采用两种样式或虚构类型来写作：对海斯特的表现体现了心理现实主义方法；而那三个恶棍则是怪诞的、歪曲的模仿，或者说讽刺画、漫画。这种凸显他们奇异的品格的方法是非现实主义的，带有诗的象征主义特征。这种效果颇有点，比如说，狄更斯与乔治·艾略特合作写一部小说。"[2]事实确是如此，笔者把这两种样式的同时采用概括为象征主义与心理现实主义的融合。从前面对三个恶棍非人性特征的描述可看出这种表现手法带有狄更斯影响的痕迹，这种带有怪诞倾向的漫画化手法确实显示了诗意的象征主

---

1. F. R. 利维斯：《伟大的传统》，袁伟译，生活·读书·新知三联书店 2002 年版，第337 页。

2. Norman Page, *A Conrad Companion*, The Macmillan Press Ltd., 1986, p.117.

主义，而不是现实主义的，但它比现实具有更强烈的效果。而对海斯特一路来的心态的表现显然具有心理现实主义的特征。于是在桑博兰岛上，海斯特与三个恶棍的对立斗争便自然呈现出象征主义与心理现实主义的融合，内容的奇特决定了形式的怪异。所以难怪这部小说刚出版时，在评论界引起了一场争论：这部小说到底是现实主义的，还是非现实主义的？依笔者管见，这部小说显然是非现实主义的，这并不因为作品对三个恶棍的表现带有象征主义特征，而是因为康拉德把象征主义与心理现实主义的融合当作一种虚构的样式。后期的康拉德深信，"人能通过浪漫的爱情获得理性，实现自己的抱负"[1]。在《胜利》中，无论海斯特，还是莉娜都不过是表现他的这一信念的象征性人物，他要通过他们之间的爱情来表现这一信念，而苏姆贝格和三个恶棍不过使他们的爱情显得曲折、富于浪漫意味而已。

三、《阴影线》(The Shadow Line，1916)

康拉德的传记作家弗勒得里克·R.卡尔（Frederick R. Karl）在《康拉德传》中指出，康拉德在完成《胜利》的创作（完成于1914年，出版于次年）之后，他的所有作品就是《个人纪事》(A Personal Record) 的扩展——也就是说，那些作品是对往事的缅怀，或者说是小说化的自传，是对他自己早年经历的再体验。

卡尔的意见对我们了解康拉德晚期作品的特点很有裨益。就拿

---

1. Thomas Moser, *Joseph Conrad: Achievement and Decline*, Cambridge: Harvard University Press, 1957, p.142.

《阴影线》这篇作品来说，它的素材就取自他早年的一次航海经历。1888年，康拉德刚离开"韦达号"，在新加坡逗留，无所事事。出乎他意料之外，他突然被授予指挥"奥塔哥号"的任务。小说中描写的约翰·聂文驾驶的帆船在暹罗湾漂泊多时的情景和当年康拉德经历的事件差不多，甚至连小说中一些人物也采用了当年与他共事的海员的姓名。

这篇小说开始创作于1915年初，于当年末完成。那时正是第一次世界大战爆发之初。他的儿子波里斯·康拉德应征入伍，开赴前线。康拉德把这篇作品献给他儿子和与他同年代的其他年轻人，表示期望他们勇敢跨越自己人生的"阴影线"。

《阴影线》从1916年9月至1917年3月在《英国评论》连载，1917年3月出版单行本，继《机缘》和《胜利》成功之后，这篇作品总的来看赢得好评。

这篇作品刚发表时，有些评论把它的简洁看作单薄，这种看法显然是不符合实际的。《阴影线》的事件貌似单纯，实际上蕴含着深刻、复杂的意义。

首先，它是一曲海员的英雄主义精神的赞歌。当约翰·聂文被海港办公室任命为船长时，他第一次对自己有了清醒的认识：

> 我发现我真是一个海员，有着海员的心，海员的头脑。我的身体属于海洋，完全属于海和船；海是真正的世界，船则检验着

人的男子汉气概、脾气、勇气、忠诚——和爱。[1]

这表明，聂文面对突如其来的任命，强烈意识到身为海员的光荣、职责和担当，并且心中回荡着为航海事业献身的壮志豪情。具有这种豪迈的思想感情和勇于担当的精神，他上任之后才能坚强地面对海途中遭遇的种种艰难险阻，他的所作所为才真正彰显了海员的英雄品格。

聂文遭遇的险阻有自然的，也有人为的。自然方面除了无风、帆船停滞不前之外，船员又一个个染上了热病，最先倒下的是大副伯恩斯；他病倒后，聂文仿佛失去了右臂。二副是个毛头小子，且身体不行，帮不了忙。威胁最大的是人为的破坏——该死的前任船长把船上储存的奎宁全偷去卖了，换上别的什么粉剂，这样，患病的船员无药可治，结果一个个倒下了，没有染上病的只有聂文自己和茶房兰塞姆。每当要干一件重要的活时，能召集起来的只有五六个半死不活的海员，尽管他们尽职尽责，但力不从心。每当干活时，聂文总是一马当先，他忘了休息，忘了睡眠，甚至忘了吃饭。勤快懂事的年轻茶房兰塞姆除了充当厨师之外，还照顾患病的大副伯恩斯，并且悉心照料船长聂文的饮食。他患心脏病，不敢干太出力的活，但是，必要时他也主动参加干活。聂文非常痛惜他、敬佩他，夸他的意志和他的肌肉一样坚强。大副伯恩斯起初对聂文并不友善，但渐渐和他结下深厚的感情。先前，面对胡作非为的前任船长，他敢于反抗。患了热病之

1.康拉德：《阴影线》，赵启光译，载赵启光编选《康拉德小说选》，上海译文出版社1985 年版，第 629 页。

后，他被聂文送往医院治疗，他恳求聂文千万别把他扔下不管。鉴于他病情较重，聂文起先打算把他留在医院，后来感于他情深意切，坚决要求归队，便下令把他抬上船之后才开船。尽管伯恩斯已瘦得只剩下一把骨头，身体非常虚弱，但病情好转后，他爬到甲板上，想尽一份力，和邪恶的前任船长的阴魂抗争。他告诉聂文，他悔不该把这该死的家伙埋葬在北纬八度二十分——海湾口外——他们的船必经的航线上。伯恩斯用枯骨似的双臂抱起双腿，发出烦躁的叹息。

"先生，最重要的事，"他只要一有机会就会利用多种场合告诉我，"最重要的事是让船开过北纬八度二十分。一旦开过这条线就万事大吉了。"

聂文严厉地说："伯恩斯先生，你不认为现在该是你停止胡说的时候了吗？"……伯恩斯用他能勉强听到的声音嘟囔道："一点也不奇怪……发现……要给我们布下残酷的圈套……"聂文难过地自责："诸如此类的说法难免对我的决心产生不良影响。步步紧逼的逆境开始对我起作用了，与此同时，我很痛恨自己内心的软弱。我不无藐视地对自己说，环境就是再险恶，我的意志也不应稍稍有所动摇。"[1]

聂文除了要面对无风天气、蔓延的热病、无药治病这些客观困难之外，还要清除前任船长对海员心理造成的恶劣影响。可以说，他处

---

1. 康拉德：《阴影线》，赵启光译，载赵启光编选《康拉德小说选》，上海译文出版社1985年版，第667—668页。

于内外交困的窘迫之中。他意识到这种可怕的逆境对他的意志产生了不良影响，他警告自己要坚强起来，顶住困难。

幸好，天公作美，40小时后刮起了顺风，把他们的船送上锚地。他们在后桅上悬挂了请求医药帮助的标志。不待船停稳，好几艘军舰便派出了三艘汽船，至少有五个海军军医登上了船。经过检查，没有一个死亡的海员，患病海员全被抬上岸，送往医院救治。

聂文对一位军医说，他在甲板上待了17天，在过去的40小时里没睡过觉。

聂文自称："这次航行锻炼了我的性格，我变得成熟了——尽管我自己不知道。"

《阴影线》在表现以年轻船长约翰·聂文为代表的海员的英雄主义精神的同时，凸显了海船上团体精神与反团体思想的对立斗争。团体精神是海船上传统的思想准则、道德圭臬，是海员英雄主义精神的依托。康拉德在他的海洋小说中一再通过他的英雄海员形象弘扬这种思想。在这篇小说中，体现团体精神的是以聂文为首的那些心系大海和船、努力维护集体安全和利益的海员们。这种团体精神是海船上执行严格纪律的前提和保证。船长是团体精神的表率，他的责任和担当就是要率领全体海员同心协力，战胜海洋的威胁，朝预定的目标顺利前进。尽管船长聂文的航海经验并不丰富，但凭着他对事业的忠诚，和全体船员心灵相通的统帅风格，终于克服了种种艰难险阻，让他驾驶的船舶胜利到达了目的地。

而与聂文所体现的团体精神相对立的是前任船长的反团体思想。前任船长常常因为不可思议的原因让船在海上漂荡。有一次船航行到越南的海防港口时，他为了和一个女人鬼混，竟让他们空载的船忍着酷暑在闷热的、瘟疫流行的海港抛锚三个星期之久，海员们躺在床上喘气，船长不时上船看看，向伯恩斯撒谎说，他正在等一些信。他的行为越来越古怪。他似乎得了一种神秘的病，身体一天天垮下去，临死之前，他变得更加疯狂。他对船的安全、海员的生命弃之不顾。他根本不想让船回国。他不想给船主们写信，也一直没给他年迈的老婆写过信。他决心和一切事情割断联系。他不顾业务，不管货物，不管航线，一切都不管。当伯恩斯把船开到顺风方向，向他请示，要把船开往哪个港口时，他竟用低沉的恶狠狠的声音说："我希望船和你们所有人一个港口都到不了，但愿如此。"

前任船长不仅以他的所作所为给团体带来极大的破坏，而且他死后仍在精神上给船员造成巨大的压力。当聂文告诉病中的大副伯恩斯"唯一能帮我们的是风——顺风"时，伯恩斯却坚持说，可怕的是前任船长葬在北纬八度二十分，正在我们前进的路上，他的阴魂埋伏在那里等着给我们制造麻烦。聂文明白，前任船长的邪恶形象无形中对船员的心理造成伤害，影响了船员战胜困难的信心和勇气；北纬八度二十分的海湾出口处，无形中成为阻碍他们的船舶前进路上的一道"阴影线"。所以聂文告诫自己，要坚强起来，战胜意志的软弱。对聂文说来，只要跨越这条阴影线，让他们的船顺利通过海湾出口，便驱散了前任船长的阴魂，清除了他的恶劣影响，弘扬了水手的无畏精神。

约翰·聂文指挥的船最终冲破了伯恩斯所说的前任船长阴魂的符咒，胜利到达了目的地。这不仅意味着聂文在踏上人生征程之初，经受了严峻的考验，变得成熟了；而且它具有更深一层的象征意义，即每个年轻人在踏上人生征程时，都难免要面对生活的考验，它像阻挡前进道路的一条阴影线，只有坚定意志，鼓起勇气闯过去，才能走向光明的未来。这就是这篇作品的深刻寓意。

这篇作品除了成功地表现了成长中的约翰·聂文的英雄形象，讴歌了康拉德所崇尚的海洋精神之外，艺术上也有值得注意之处，就是它以小说主人公聂文为叙述者，不仅从他的视角展现整个故事，而且由于通过聂文以直抒胸臆方式抒发自己的感情、表露自己的心态，因此赋予小说强烈的抒情性；而在展现人物心理方面，小说采用了"内心独白"手法。这是康拉德的其他作品所罕见的。

第四章

衰落时期（1918—1924）

康拉德在创作晚期的最后几年（亦即他的创作真正衰落时期）还创作了四部小说，即《金箭》(1919)、《拯救》(1920)、《流浪者》(1923) 和《悬而未决》(1925)。最后一部作品没有写完，遗留的残稿在康拉德去世后，由他的朋友搜集、整理出版。因小说中的事件未充分展开，作品的整体情况不明朗，所以笔者未加以介绍、解读。

康拉德创作衰落时期的几部作品，从思想内涵和艺术性来看，不仅不可与他早期、中期的创作同日而语，即使和衰落的过渡时期的作品比较起来，也都嫌逊色。它们的共同特点，显示了康拉德创作衰落的表征。

（1）以爱情描写为中心，偏向纯情的表现，不受伦理准则约束，或者说脱离了价值判断。

（2）小说虽以爱情描写为中心，但情节线索较多，有时其他线索反而掩盖了中心线索，因而小说的主旨不鲜明，或者说不明确。

（3）追求故事的生动性、奇特性，而忽视其思想内涵，主题缺乏深刻意义。

一、《金箭》(*The Arrow of Gold*，1919)

（一）创作过程与作品的情节梗概

这部小说写得很快，整个创作过程不到一年时间，它完成于1918年6月，在《劳埃德协会杂志》连载（从1918年12月到1920年6月），1919年分别在伦敦和纽约出版单行本，题献给理查德·库勒（Richard Curle）。在某种意义上，《金箭》是未完成的小说《姐妹们》的重写。

小说的情节被安排在19世纪70年代的马赛（1877—1878年，康拉德在马赛）。当时关于西班牙王位继承问题的战争仍在进行。小说带有自传成分，它的主人公乔治和年轻的康拉德有许多共同之处。

小说开始时，三位年轻男子从嘉年华的热闹场景中出来。乔治和他的同伴形成鲜明的对比，他是个年轻的航海家，涉世不深，为人明智、真诚、富于冒险精神，一向不装腔作势。布朗特是美国人，出身于富裕家庭，在军中服役，讲究体面，本性虚伪。而35岁的弥尔斯是老练的、宽容的、不为热情所苦的医生，热心于保王党事业，干了些军火走私的事。他没有迷上交际花似的丽达，不过对她也十分羡慕。他并不虚伪，待人诚恳、宽容，他把布朗特的骄傲自大和自欺欺人行为看作人类的弱点来容忍。

从布朗特和弥尔斯那里，乔治得知，丽达本是巴斯克地区的一位牧羊女。她在游览时迷了路，误入一位著名老画家阿勒哥的鸟语花香的别墅中。阿勒哥对这个像是从天而降的美丽的姑娘很感兴趣。他相信，这个没教养的农家姑娘具备所有美丽女人的特征。他决心把她引进艺术的生活领域，把她打造成雅致的典型；丽达顺从了他的意愿。她感到，在她和阿勒哥相会之前，她的生活是"梦幻的、空虚的、懒惰的"。

阿勒哥在她身上发现了和他自己的抱负相一致的东西。她对传统的冷漠使她超越了普通人，成为她身上浪漫气质的要素。对阿勒哥而言，她是一种象征性情感的体现。在三个春来暑往期间，她是他的世界的一部分。他去世后，尽管丽达继承了他的一笔遗产，但由于他的去世，她的生活发生了惊人的变化，正如她自己所说，她像是忽然从凉台上跌落到街头。尽管现在她被一些羡慕者趋奉，但她没有真正的朋友，也不适应外面的社会生活。阿勒哥已把她培养成集牧人的单纯与永恒的艺术于一身的综合物。

尽管阿勒哥把她从一个懒洋洋的梦想者改变过来，但实际上，她身上并没有显示任何令人着迷的特性。甚至连痴迷她的布朗特也说，丽达的生活给人不现实的感觉。而且在他看来，丽达是一个"没有神经的人"，放荡不羁。她和堂·卡罗斯在威尼斯度过一段时期，然后送他上路，她被他的党徒们奉为一种信仰的象征，他们借此宣扬他们的事业。尽管布朗特对她颇有微词，但为她丢了魂，以致他和乔治发生了一场决斗，双方都负了伤。

对丽达来说，布朗特并不是她喜欢的人，她的感情倾向于乔治。而在乔治眼里，她是爱与美的象征。小说反复写到，乔治觉得插在她的茶色发髻中的那枚"金箭"，犹如丘比特的箭射中了他的心。小说以"金箭"命名，大概就是以此象征爱的魔力。

有段时间，乔治和丽达住在阿尔卑斯山上一间隐藏在玫瑰花丛中的石头房子里。他们都远离世事。但是，乔治不时悄悄回到领事街会见他的一些朋友。和布朗特决斗后，他躺在丽达的房间里养伤。丽达请弥尔斯医生来给他治伤，并把插在她头发上的那枚"金箭"送给他，作为永恒的纪念品。他们分手后，没再见面。

冷静的弥尔斯曾劝告乔治："你知道，这个世界不是为情人们设置的，甚至不适合你们俩。事实上，你们和这个世界毫无关系，不，情人的世界是不可能的。"[1]

事实上，这个世界是充满矛盾和斗争的，绝不是和谐宁静的世外桃源。富于冒险精神的乔治，即使在热恋丽达期间，也曾为保王党运送军火。在西班牙海岸，他为躲避军队的追缉，船倾翻了，差点儿丢掉性命。

待精力恢复后，乔治又去干航海营生。他全然忘了丽达，也一点不知道她的消息。她送给他的那枚"金箭"，在一次风暴中丢失了。他瞧着大海狂暴地涌上他丢失金箭的地方，想道，"这也好"。"大海忠诚的严肃使他避开人们的流言蜚语，他此后不再听到她的消息。"[2]

（二）关于《金箭》的评论

《金箭》出版后，英美评论界虽然有人肯定它的某些成就和艺术

---

1. Joseph Conrad, *The Arrow of Gold: A Story Between Two Notes*, Now York：Doubleday, Page & Company, 1919, p.381.

2. Joseph Conrad, *The Arrow of Gold: A Story Between Two Notes*, Now York：Doubleday, Page & Company, 1919, p.385.

特色，但总的说来，对它基本上持负面评价。下面引述一些较有代表性的观点。

第一，弗勒德里克·R.卡尔对这部作品的评价切中肯綮，他的如下几个观点值得注意：

（1）他认为，《金箭》缺乏早期作品的力量和视野。

（2）他严厉指出，"非理性的病态和激情是本书的中心"；"情欲和病态几乎是康拉德所有（否定）人物一再呈现的品质"。

（3）他对这部作品的特点做了较全面的概括，认为《金箭》不乏富于技巧的构思，在某些象征性的事物和场面中，在人物和情境的双层次（虽然失之浮表）中，在故事的内涵和物质成分的平行中，都体现了康拉德的倾向。但是，作为一部小说，这是他的较次的作品。"……康拉德显然情愿抛弃只能通过对他的材料更富于想象力的观念才可能获得的戏剧性的强度，而满足于平庸。"[1]

第二，诺曼·佩奇认为："这部小说核心部分的致命弱点是，尽管它主要是一部爱情小说，但是主人公对丽达的爱情被表现得有些抽象；至于丽达本人，尽管康拉德自己声称要通过她进行'对女人的研究'（1918年2月致友人信），可是，她只不过是个影子。不仅人物形象显得抽象，而且连叙述语言也是抽象、神秘莫测的。"他还指出："抽象、夸张、陈词滥调：这些就是康拉德晚年的这部小说的风格一再呈现的弱点。"[2]

---

1. Frederick R. Karl, *A Reader's Guide to Joseph Conrad*, New York: Noonday Press, 1960, p.276、279、280.

2. Norman Page, *A Conrad Companion*, The Macmillan Press Ltd., 1986, pp.124–125.

第三，托玛士·摩瑟尔声称："在阅读《金箭》过程中，我们或许首先觉得它非常欠缺形式。它实际上没有关注的中心，没有待解决的基本冲突，没有可走向的高潮，倒不如说，它有一连串可能的叙事线索。康拉德每捡起一条线索，作些思索，随后便丢开它。小说从年轻的海员乔治和两个冒险者布朗特、弥尔斯之间冗长的对话开头，卷进西班牙国王查理一世的支持者的反叛斗争中……"[1]

不过，平心而论，说《金箭》"实际上没有关注的中心"，似乎有失公允，它和康拉德的后期多数作品一样，都把爱情描写作为情节的中心。乔治和布朗特都爱上丽达，而且都爱得发疯，以致二人发生了决斗，这种老套的"三角恋爱"便是小说关注的中心。问题是，晚期的康拉德失去了他先前活跃的想象力和艺术创造力，没能把他早年的生活体验转化为艺术，只停留在人物之间浮表的、粗俗的情感纠葛和冲突上。他既没揭示这场冲突的思想底蕴，也没把它和他们参与的西班牙保王派的斗争联系起来，因而失去了让矛盾冲突走向高潮的动力，而只把它作为小说中众多叙事线索的一个主要线索来展开，在思想上或艺术上都没有起到"中心"的作用，这是这部小说失败的致命弱点。

前文提到，康拉德以"金箭"命名这部小说是有深刻寓意的，即表明爱情的魔力。客观地说，丽达这个女性形象是有特色的，除了她的天生丽质之外，最显著的一点是她身上显示了巴斯克地区牧羊女的野性、浪漫、狂放。老画家说，要在她身上体现牧羊女的单纯与艺术

---

1. Thomas Moser, *Joseph Conrad: Achievement and Decline*, Cambridge: Harvard University Press, 1957, p.185.

永恒美的综合，倒不如说，他要以艺术手段祛除她身上的野性，保留她的浪漫、狂放本性，使她成为雅致的典型。实际上，她的"雅致"不过是她的天生丽质的艺术化，而年轻、不更事的海员乔治，被她身上的这些特性迷得神魂颠倒，以致二人躲到阿尔卑斯山上过起隐居生活来。一时间，他们忘了尘世的烦恼与纷争，沉浸在爱河里而不能自拔。这种情景，即使在康拉德后期的爱情小说中，也极其罕见。不过，这种情欲的放纵，包含什么思想意蕴呢？除了显示爱的魔力，大概没别的意思。所以，当乔治投入实际生活中去后，对在风暴中丢失的丽达赠送给他的作为爱的魔力的表征的那枚"金箭"，一点不感到痛惜，此后他也不再听到丽达的消息。康拉德似乎要以此表明，那种脱离现实的浪漫的爱情是虚妄的，是经不起生活考验的。如果笔者的猜测没错的话，那么，这部小的爱情主题是否带有新意呢？

诺曼·佩奇在《康拉德指南》一书中说道："主人公对丽达的爱情被表现得有些抽象；至于丽达本人……不过是个影子。不仅人物形象显得抽象，而且连叙述语言也是抽象、神秘莫测的。"（前文已引述）笔者觉得，佩奇指出的情况值得研究。窃以为，乔治与丽达的爱情表现得既具体又抽象，而不是一概的抽象。和康拉德的其他几部爱情题材小说比起来，乔治对丽达的爱情应该说表现得较具体、细腻。乔治之所以爱上丽达，除了被她的浪漫激情和奇异的生活经历吸引之外，主要是被她的美丽动人的形象所吸引。小说一再描写丽达的一颦一笑和她的优雅神态，让乔治心驰神往。

但作者不满足于表现乔治与丽达的实际爱情，而注重他们之间的爱情的象征性。于是他借用实际事物——插在丽达茶色发髻上的那枚箭形的、黄金铸造的簪子来象征爱的魔力，作者在小说中有六七处提到那枚"金箭",随着象征手法的运用,叙述语言自然也难免带有一些晦涩抽象,这是很自然的。

说"丽达不过是个影子",恐怕有失偏颇。且不说小说实际上已对她做了不少绘声绘色的描写(大多通过别的人物对她的感觉印象表现出来——这本是康拉德的人物塑造的一种印象主义手法),就康拉德声称的描写丽达意在"对女人进行研究"而言,丽达形象带有象征性是义中之事。康拉德只注重表现丽达的单纯、浪漫、雅致,而对她的实际生活、日常行为的描写则不多,这就使读者觉得,这个人物形象显得模糊、空泛,仿佛她是个来无踪,去无影,飘忽不定的影子。这本是康拉德在人物塑造上的印象主义手法的特征,不足为怪。

二、《拯救》(*The Rescue*,1920)

《拯救》完成于 1919 年 5 月 25 日。这是康拉德写作时间拖延得最久的一部作品。它的创作开始于约二十多年前康拉德结婚时,他写了一些便把它和《姐妹们》一起搁在一边。作品完成后,起初在杂志上连载,1920 年出版单行本。从连载到单行本,作者对小说文本做了大量修改。

> 《拯救》回到康拉德早期小说《奥尔迈耶的愚蠢》和《海隅逐客》的世界。……《拯救》中的林格比《海隅逐客》中的林格年轻,正如《海隅逐客》中的林格又比《奥尔迈耶的愚蠢》中提到的林格处于更早的生活时期一样。于是,这三部小说,如弗勒

德里克·R.卡尔所言，构成了反时间顺序的特殊的三部曲。[1]

达夫纳·欧狄纳斯特·沃尔肯（Daphna Erdinest Vulcan）把这三部小说看作以反转的系列标示的衰落神话：在《奥尔迈耶的愚蠢》中，林格是"一个昔日了不起，丧失了希望的纪念品"；在《海隅逐客》中出现在我们面前的是一个开始衰落，贸易帝国垮台了的人物；而在《拯救》中，他试图回归其生涯荣耀的开端。所以，这部作品是写复原的规划，试图以昔日的力量赎回现在。[2]

（一）多条爱情线索中的爱情主题

要问这部作品提出了什么问题，解决了什么问题，恐怕看过作品的人都深感疑惑，难以回答。

小说中"闪电号"双桅帆船的年轻船长林格与搁浅在海滩的游艇主人的妻子特拉吾尔斯太太之间闪电式的爱情关系似乎是小说的情节主线，这对男女一见钟情，且很快进入相互了解、信任阶段，以致特拉吾尔斯太太接受对方邀请，住进"闪电号"上一间特地为她准备的小舱房。尽管特拉吾尔斯太太与她的丈夫的婚姻貌合神离，她对她丈夫毫无感情，甚至觉得难以和她丈夫相处，但是，作为有夫之妇，她的行为举止无疑有轻率之嫌。不过特拉吾尔斯太太说，她从小受到严

1. Norman Page, *A Conrad Companion*, The Macmillan Press Ltd., 1986, p.129.
2. John Batcherlor, *The Life of Joseph Conrad: A Critical Biography*, Blackwell Publishers, 1994, p.263.

格的教育，她知道她如何自持、自尊。而特拉吾尔斯虽然藐视林格，把他看作一个粗野的、没教养的人，对他的放荡行为满腔怨恨，但对他妻子的行为却熟视无睹，听之任之。林格要离开时，要求特拉吾尔斯太太在沙滩上与他最后一次相会。特拉吾尔斯太太爽快答应，他们家的客人德·艾尔卡瑟尔（他也是特拉吾尔斯太太的倾慕者，而且二人的关系很亲密）驾船送她前往。读者读到这里，本以为特拉吾尔斯太太可能与林格私奔，不料她与林格相会之后，便转身离去——回到她所厌恶的丈夫身边——这就是《拯救》描写的林格与有夫之妇特拉吾尔斯太太之间的婚外情。除了表现年轻的林格的浪漫、任性与青年男女沉迷于恋情的狂热之外，并没有说明什么！如果说，林格与特拉吾尔斯太太之间的恋情与《金箭》中乔治与丽达之间的恋情有什么共同之处的话，那就是青年男女一见钟情的浪漫、狂热。但在《金箭》中乔治与丽达的爱情显得高尚些。丽达毕竟是独身女子，她没有婚姻契约的约束，而且她对乔治的爱情是真挚的、执着的。即使如此，作者在小说结尾也以隐晦的方式指出，这种脱离现实生活的爱情是虚妄的。而《拯救》却满足于展现这种虚妄的激情。

其实，在《拯救》中，除了描写林格与游艇主人特拉吾尔斯的妻子之间的爱情之外，还展现了多条叙事线索。首先是表现林格与游艇主人特拉吾尔斯之间的纠葛。林格的双桅帆船"闪电号"与特拉吾尔斯的游艇相距不太远，它们都停泊在浅滩上。游艇搁浅之后，无法移动，特拉吾尔斯派出两条小艇，到海上寻求英国船的帮助。其中一条由卡特尔驾驶的快艇遇到"闪电号"，上船出示求助信后，大副菁对这位不速之客抱猜疑态度，对他很冷淡，而船长林格却热情地表示，他们会迅速前去救助，而且要求对方绝对不要再去邀请别的船相救。

林格立即吩咐卡特尔乘小艇在前头引导，他的双桅帆船跟着开往游艇搁浅的海滩。游艇的驾驶员和水手长看见向他们驶来的不过是一艘几百吨的小商船，颇为失望。双桅船驶近游艇搁浅的地点后，林格和大副菁跳上卡特尔的快艇，向游艇驶去。游艇主人艾迪斯·特拉吾尔斯邀请林格等又上船，不过是为了解闷，实际上他瞧不起林格。他本盼望一艘官船来救他们。游艇主人指责他的年轻水手卡特尔不堪信任，把林格这样可疑的家伙招来。卡特尔委屈地诉说，林格威胁他，若他去找别人营救，就要他的命。林格的殷勤、热情却招来游艇主人特拉吾尔斯的怀疑和怨恨。

谈话一开始，特拉吾尔斯便指责林格厚颜无耻，心怀叵测地来干预他们的事情，喝令他滚蛋。林格却振振有词地说，他有权为被抛弃的处于苦难中的同伙伸出援助之手。

本在一旁与特拉吾尔斯太太调情的艾尔卡瑟尔（他是游艇主人的客人——西班牙绅士），对特拉吾尔斯太太说，他对那个闯入者有好感，认为他很别致，表示要调解那个人和特拉吾尔斯之间的纷争，便上前劝解。不料，他的劝解受到特拉吾尔斯的谴责。特拉吾尔斯太太也劝林格不必为他们的事操心，她说，她丈夫已派人去向海峡管理署请求支援。不多久，援助就会到了。可是林格说他已说服当局不必操这个心，当局已答应，而且他已扣留了他们船上的看守。林格的这份超乎寻常的"热心"真是令人费解。他这么死心塌地要充当"拯救者"，到底是为了什么？为了显示他的"助人为乐"的豪迈精神，还是要显示他的能干？

林格对特拉吾尔斯太太声称，游船要得到营救，只有依赖他们，他要求她装出害怕这种危险处境的样子，到他的双桅船上去避难。船上有个小舱房，可供她住。但她说，她一辈子没说过谎。林格说，她必须这样做。他不是为了金钱，而是要拯救一座京城。

除了林格与游艇主人特拉吾尔斯之间的纠葛之外，小说还以相当多的篇幅展现林格与土著（马来人、阿拉伯人）民族之间的关系。林格被表现为"贤明"的白人。虽然他曾和岸上的土著开战，打死了一个人。但他吩咐手下人按照穆斯林礼俗厚葬死者，并安抚其家属。马来商人赫森问，他是否会像其他白人一样，血洗岸上的村庄？他说，绝对不会。林格乘机向他宣传白人的文明精神。可赫森向他诉苦：荷兰殖民者掠夺他们的土地，还要他们进贡。赫森说，他相信，林格是个好人，希望他能上岸参观他们的家乡。过了没多久，林格果真上岸参观赫森的家乡。只见村庄满目荒凉，死气沉沉。赫森说，老首领夺了他们的权力，毁了他们的家园，现在他们只剩下十个人了。林格下令把剩下的人（包括赫森和他的妹妹英莫达）全部转移到双桅帆船"闪电号"上，妥善安置他们。而且，林格答应，帮助他们恢复失去的统治权。可是，一天天过去了，林格陷入营救被达曼等土著首领绑架的特拉吾尔斯和艾尔卡瑟尔的事务中而不能自拔，连他自己都差点丢了性命。回到他的双桅帆船时，英莫达责怪林格把他们忘了。

经过一番曲折的谈判，特拉吾尔斯和艾尔卡瑟尔保全了性命，回到游艇上，这期间，曾发生一场不小的冲突。参与斗争的老水手乔根生丢了性命，他的心爱的船"爱玛号"和船上的物资全部被达曼等人占有了。达曼等土著头领绑架游艇上的那两位白人绅士和随后的火并（小说对这场冲突以印象主义手法写得扑朔迷离）表明，土著民族与白人的矛盾很尖锐、复杂。唯有这点，小说显示了一点社会意义和时代性。

不难看出，这部小说主要凸显英国海员林格早年的豪迈气概和他在冒险活动中的一段爱情插曲。小说的情节虽然杂乱、零碎，但在写景和人物塑造上带有印象主义特点。

（二）作品出版后，评论者对它的不同反应

《拯救》出版后，评论者对它的意见分歧很大，以下引述较有代表性的几种看法。

第一，贝恩斯（Beins）认为，尽管它冒充浪漫，但它是一部值得重视的，具有优点的作品。他称赞作品的主人公林格作为一个年轻的浪漫人物，完全具有成人的风度，并且卷入成人的境遇中。故事的道德支点，亦即情节中令人感兴趣的支点是林格对赫森的誓言和拯救搁浅的游艇中的人们的义务之间的内心冲突。贝恩斯还认为，林格和特拉吾尔斯夫人的爱情是康拉德罕见的对女性令人信服的描写之一。但是卡尔却认为，它包含康拉德创作中的一切优缺点。总体而言，它是呆滞的……他只在主人公林格身上看到一个小孩子的情感……太虚弱的激情和太任性的爱情，这不足以支持近500页的浪漫散文。卡尔退一步承认，从主题和结构来看，它提供了康拉德一生极好的梗概。

康拉德这时的声望可从这部作品初版便卖了20000册看出来。当时有的评论者对它报以热情的赞扬，甚至过分地恭维。有人认为，这部小说"如此有分量，如此深刻，并且如此美丽"。诺曼·谢雷（Norman Sherry）认为，《金箭》和《拯救》基本上是关于沉迷于爱情

的男人的故事。[1]

第二，伊恩·瓦特认为：“《拯救》涉及的爱情纠葛让康拉德难以摆脱，尽管康拉德意识到，爱情题材也难以吸引现代读者，因为他们感兴趣的已不是爱情小说，而是性小说。”“《拯救》的困难还在于使主人公林格船长的生活和性格与《奥尔迈耶的愚蠢》《海隅逐客》中的那个林格保持一致。”[2]

第三，弗吉尼娅·伍尔芙在 1920 年 7 月 1 日的《时代文学副刊》上撰文指出：“《拯救》是筋疲力尽情况下的重复之作，是早期风格难以令人信服的演习。”伍尔芙巧妙地揭示了康拉德描写爱情的局限性，在特拉吾尔斯夫人看来，林格不仅具有男子汉气概，而且是生活本身的显示。但是，读者却并不感兴趣。[3]

第四，P. C. 肯尼特（P. C. Kennedy）在 1925 年 9 月 26 日的《新政治家》杂志上撰文写道：“康拉德后期的作品读起来像是康拉德风格的羡慕者和门徒写的，而不是这位伟大作家自己写的。他的创作向来不缺乏个性，不缺乏崇高，不缺乏精确，但是，必须承认，有时候显得沉闷。”[4]

第五，杰弗雷·梅依尔斯（Jeffrey Mayers）谈到，这部小说的标

1. Norman Page, *A Conrad Companion*, The Macmillan Press Ltd., 1986, p.128.

2. Ian Watt, *Conrad in the Nineteenth Century*, Los Angeles: University of California Press, Berkeley,1979, p.129.

3. John Batcherlor, *The Life of Joseph Conrad: A Critical Biography*, Blackwell Publishers, 1994, p.262.

4. John Batcherlor, *The Life of Joseph Conrad: A Critical Biography*, Blackwell Publishers, 1994, p.262.

题带有讽刺意味，因为情节颠覆了它自身。作为牺牲品的拯救者赫森这位年轻的马来人，林格曾答应让他恢复国家的统治地位，但他自身却变为他所营救的那个女人的牺牲品。作品中所表现的林格和特拉吾尔斯夫人之间互相吸引的感情瓦解为呆滞的、荒谬的。康拉德对他所写的东西根本没有信心。[1]

三、《流浪者》（*The Rover*，1923）

《流浪者》是康拉德最后一部已完成的长篇小说，像《悬而未决》一样，是以拿破仑时期为背景的历史小说。这部作品在 1921 年 10 月初开始动笔，因病或其他创作干扰，一直拖延到 1922 年 7 月 27 日，全书才完成。此书出版后，销售状况不错，在英国卖了 40000 册，在美国的销量也颇佳。

这部作品人物不多，人物之间关系也并不复杂，情节较单纯、发展较快，叙述简明扼要，基本上采用传统讲故事方式表现人物事件，虽然较频繁地采用倒叙，但总的说来还是按照时间的自然顺序展开故事，让读者对故事较易领会。

小说的背景是在拿破仑称帝时期，法国和英国还处于战争状态。

故事开始时，小说主人公皮罗尔——一个在海外漂泊数十载、干海盗营生的老水手回到故里——土伦附近的半岛上，想寻求儿时的踪迹。但他回到出生地后觉得物是人非，故里的情景已让他觉得陌生，

---

1. John Batcherlor, *The Life of Joseph Conrad: A Critical Biography*, Blackwell Publishers, 1994, p.262.

回想当年雅各宾专政时期，他一家也难逃厄运，母亲被杀死后，他逃到海滨一艘小船上，船上的人把一个农民的名字皮罗尔误认为是他的名字，从此他便以皮罗尔当作自己的姓名，跟着船上的人出海，漂泊天涯。儿时凄惨的情景仍历历在目，但现在他对过去已没有怨恨，也没有惊喜。

上岸后，他在港务局办好了一些手续，便在旅馆里安顿下来。第二天，他向农民租了一头骡子，带着行李箱，往岛上走去。他听人家说，在那里可以找到供食住的旅馆。到了一个村庄里，看见一个坐在石头上的中年男子和他身旁的一头狗。经交谈，得知那个衣衫褴褛的男子是个船工、渔夫。他的船停在咸水湖里。他问那位男子，村里可有旅馆，男子告诉他，前面有一家。于是他骑着骡子前去探寻。旅馆里的一位年轻女子接待了他。谈话、气氛都显得有些神秘。她说，他可以住下来，她会告诉他有关革命的事。

皮罗尔在和年轻的农庄主人什屋拉·布朗交谈中得知，他是个坚定的共和派、爱国者，他对现下的时局非常不满，因为贵族又在当政，罗马教也在法国复活，他主张对卖国贼要毫不留情，说"怜悯是犯罪"。皮罗尔声明自己是个爱国者，但他生活在遥远的世界的那一头，与他们的政治无关。布朗把皮罗尔带到一个宽敞、明亮的阁楼上，说这就是他住的地方。这个阁楼像个灯塔，它有三扇窗户，向着大海。次日，他把自己的箱子搬进房间，打开箱子，看着里面储藏的珍宝，心想，这是他一生的积蓄，得好好保存，不能随便花掉。

住了几天之后，皮罗尔对这个家庭旅馆的主人，也就是农庄主人和他的家庭成员及另一个寄宿者渐渐有了了解。原来，年轻的农庄主什屋拉·布朗当年是个雅各宾派的积极分子；他的妻子阿勒特，即最初接待皮罗尔的那个年轻、标致的女子，是一个贵族的独生女儿。这个贵族也许当年就是这个农庄的主人。一天，一群雅各宾分子冲进她家，把她的父母全杀了，她幸免于难。这伙暴徒之一、现在的农庄主什屋拉·布朗救了她。她的姑母凯瑟琳收养了她。待她成年后，什屋拉·布朗娶她为妻。但是，她对他毫无感情，甚至极其厌恶他。所以，他们只是有名无实的夫妻。阿勒特受了那次血腥场面的刺激，心灵遭受严重创伤。她和姑母同睡一个房间，但她患了失眠症，常常独自一人晚上起来，像个梦游患者似的，在农庄内四处游荡。有时她歇斯底里地扑在姑母怀里大叫大笑。皮罗尔发现，另一个房客、年轻的海军军官雷尔中尉不苟言笑。有一次他和皮罗尔同坐一张长凳上，竟沉默不语。平日他总是穿戴整齐，显得神秘兮兮，皮罗尔主动和他搭讪，好容易打开他的心扉，但他的谈话常常模棱两可，一会说他来农庄休假，一会又说他有任务在身。

凯瑟琳像是个管家，又是个家务操持者，每天天一亮，她就出现在厨房里，忙着准备全家的伙食（包括两位房客的伙食）。雷尔中尉被安排在客厅里单独用膳，皮罗尔和这家人一起在厨房里用膳。

行为神秘、走路轻盈的阿勒特似乎迷上了雷尔中尉。有一天，她竟走进客厅里，站在正在用膳的雷尔中尉身旁，目不转睛地注视他。雷尔中尉吻了吻她搁在桌上的手掌。她把他的这一举动看作爱情的表示。从此，她掉了魂似地跟踪他。雷尔中尉的身世也不平凡，他是外省贵族的后代，父母在大革命期间遭雅各宾派屠杀。后来他参了军，好不容易当上海军军官。他不是一个轻浮的年轻人，虽然他同情阿勒特的命运（可以说同病相怜），对她也有好感，但万万没有要娶这个神经质的乡下姑娘的意思，更没有和她逢场作戏的念头。他在阿勒特手上的那一吻，多半出于一时的冲动，没想到这不经意的小动作在她心灵中产生了爆炸性的后果。他后悔不迭，从此故意不正眼瞧她一眼。阿勒特常常追问皮罗尔，雷尔中尉去哪里了？事实上，连皮罗尔也不知道他的行踪。

皮罗尔和雷尔中尉之间存在隔阂。他们互不了解，甚至彼此对对方感到厌恶，但他们有一个共同的意向：非常关注游弋在离海岸稍远的那艘英国军舰"阿米丽亚号"。舰长温森特年约40岁，他对岸上的火力布防和居民习惯了如指掌。他趁晚上把军舰开到这一带，派遣下属波尔特驾驶他的私人小快艇登陆，了解岛上情况，结果使他们很失望：农庄已换了主人，他们显得很神秘。温森特又派另一名水手西蒙斯到岛上侦察，看看在岛上是否看得清楚他们的军舰，结果当晚他就被巡查的皮罗尔发现，被他用手杖击伤了头颅，关在密室里。事有凑巧，一直对雷尔中尉心怀忌恨的农庄主人布朗不知道中尉和皮罗尔在海边搞什么勾当，晚上拿着粪叉到海边巡视。恰巧这时英国海军军官西蒙斯从船舱密室里逃了出来，但布朗没有看见他。布朗上船巡查时，因为西蒙斯躲在暗处。布朗发现船舱密室的门开着，便放下叉子，进入密室。这时躲在暗处的西蒙斯抓住帆索，荡到船舱旁，赶紧关上密室的门，并且上锁。然后他走到沙滩上，上了前来接应的英国小船。

虽然皮罗尔与雷尔中尉彼此存在隔阂，但对英国军舰的关注使他们有共同的语言。他们曾一起在农庄附近的小山上观察英军军舰活动的情况。起初他们各自怀着戒心，话不投机，甚至唇枪舌剑地争吵起来，但当谈话涉及英国军舰时，便变得融洽了。雷尔中尉说，他不是休假，而是执行任务，他来这里是要向皮罗尔了解英国军舰的情况，可皮罗尔说，他并不了解英国军舰的行动意向，因为离得太远，看不清楚。中尉说，英国军舰在沿海干扰海上运输，他坦诚地向皮罗尔说出他所接受的机密任务，把手抄的任命书掏出来给皮罗尔看，然后他们商讨对策。中尉并不简单地把皮罗尔看作一个海盗，他说，他们都是法国人，都是"枪手"，他需要皮罗尔的丰富经验。他们分手时，皮罗尔建议雷尔中尉当即返回土伦，为他的单桅帆船取得某种文件。

雷尔中尉从土伦回来后，把皮罗尔委托他办的证明文件掏出来交给他。事实上，雷尔是为了避开市镇的喧嚣才到乡下来度假，想过几天清静的日子。不过，他似乎有个附带的任务，海军上将交给他一封假委派信，故意让他当英军的俘虏。他是个沉默寡言的人，在奔放的革命激情和喧嚣的气氛中长大，不大习惯柔和的感情。那次，出于一时的冲动吻了阿勒特的手，没想到这一吻使她从此缠上了他。他想，不值得为这个没头脑的女子冒风险。为了摆脱她，他不想再回到农庄，但是，那张假委派文件还留在房间的行囊里。若对上级说把它丢了，他会被认为是个难以想象的白痴或疯子。于是他不得不在晚上回来。他疲倦至极，回到楼上的住房，准备睡觉，发现凯瑟琳的房门半开着。他刚进入自己的房间里，便发现阿勒特站在窗边等着他。阿勒特握住他的手。起初，他以冷漠的态度听任她摆布，渐渐地，她的魅力吸引了他，打动了他。他拦腰抱住她，紧紧地抱了好一会，这时，过往的种种想法和决心已烟消云散。他们的心交融在一起了。他们互诉衷肠。阿勒特告诉他，什屋拉·布朗想要他的命，他得当心，不过她会时刻关照他。她还说，皮罗尔和她姑妈变得怪里怪气，叫人不理解。她本对皮罗尔很有好感，认为他是从海外归来的人，没经历国内可怕时期的事件，他显得强大、精力旺盛、可靠。雷尔也差不多有同样的看法，但近来觉得这个人变得不可理解了。她叫雷尔要当心他，至于她的姑妈，她说，她什么也干不了，只是一天到晚时时刻刻用目光跟随她。皮罗尔也是如此。她说，他们都变了。她姑妈曾断言，她是个不适于投入男人怀抱的女子。雷尔问，她到他房间来，她姑妈是否知道，她说，她肯定知道。晚上，她和姑妈上楼进房间后，阿勒特和衣躺着，她姑妈则没躺下，坐在床前。阿勒特躺得不耐烦了，便起身走出房间，直接来到他的房间里，希望他今晚能回来。她要求他把她抱得紧一点，她说，她觉得累，以前睡不着都不觉得累。谈话间，他们听见一个老人呼唤阿勒特。阿勒特叫他要当心，说什屋拉就睡在那头那个房间。他们继续缠绵了一会才分手。雷尔庆幸她的姑妈催她走，不然，到天明他都无法和她分离。她走后，他强制自己睡下，决心明天离开这里。天刚破晓，凯瑟琳走进他的房间把他叫醒，催他离开，说阿勒特还在睡觉。阿勒特是她的侄女，她深知她的裙褶里藏着死亡，脚上有血，她不适合嫁男人。雷尔感到一种非尘世的痛苦，他对凯瑟琳说："你也好好听我说。"他说道："假如她是世上最疯狂的人，肩上留着革命暴行的罪恶，我也依然会拥抱她。你懂吗？"她说，他是个正直的男人，叫他马上离开，不要惊醒她，也不要再看她。说着，她离开了房间，关上房门。[1]

次日清晨，凯瑟琳对进厨房用早餐的皮罗尔说，她的侄女许久以来没好好睡过，昨晚却睡得很香，到现在还没醒来，千万别吵醒她。她还说，雷尔中尉马上就要下来。凯瑟琳告诉皮罗尔，昨晚什屋拉没

---

1. Conrad, *The Rover*, London: Wordsworth Classics, 2011, p.300.

回屋睡觉，她担心他会在什么地方准备干谋害的事。皮罗尔烦躁不安地问她，中尉说过他要马上离开吗？她答到，他答应在阿勒特醒来之前离开。她问他是否知道这孩子曾去看过神父？皮罗尔说，他对这类事不感兴趣。

不一会，雷尔中尉穿戴整齐地推开了里门，走进厨房。皮罗尔一直注视着他，心想，"这个人活像扑火的蛾子"。皮罗尔说："他是在从事欺骗敌人的工作，在执行任务，他的样子像是要病倒了，他提醒中尉，你无权生病。"[1] 皮罗尔把自己私藏的白兰地倒进咖啡碗里，说今天是个好日子，他要去刮胡子，给雷尔中尉送行。雷尔中尉对凯瑟琳说："你告诉她，我马上就会回来，通常是明天。"他轻声说："她会相信你的话。"雷尔中尉提起行囊，把系剑的皮带举过头，对凯瑟琳说，"别了"。

皮罗尔回自己的房间刮了胡子，从窗口往外看了好一会，然后走出房间，路过凯瑟琳的房间时，轻轻打开门往里瞧，发现阿勒特还在熟睡，便拉上门，轻轻下楼来，走进厨房。他与凯瑟琳聊了一会，便离开她，朝海边走去。他来到他的三角单桅帆船上，发现中尉、米凯尔和什屋拉都在甲板上。中尉说，皮罗尔的工作很简单，就是把他送上岸便完事。皮罗尔看见英国军舰已在航行。什屋拉还被帆布绑着，恶毒地斜睨着他们。皮罗尔以为是中尉和米凯尔昨晚把他关在密室里的。

皮罗尔和雷尔准备把船拉到港湾。雷尔想，他此去也许会被英军

---

1. Conrad, *The Rover*, London: Wordsworth Classics, 2011, p.303.

关押多年，因为这场战争不会马上结束。他深知，这次行动是为了荣誉，也是尽军人的职责。

什屋拉问："你们要把我怎么样?"皮罗尔说："你倒先说说，你是怎么进密室的?"

凯瑟琳独自一人待在厨房里，她走到餐厅门边观看天象，看到天气在变化。她觉得心惊肉跳，担心什屋拉谋害阿勒特。她想，他若杀死了阿勒特，然后就会把她也杀死。她正在胡思乱想之际，听见她侄女呼唤皮罗尔的声音。不一会，她看见阿勒特披头散发，神情惊愕地跑进厨房来。见此情景，凯瑟琳一把抓住她，两个女人扭在一起。阿勒特说，她做了个噩梦便醒过来了。阿勒特对她说起的可怕情景完全是当日革命高潮时期的血腥场面。雷尔被挥舞长矛大刀的革命者杀害了。她遇见皮罗尔也在挥舞他的棍棒，脸上毫无表情，她向他求援，可是他无动于衷。她问她姑妈，"他在哪里?"她姑妈知道，这个"他"是指雷尔，便对她说，他走了许久，去执行任务。可是，她要他马上回来，她疯狂地跑到野外。这时天已开始下雨了，凯瑟琳坐在高靠背的扶手椅里，等待厄运的到来。

阿勒特走下斜坡，朝单桅帆船所在的地方跑去。她高声呼唤皮罗尔救她。雷尔以惊恐的神情跳了起来。"她在叫我。"他说。瞧着伫立在岩石上的阿勒特，他说，她若跳下来，会摔断腿或脖子的。这时，阿勒特以一股冲劲跳到船上，皮罗尔赶紧接住她，否则，她会受到冲击的。阿勒特在他的怀抱中死命挣扎，恳求这位老朋友把"他"还给她。皮罗尔把她轻轻放在甲板上，她已昏过去，衣服被雨水淋得湿漉漉的。光着头，衣服滴着水的雷尔在她身旁跪下一条腿，好像他刚从水里把她救上来似的。皮罗尔吩咐雷尔抱起阿勒特，他会从旁帮忙，把她送回农庄去。于是他们立即照办。皮罗尔和抱着阿勒特的雷尔下了船，走下斜坡，到了路上。雷尔说，这姑娘身子并不重，他一个人就行，但他该怎么办？皮罗尔吩咐雷尔把她交给凯瑟琳。他不打算一同去，免得听她发怨言。雷尔便独自抱着阿勒特往农庄走去。皮罗尔回到船上，吩咐米凯尔准备把船推到港湾。浑身打战、牙齿咯咯作响的什屋拉又问道："你要把我怎么样？""到海上游一游，你看怎么样？"皮罗尔问道。[1]

什屋拉坚持要给他松绑，把他送上岸去。皮罗尔答应，待船出海后再给他松绑。他和米凯尔终于让船滑出港湾，开往外海。英国军舰司令温森特和他的下属西蒙斯发现了他们。这艘三角单桅帆船与英舰巧妙地周旋，皮罗尔竭力设法逮住它。

雷尔把阿勒特送到凯瑟琳身边后就返回观察哨探察海上情况，他发现皮罗尔已把船开走，急得跳脚。他立刻返回厨房对凯瑟琳说，他被皮罗尔出卖了。

阿勒特已醒过来。雷尔心中惊喜，他获得了一个饱受革命苦难的女子真挚的爱情。阿勒特神采飞扬，决定明天就到教堂举行婚礼。他们三人都知道，再也见不到皮罗尔了，感到无比怅惘。

他们不知道的是，这时，皮罗尔的三角单桅帆船和英国的皇家海岸战舰"阿米丽亚号"在玩一场猫捉老鼠般你追我逃的游戏已有好长一段时间。三角单桅帆船终于被军舰锁定。舰长温森特下令让6名士兵在舰前列队向帆船开枪。然后让舰尾的士兵放枪。皮罗尔终于中

---

1. Conrad, *The Rover*, London：Wordsworth Classics, 2011, p.317.

弹，挣扎了好一会死去。温森特命令波尔特把那艘船牵回来，检查上面的情况。不一会，波尔特报告，船上三人均已中弹身亡。那个白头发的老头中了三枪。船舱里有个缝合的帆布袋，里面有一份没署名的证明书，一个军用行囊，里面有一封委派信、替换衣服和军官的佩剑。温森特估计，那个军官已掉进海里。他惋惜那个优秀的老航海家像一条狗一样被枪杀，但又说，这是无可奈何的事。温森特赞扬船上三人的英勇顽强精神，特别佩服那个白头发的老者的智慧、英勇、顽强精神，所以决定对他们和他们的船以应有的礼遇，让他们和他们的船沉入海底，永远安息。

小说结尾写到，过了若干年，雷尔中尉在经历了一场海战、死里逃生之后，已晋升为军舰舰长，退休后的他回到艾斯坎波巴农庄住下。他的夫人和姑妈都是这一带出色的人物。

有一天，当院子里的井水干涸时，他们发现了井里有一个缝得完好的像是马甲的帆布包，里头藏的全是金银财宝。凯瑟琳猜想，这是皮罗尔留下的。她记得，那天早晨，当他要离开农庄出海时，他独自在井边逗留了很久。因为这是属于没有姓名、没有遗嘱的私藏物，雷尔夫妇决定把它上交政府。

《流浪者》是一部颇能代表康拉德晚期创作风格的作品，为了让读者对它有较清晰的印象，所以笔者多花了点笔墨介绍作品（特别是后半部）的故事情节。

从以上介绍不难看出，这部小说的情节虽有点散乱，但基本上还是连贯的、清晰的，易为读者把握的。

这部小说的情节线索较多，首先是雷尔中尉和皮罗尔对在海岸附近游弋的英国军舰的关注和他们准备采取的干扰活动；其次是海军军官雷尔中尉与农庄主的妻子阿勒特的爱情关系及其后来的圆满结果；再次是农庄主什屋拉·布朗与雷尔中尉的对立、矛盾。从小说的标题和布局来看，皮罗尔应该是中心人物，他对英国军舰的干扰活动是小说的重点和中心，但事实上，这个人物并没写好，他的思想性格没有加以充分表现。小说一再强调他的怪脾气，但是，作为一个在革命时期受迫害家庭的后代，特别是作为一名老航海家，他的主要思想信念是什么？他回到故乡有何打算？（干扰英舰的计划似乎是到了艾斯坎波巴农庄之后才想到的，而不是预谋的）他对英国军舰的干扰要达到什么目的？这些都显得暧昧不明。所以，他的牺牲虽然壮烈，但让读者觉得，死得不值。还有，雷尔中尉声称，上级要求他成为英国军舰的俘虏。皮罗尔驾船出海的目的之一似乎是把他送上岸。这又让人一头雾水：他充当俘虏到底要达到什么目的？小说没做交代或暗示。幸好，阿勒特的突然出现，破坏了雷尔中尉预定的计划。否则，就不会有他们日后幸福的结局了。实际上，雷尔与阿勒特之间爱情关系的线索压倒甚至掩盖了皮罗尔的线索；皮罗尔甚至被推到背景中去了。这表明，小说的布局完全违背了作者的意图，爱情主题掩盖了英雄主题。

综观康拉德创作衰落时期的几部作品，我们发现，它们无论在思想内涵上还是艺术性上，都比康拉德先前的创作逊色。这不免使人产生疑问：康拉德的创作为何发生这种变化？如果简单地用"江郎才尽"来概括康拉德创作衰落的原因，恐怕未必尽然。笔者认为，康拉德创作的衰落大致有如下几方面的原因。

首先，康拉德晚年创作旨趣的转变。康拉德刚踏上创作道路时，现代主义文艺思潮已席卷英国文坛，使有志于为艺术献身的文学青年亟望在创作上闯出一条新路来。康拉德——一个在航海事业上拼搏了二十载、历尽人间沧桑的青年，也渴望自己的创作能呈现崭新的面貌。他仰慕精英艺术，立志从事艺术实验，而不愿去迎合大众读者的欣赏口味，使自己的创作通俗化。从《奥尔迈耶的愚蠢》开始，他的每一部作品都得到评论界的好评。几年工夫，他就蜚声英美文坛。这使他觉得，他选择了一条能通向文学殿堂的路子。但是在他成为文学评论界的"宠儿"的同时，却没赢得大众读者的喜爱，他的作品印数不多，销量不佳。这样，他的文学声望和穷困的经济状况形成明显的反差。尽管他曾声言，他会以自己的创作创造自己的读者大众，但他知道，这数量有限；他内心深处渴望自己的创作能赢得广大读者的喜爱。

到了 20 世纪初，他的日益高涨的文学声誉和穷愁潦倒的困境的反差显得更加突出。他暗下决心：要冲破小范围的精英读者群，为大众读者写作。从《机缘》开始，他明显改变了创作路向：不再为探索人生问题和艺术实验操心，而要使自己的创作迎合大众读者的欣赏口味。为此，他决定以读者感兴趣的爱情题材为创作重点，着重强调事件的奇特、人物的浪漫意味。可是爱情题材恰恰是他的短板，康拉德笔下的爱情大多是男女一见钟情、英雄救美；男女之间多半以外貌相互吸引，难得有心灵之间的契合。而且爱情关系和其他事件混杂，彼此却又无实质性的关联。一部作品呈现多条情节线索混杂的情况，屡见不鲜，作者常常在作品里提出多个问题，却没有一个得到解决。

其次，康拉德晚年对先前创作的题材和写作套路大概已感到厌倦，他想转换题材和写作手法。但是，受到晚年生活的局限，他对其他领域的生活不甚熟悉，所以除了挖掘早年的生活经验之外，主要依赖文献资料（例如，笔者未加以解读的康拉德的未竟之作《悬而未决》，以及最后一部完整的作品《流浪者》）。因此，缺乏生活气息是难以避免的。再者，康拉德竭力要使自己的新作通俗化，但他对通俗化的一套手法却又不熟悉，所以，我们常常看到，康拉德晚期创作尽管气氛较宽松和谐，人物事件都带有浪漫情调，但在叙事人物塑造和写景等方面明显不如先前的作品纯熟、自然，甚至屡见不合章法、变腔走调的败笔。难怪有的批评家认为，他的晚期创作像是他的模仿者或门徒写的，而不是出自这位大师的手笔。

再次，康拉德晚年健康状况日益恶化，精力大不如前，想象力和创造力确实已趋向枯竭。他往往失去了把实际生活经验转化为艺术创造的能力。这从《金箭》明显看得出来，这部作品虽然采用了康拉德早年在马赛的一段生活经历，例如为西班牙保皇党私运军火、为了一个女人与情敌发生决斗，等等。这些固然可以成为艺术创造的材料，但康拉德没能显示这些事件对人物思想性格的形成、发展的意义，没能把它们加以戏剧化。

尽管康拉德晚年的创作呈现衰落景象，但个别作品的失败不足以撼动康拉德在英国，乃至欧美文学史上的突出地位。正如一位著名作家所言，"荷马也有打盹的时候"。从康拉德的整个创作来看，它的成就是显著的、伟大的，甚至在某些方面具有里程碑的意义。对康拉德创作的关注，主要不在于揭示康拉德晚期创作走向衰落的情况，更重要的是探寻康拉德创作走向衰落的客观原因和主观原因。这样，才有助于从一个作家的成败得失，看到文学史发展的某些规律。我们不是从康拉德创作的发展情况看到，一个天才的、有特色的先锋作家，在面临文学日益商业化的大趋势下的困乏和苦苦挣扎的情景吗？尽管一个作家矢志为文学艺术献身，但当他看到他创造的文学精品不为大众赏识，他不感到痛苦吗？为了使自己的创作面向大众，也为自身的生计着想，他在创作旨趣上改弦更张，不是很正常吗？但问题就出现在这"改弦更张"上，正如一个弄惯了大刀和弓箭的武士，突然要让他操弄枪炮，他必然从一个"能手"变为一个"生手"。康拉德的情况就像"改弦更张"的武士。他从自己熟悉的题材和习惯了的先锋技法，一下子转向写他不熟悉甚至无把握的题材，而且要采用与之相应的通俗化手法，他自然感到困乏，只能勉力为之。不过，一个大文豪毕竟有化腐朽为神奇的能耐，所以，即使他面向陌生的题材和新的创作路向时，他也能编造出让大众读者感兴趣的作品来。这就是康拉德晚年的创作销路极佳，却不为严肃的批评家叫好的可悲状况。

第三篇

康拉德创作的思想特征

第一章

康拉德的悲观主义与其创作

一、康拉德悲观主义思想渊源

（一）早年悲苦生活造成的心理创伤

从心理学的角度来看，一个作家早年，特别是童年遭受的苦难和痛苦的经历，会在他的心灵中留下难以愈合的创伤，这不可避免地会影响作家日后的创作。康拉德的情况就是如此。他在创作中流露的阴郁、忧伤的情调和他早年在波兰度过的悲苦生活在心理上造成的创伤有着密切的关系。

国家民族的危难和家庭的悲惨遭遇以及他个人在这背景下蒙受的屈辱、心酸，使康拉德认为这个世界是黑暗的、残酷无情的，人生就是一场悲剧。

康拉德的祖国波兰在 18 世纪末被奥地利、普鲁士和俄国瓜分。

在民族遭受列强的侵略、奴役，民族文化被肢解的情况下，"国破山河在"的情景使年幼的康拉德深感屈辱，他们一家又生活在俄国统治的区域，因此，康拉德对专制统治的残酷无情有着深刻的感受。康拉德出生后，他的父亲，一位才华卓著的诗人、剧作家、翻译家——阿波罗·柯詹约夫斯基给他写了一首洗礼歌，歌词深刻表达了他的亡国之痛：

（儿啊）你没有土地，没有爱，没有国家，没有人民，因为你的母亲——波兰被埋葬在坟墓里。

这种亡国之痛自然也深深埋藏在康拉德的心里。后来尽管他加入了英国国籍，接受了英国文化的洗礼，融入了英国的社会生活，但是，在骨子里，他始终是一位波兰乡绅，他的脑子里经常浮现出故国危难深重的景象。即使在艰苦的航海生活中，或是日后蜚声文坛的岁月，家国情怀和关于世界黑暗、残酷，人世悲苦惨淡的理念始终深埋在他的心坎里，并且自觉或不自觉地在他的创作里表现出来。可以说，悲观主义是他的早年悲苦生活对他的一种塑形性的影响，这是任何力量也抹不掉的。

康拉德的祖先和千千万万波兰的志士仁人一样，为了祖国的独立，民族的自由、解放，不怕坐牢流放，不怕流血牺牲，对侵略者、压迫者进行艰苦卓绝的反抗斗争，可是，这些斗争总是以失败告终。康拉德的父亲阿波罗也是一名反抗侵略者的坚强战士，他曾协助组织秘密的民族委员会，经常把他家当作聚会的地点。但是，在著名的华沙反抗俄国统治的起义之前，他却被捕并判处流放。年幼的康拉德和母亲跟随阿波罗前往流放地——俄国北部离乌拉尔山不远的朋姆。康拉德和他的父亲在流放地度过了艰苦的六年。

在伴随父亲流放期间，年幼的康拉德也曾有过短暂的快活时光，那是他们蒙当局开恩，前往南方天气较暖和的契尼科夫的时候。在那里，康拉德和他的母亲又得到准许，前往 120 英里之外的位于诺沃伐斯托的波布罗夫斯基庄园。他不仅得到外婆、舅舅的宠爱、呵护，而且在庄园辽阔的、没有围栏的田野里，和他的表姐（一个讨人喜欢、性情和蔼的小姑娘）在夏日的阳光下愉快地度过了三个月。但是，总的来说，在流放地度过的六年艰辛、惨淡的岁月，给康拉德的心理蒙上了浓浓的阴影。如果说，亡国之痛对于一个孩子来说还比较模糊、淡漠的话，那么，父母的悲剧人生则深深地刻印在康拉德的脑海里。父辈的反抗斗争总是以失败告终，使他领悟到世界的黑暗与生活的无望。这对于一个刚刚踏上人生道路、本应对生活充满希望的孩子来说，无疑是残酷的打击；康拉德的遭遇，酷似刚出土的幼苗遭到霜雪的摧残。毫不奇怪，康拉德刚从事航海事业时，他舅舅波布罗夫斯基不时从他信函的字里行间看出康拉德的悲观主义思想，舅舅还以为这是他健康状况不佳所致，他哪里知道，康拉德的悲观情绪早在他小时候就露端倪了。

（二）叔本华的悲观主义伦理学和莫泊桑的悲观思想的影响

康拉德是叔本华悲观主义伦理学的信奉者。也可以说，康拉德早年在阴郁的生活环境中滋生的悲观主义思想在叔本华的悲观主义伦理学里找到了理论依据，因而变得更加坚定。

如果说早先康拉德的悲观主义还停留在心理上和情绪上的话，那么，他从叔本华的唯意志哲学里领悟到，人生的痛苦不过是主观意志驱动的结果。

> 在叔本华看来，现实社会中的人由于不了解自己和世界均是盲目的意志的表现，企图给自己去设定谋划目的和理想，并企图通过认识和行动来实现自己的目的和理想，然而这一切归根到底只能给他们自己带来痛苦。因为这一切都是由人的意志所支配的，而意志的本质就是盲目的欲望和永不疲倦的冲动，后者本身就意味着痛苦。……因为欲望、冲动是无穷无尽的，而它的满足却是暂时的、有限的。当一种欲望得到了满足的时候，新的欲望就会随之而起，这样欲望就永远无法得到满足，也不能摆脱痛苦。因为一个人如果一切都满足了，就会感到孤寂、空虚、厌倦，而这也同样是痛苦。总之，痛苦是人生所不可避免的。叔本华说："人生实际上总是一场悲剧，只有在细节上，才有喜剧的意味。"[1]

康拉德从叔本华的悲观主义伦理学领悟到的要旨便是，人生的痛苦是不可避免的，人生实质上是一场悲剧。综观康拉德的创作，不难看出，康拉德就是秉承这种悲观主义伦理学去观察人生、表现人生的。至少他的表现陆地世界的创作，体现了这种悲观主义伦理观。

此外，康拉德不仅仰慕法国作家莫泊桑的小说艺术，还深受其

---

1. 全增嘏主编：《西方哲学史》（下册），上海人民出版社 1985 年版，第 412—413 页。

悲观主义思想的影响。莫泊桑和福楼拜都是悲观主义者。在莫泊桑看来，世界是黑暗的，人生是痛苦的、悲哀的。莫泊桑对世界人生的悲观见解，不仅引起康拉德的共鸣，而且激化了他的悲观主义世界观、人生观。

二、康拉德的悲观主义思想及其在创作中的表现

（一）以虚无主义、神秘主义表现人类的幻想、理想的破灭

康拉德认为，人类所面对的世界是非理性的、冷漠的。1897年12月20日，康拉德在给他的好友康宁汉姆·格拉汉的一封信中详细论述了他的虚无主义观点：

> 有一种——不妨说——机器。它旋转着……在乱糟糟的钢铁屑之外，瞧呀——它编织着。看着这可怕的工作，我吓坏了，吃惊地伫立着。我觉得它应该刺绣——可是它继续编织……最具有毁灭性的想法，是臭名昭著的事物已打造它自身，造就它自己，没有思想，没有意识，没有深谋远虑，没有眼睛，没有心脏。这是个悲剧性事件——它已经发生。你无法干预它。最后一滴苦酒在疑虑中，你甚至无法摧毁它。由于那种真实情况，一个人的潜在力量使其成为生存的不朽者。这就是现有的情况——这是不可摧毁的。它把我们编进、编出，它已编织时间、空间、痛苦、死亡、腐败、绝望和所有的幻想——一切都无关紧要。这个冷漠的

世界，它把我们编进又编出，这是我们所注定的生存之处。[1]

在《黑暗的心》中，马洛认识到这样的世界，他这样提到生活："无情的逻辑为了一个无益的目的做出神秘莫测的安排。"

这个冷漠的世界常常驱使它的女仆"偶然性"来使人的命运发生逆转。在《奥尔迈耶的愚蠢》中，奥尔迈耶的岳父林格挖金矿的计划泡汤，致使奥尔迈耶的发财梦破灭。在《诺斯托罗莫》中，诺斯托罗莫与德考得运送银锭出海，偏偏撞上叛军的军舰，这一突发事件致使他的命运发生激变。在《间谍》中，温妮的智障弟弟斯迪威受维尔洛克的驱使，携带炸药前往格林尼治天文台，途中却不小心被树根绊了一跤，致使炸药爆炸，把他炸得粉身碎骨，从而酿成一出悲剧。在《在西方目光下》中，拉祖莫夫的生活在他看来正沿着一条预定的可控制的路线发展，可是突然之间他受到霍尔丁事件牵连，因此，他的命运便不为他自己掌控了。在《吉姆爷》中，吉姆在"帕特纳号"船上出事后，决心在东南亚丛林地带的土著民族中创造一番事业，来洗刷这一耻辱，重新挣回自己的荣誉，经过一段时间的奋斗，他事业有成，赢得了土著民族的信任。但是由于白人海盗布朗的突然侵入和他后来的背信弃义，土著人蒙受重大损失，吉姆自知罪责难逃，决心以死谢罪。上述人物的命运似乎表明，冷酷无情的世界在摆布人类，使其不能按照自己的愿望实现人生的目的。

---

1. John G. Peters, *Conrad and Impresionism*, Cambridge University Press, 2001, p.126.

（二）理想与现实之间难以克服的矛盾导致人生悲剧

在康拉德看来，幻想是人类的本性；如果人类没有幻想，早就停止前进了。这样看来，康拉德仍肯定幻想在人类社会生活中的积极作用。但是，他又清醒地意识到人类在幻想驱动下所从事的活动常常以失败告终。有时候，它对人类的努力不仅没有给予美满的回报，反而挫败人类奔向生活理想的信心，甚至酿成悲剧。因为康拉德从叔本华的唯意志论哲学得知，人类的幻想、追求是在主观意志驱动下形成的，而主观意志完全是盲目的，因此幻想常常脱离实际，理想与现实之间难以克服的矛盾导致追求失败，甚至酿成人生悲剧。

康拉德从青年时期起，内心就交织着现实主义与浪漫主义的冲突，因此，他对人类这一悲剧性的矛盾有敏锐而深切的感受。他的成名作《奥尔迈耶的愚蠢》第一次表现了这一主题。

说实话，奥尔迈耶的愿望不算高远，只是脱离了实际，无法实现而已。奥尔迈耶对现实缺乏清醒的认识，一味坚持自己的傻念头，和无情的现实对着干，终于在绝望中死去。康拉德对他笔下这个人物讽刺与怜惜之情参半：既讽刺他毫无现实感，又对他的不幸遭遇倾注了同情；他对奥尔迈耶不幸遭遇的同情，也就是对人类悲剧命运的同情。

在随后的创作中，康拉德沿袭这个思路表现许许多多悲剧性的人物。例如在《诺斯托罗莫》中，主人公高尔德是个年轻有为的企业家。他不顾父亲关于不要去碰桑·托梅银矿的警告，雄心勃勃地重新打理荒废多年的矿井，克服了种种艰难险阻，振兴了矿业。最后，银锭源源不断地输送到美国的财阀手中，再以贷款形式返回资金。由于矿业的振兴，萨拉科暂时出现繁荣的景象，而高尔德作为公司的总经理，也变得声名显赫。这一切使高尔德志得意满，他自以为自己实现了当初以振兴矿业推动社会繁荣进步的愿望。但是，目光锐利、头脑清醒的"怪人"莫尼汉医生看到表面繁荣掩盖下的巨大的社会灾难：因为银矿掌握在少数人手里，老百姓照样过着贫穷苦难的生活，总有一天，他们要夺回被少数人窃取的银矿。一场声势浩大的反抗斗争，像地下的热火一样在酝酿中。莫尼汉医生把这可怕的前景告诉高尔德太太，使她清醒地看到，物质利益的诱惑不仅使她丧失了昔日温馨的爱情，过着孤寂的生活，而且使高尔德家族如同生活在火山口一般，不知哪一天这地下的热火会让他们粉身碎骨。

《在西方目光下》的主人公拉祖莫夫也是个理想被现实击得粉碎、陷入幻灭困境的悲剧人物。

在上述三部作品中，主人公对生活的愿望和幻想应该说都是合情合理的，它们从不同角度体现了人类幻想的正当性，而且这些人物在追求自己的愿望时，都付出了艰辛的行动，但结果都事与愿违，他们的理想总是为现实所粉碎（如拉祖莫夫）或者理想与现实产生了尖锐的矛盾（如高尔德），但他们自身却没有意识到。

（三）毁灭性力量占上风导致人类的悲剧命运

在康拉德看来，这个世界是残酷无情的，人类无可奈何地受它摆布。1897 年 12 月 20 日，他在致康宁汉姆·格拉汉的信中表明，在他眼里，这个世界如同一架冷酷的机器，它任意把人"编进编出"。这使他不能不相信，在这个世界上，毁灭性力量总是占上风，人类的悲剧是注定了的。看来这种怀疑主义思想折磨康拉德已有一段时间了，1896 年康拉德在致好友贾纳特的信中曾经表示：

怀疑让我不知所措，我觉得非常痛苦，却无力摆脱出来……我思来想去，没有头绪，直到身体变得非常虚弱——我不想说了——明天！当明天来临时——只会带来新的没有意义的痛苦。我反复地问自己，是否已经精神崩溃……一切看来都是如此愚蠢。[1]

尽管在19世纪末康拉德的悲观主义、怀疑主义思想已对他的创作心理起到潜移默化的影响，但是，直到1899年创作《吉姆爷》时，康拉德的悲观主义、怀疑主义还只是"一团模模糊糊、难以捉摸的水汽"[2]。但是到了20世纪初，康拉德的小说实验进入鼎盛时期，这种悲观主义、怀疑主义已发展为一种焦虑情绪，明显表现于这时期创作的《艾米·福斯特》和其他三部响当当的政治小说中。

法国作家、批评家安德烈·莫洛亚在《约瑟夫·康拉德》一文（附于中文译本《大海如镜》后面）中声称，"在康拉德的作品中毁灭性的力量常常是战胜者"[3]。

这个观念使康拉德的创作和英国主张"善终究要战胜恶"的乐观主义作家区隔开来，而归属于19世纪后期以福楼拜、莫泊桑为代表的以悲观、自制、冷静为特征的欧陆传统。

在康拉德早期作品中，虽然这种毁灭性力量表现得还不很显著，但它毕竟已成为造成主人公悲剧的一个重要因素。例如在《吉姆爷》

---

1. Frederick Karl, Laurense Pavies edited, *Collected Letters of Joseph Cenrad*, vol. 1, New York: Cambridge University Press, 1983, p.286.

2.《英国古典小说五十讲》，缪华伦、王国富译，四川文艺出版社1987年版，第486页。

3. 康拉德：《大海如镜》，倪庆饩译，百花文艺出版社2000年版，第208页。

中，吉姆的悲剧和他自身的弱点（如在关键时刻显得怯懦，并且对海盗布朗过于轻信）有关，但作为毁灭性力量象征的布朗终究是置吉姆于死地的一个重要因素。对吉姆悲剧的表现正好说明，在康拉德创作前期，他的悲观主义、怀疑主义还处于朦胧状态。

但是，到了康拉德创作中后期，他的悲观主义、怀疑主义已变得很强烈了，他清醒地意识到，生活中的邪恶势力，或者说基于丑恶人性的那种毁灭性力量，不可避免地要摧毁人类的美好愿望和善良意志。例如《诺斯托罗莫》中鱼肉百姓、争权夺利的统治势力和摧毁道德理想的物质利益，《间谍》中对道德采取虚无主义态度的无政府主义者，《在西方目光下》中扼杀一切自由意志的专制主义和主导个人行为的利己主义都代表了毁灭性力量。

值得注意的是，康拉德在创作晚期已把这种毁灭性力量象征化、神秘化。在《胜利》中，阿塞尔·海斯特为了躲避邪恶势力的侵害，躲到荒岛上过隐居生活。随后，他把饱受酒店老板侵害的莉娜救出来，带到荒岛上，和他一起生活。但是，退隐到荒岛上，他们也无法保持人身的自由、生活的安定。因为以琼斯为首的三个亡命之徒，在酒店老板唆使下，来到荒岛上，声称要夺取海斯特隐藏的财宝。为此，他们惹是生非，猖狂地向海斯特挑衅，以至于采取残暴手段。莉娜在和这伙暴徒斗争中英勇牺牲。最后琼斯一伙虽然得到应有的惩罚，但海斯特因失去莉娜而伤心至极，要追随她而去。另外，他也无法忍受人世间的黑暗，决心自焚。在这部作品中，康拉德把琼斯一伙看作毁灭性力量的象征，所以把他们描写为外貌丑陋、毫无人性，像一群怪物。难怪莉娜把站在她面前的里卡多看作"邪恶世界的化身"。

如果说在《吉姆爷》中，占上风的毁灭性力量还只是个别人的话，那么从《诺斯托罗莫》开始，这种毁灭性力量就不是个别人了，而是一种强大的、控制人类命运的邪恶势力。这种邪恶势力除了专制机构之外，主要是可怕的、对人的思想起腐蚀作用的贪欲和极端的利己主义。

康拉德在表现这些作为毁灭性力量的人物时，暗示促使这些人物变得可憎的因素是肮脏的现实。例如在《间谍》中，他在对那些无政府主义者做极端丑化的描写时，告诉人们，这些人物原先并不是这样的。维尔洛克原本是"性情庄重善良""为人慷慨、脾气好"的绅士；"红色委员会"的特别代表奥西朋本是个医科大学的学生；爆破老手卡尔云特"当年也曾经是一位赫赫有名的大演员"；而极端的恐怖分子"教授""一度担任过一所技术学院的助理化学实验员"。这些人原本都有体面的职业和正常的社会生活，但是为什么他们最终都变成了让人觉得无法理喻、招人厌弃的无政府主义者呢？自然是肮脏的环境侵蚀的结果。再如《黑暗的心》中那个神秘人物库尔兹从前也是一位了不起的、"有可能取得重大成就的音乐家"。康拉德笔下这些看似怪异甚至荒诞的人物，其实都因经受肮脏环境的侵蚀而变得精神分裂：一边是文明与理性，另一边是疯狂与非理性，二者的对立、撞击形成深刻的讽刺效果。

（四）人类在面对冷酷无情的世界时的孤独感

康拉德曾经认为我们的生活和梦中一样，都是孤独的。这个观念的形成和他的人生经历有密切关系。康拉德幼年时期跟随父亲过着艰苦的流放生活，除了亲人的抚慰之外，面对的是一个冷酷的世界。特别是他母亲去世以后，他长期和体弱多病、忧伤抑郁的父亲过着孤寂的、郁郁寡欢的生活，几乎没有玩伴，自然，他幼小的心灵里弥漫着一种辛酸的孤独感。

后来，他从事航海，长年在海洋上过着孤寂的生活。热带阳光照射下难以言说的忧郁、船上指挥部内官员间的严格分离，除了令人难以接受的俄国国籍之外，长年没有合法的国籍。到达英国后，他虽然加入了英国国籍，对英国社会生活没有不适应的感觉，但是作为一个流亡的波兰人，一种无根的感觉总是盘踞在心头。告别海洋之后，丧失了长期生活的根基，面临作家生活的非现实和孤单，加上文学上的朋友都不甚理解他的意图——所有这些因素促成他的孤寂、飘零的心理。这种孤寂、飘零的心理势必会通过他笔下的一些人物表现出来。即使在他的优秀的海洋小说中，他也表现"人是孤独地面对宇宙的"[1]。

康拉德的孤独感，不仅来自他自身的生活体验，而且也受到莫泊桑的影响。"康拉德和莫泊桑为他们对人类的孤独所怀的苦恼的感受紧密地联结着；这种情感在康拉德是真实的，完全是亲身体验的，莫泊桑为他提供了先例和文学表现的范式。"[2]

那么，康拉德如何通过他笔下的人物来表达他的孤独感呢？

首先，他通过《海隅逐客》中的女主人公来宣泄自己内心的孤独情感。艾莎似乎突然发现一个可怕的事实："我们的孤独、寂寞，令人费解，显而易见，捉摸不定，并且是持久的；这种不可摧毁的孤独围绕着、包裹着、覆盖着每个人的灵魂，从摇篮到坟墓。"[3]

---

1. 康拉德:《大海如镜》，倪庆饩译，百花文艺出版社 2000 年版，第 194 页。

2. Paul Kirschnes, *Conrad: The Psychologist as Artist*, Obliver Boyd Edinburgh, 1968, p.219.

3. 康拉德:《海隅逐客》，金圣华译，译林出版社 2000 年版，第 250 页。

而《在西方目光下》，康拉德通过主人公拉祖莫夫表现孤独心理的形成。拉祖莫夫在他为自己设计的未来荣耀丧失之前感到："他活在世上就像一个人在深海里游泳一样孤独。拉祖莫夫这个名字是某个孤独个体的标签。"[1]如果说这时候拉祖莫夫的孤独感是来自他没有家庭、亲友，孤身一人生活在世上的一种心理反应的话，那么，在他出卖霍尔丁之后，经过灵魂的撕裂，面对霍尔丁小姐的真诚，他开始痛苦地意识到他的背叛行为的可耻，感到自己在道德上的孤独。他受不了良心的谴责，受不了孤独的煎熬，毅然向霍尔丁小姐和俄国流亡革命者坦白自己的罪行。尽管在这之后，他在肉体上遭受伤残，经受了巨大的折磨，但在精神上他却获得了新生，他摆脱了道德上的孤独，挽回了人格的尊严。

应该说，在表现人类孤独感方面显得最突出、最深刻的是他的中篇小说《艾米·福斯特》。艾尔伯特·J.吉拉德认为，这篇小说是"康拉德关于他的孤独感的最心酸、最概括的表述"[2]。诚然，从创作心理来说，这篇小说的主人公延柯·古拉尔的悲剧命运折射了康拉德自身的孤独感，但作为一部艺术作品来看，它自身具有独立的、更为深远的意义：延柯·古拉尔的悲剧命运不如说是人类孤独的象征。

（五）人类自身的弱点导致人类的悲剧

康拉德认为，人类的悲剧也是由人类自身的弱点造成的。他在1898年2月致好友康宁汉姆·格拉汉信中说："并不是我认为人类本

---

1. 康拉德：《在西方目光下》，赵挺译，上海译文出版社 2014 年版，第 9 页。
2. Albert J. Guerard, *Conrad the Novelist*, Harvard University Press, 1979, p.49.

质上是坏的，它仅仅是愚蠢的、怯懦的，现在你明白了，每一宗邪恶都在怯懦中——尤其是我们的文明如此富于特征的残忍。"[1]

由此看出，康拉德把愚蠢、怯懦看作人类的劣根性。康拉德的创作对人类劣根性的表现主要有如下几方面。

其一是对物质利益的贪欲。

在康拉德看来，对物质利益的贪欲既是人的本性，也是一切罪恶的根源。《诺斯托罗莫》的一个突出的主题，便是表现诺斯托罗莫和查尔斯·高尔德追求物质利益的悲剧。从诺斯托罗莫来说是对物质利益的贪欲造成个人的悲剧，而查尔斯·高尔德对物质益的贪欲则造成家庭和社会的悲剧。诺斯托罗莫对物质利益的贪欲除了受个人致富的欲望驱使之外，还包含向上层社会报复的意愿。而查尔斯·高尔德对物质利益的追求，却以高尚的、文明的面目出现。他希望通过振兴银矿业实现社会繁荣、进步，以经济上的利益换取政治上的成功，从而实现自己的人生价值。但仔细考量他的所作所为，他的高尚、文明的外表掩盖着利己的、卑劣的动机：夺取社会财富，使自己成为一个显耀的成功人士，以此补偿其父经营银矿失败的悲剧。但是，无论是诺斯托罗莫的个人野心，还是高尔德的高尚的、文明的愿望，都以失败告终。前者的悲剧看似惨烈，但毕竟是个人的；后者的悲剧却更富于社会性，具有更强烈的震慑力。

其二是利己主义。

康拉德在其创作中把利己主义表现为现代人面对两难处境时的一

---

1. Watter F. Wright, *Romance and Tragedy in Joseph Conrad*, University of Nebrasky Press, 1949, p.38.

种人生哲学。

康拉德对利己主义的讽喻最为突出的是《在西方目光下》。主人公拉祖莫夫在面对突然出现的霍尔丁时，陷入了两难选择的困境：到底是保护他呢，还是出卖他？这涉及拉祖莫夫的身份认同问题。在这之前，拉祖莫夫的政治身份是不确定的、模糊的。虽然他和革命派不是一伙，但也不是专制政府的忠诚卫士，在他的思想深处，多少有些自由主义倾向，他的人生愿望是追求学术上的荣耀。所以，当霍尔丁突然出现在他面前，要求他给予帮助时，他没有太多考虑便答应了。但当他在履行自己的诺言过程中遇到挫折时，他变得清醒了：他在做一件毫无意义、并且完全违背自己心意的事。他和霍尔丁不是一伙，那么他不仅没有义务帮助他逃脱危险，反而应该采取果断措施，和他撇清关系，于是他做出向当局告密的决定。而这一决定引来的结果是拉祖莫夫始料不及的：他不仅没有从这桩事件中摆脱出来，反而陷得更深。不过，他没被看作危险分子，而成为专制政府的帮凶。后来，在面对霍尔丁的亲人时，他经受了良心的拷问，心灵陷入了巨大的痛苦中，最后做出赎罪的决定。这一决定意味着他和自己原先的利己主义决裂，走向道德的新生。

其三是怯懦与轻信。

怯懦与轻信作为人类劣根性的一个方面，在《吉姆爷》的主人公吉姆身上表现得最为突出。从道德意义上说，吉姆的悲剧源于他思想性格中这两大弱点。吉姆徒有英雄的理想，却天性懦弱。他在"帕特纳号"船出事时，未能鼓起勇气，坚持到最后。他经不起船长等人的怂恿，和他们一道逃离了"帕特纳号"，结果铸成人生大错。后来，他在帕图森干得有声有色。可是与白人海盗布朗交手过程中，又犯了轻信的毛病，他过于相信被打败的布朗会老实退出，没有采取必要的预防措施。于是，当布朗一伙杀回马枪时，他和他的部下便措手不及，惨遭失败，由此造成他人生的最后悲剧。

康拉德不仅把人类的劣根性看作人类自身悲剧的根源，而且认为，人类固有的愚蠢、怯懦和残忍是无法改造的，所以他反对政治改革的成效。既然人类自身的劣根性是无法改造的，那么，人类的悲剧也就是注定无法挽救的，这是形成康拉德悲观主义思想的一个决定因素。由此看来，康拉德的形而上学的人性观和他的悲观主义人生观有着密不可分的内在联系。

但是，康拉德在宣称人类的劣根性不可改造时，却竭力赞扬英国水手的崇高品德。令人不解的是，既然人类的怯懦、愚蠢等劣根性是不可改造的，英国水手怎么会具有那些优秀品格呢?!

第二章

康拉德的理想主义与其创作

一、康拉德理想主义思想的渊源

（一）英国商船社传统精神对康拉德的启发、激励

康拉德最初通过诺福克海岸边的英国水手接触英国商船社。这些水手常年孤独地生活在海上，他们从自身的经历中得知要战胜狂暴的海洋，唯有依靠坚韧的毅力、过硬的本领和严格的纪律约束。诺福克水手以其目光坚定、沉默寡言、谈起话来毫不含糊的品性和正直、强健、稳重的处世态度给康拉德留下深刻的印象。[1]他从这些水手身上，第一次领悟到英国商船社的高贵精神，看到英国文化的特殊品性，并

---

1. 参见康拉德《文学与人生札记》，金筑云等译，中国文学出版社 2000 年版，第 176 页。

且感到"海对我是一种无法忘怀，远比名称更有意义的东西"[1]。

康拉德在航海生活中深刻认识到，由于特殊的职业关系，海员养成了优秀的品格，平等而紧密的人际关系，形成了一个富于理想色彩的特殊的群体。

> 由于在海上航行的人们受到职业上相互联系的强有力的纽带的约束，由于他们被排除在不遵循严格法规的世界的虚荣和谬误之外，过着靠勇气、忍耐力、信心和忠诚，把一船的团体联结在一起的严格的海洋生活，康拉德在水手身上发现了最高类型的这种人类基本的兄弟般的关系；水手们远比其他人群在他们生命的每一刻都面对淡漠的大自然的辽阔。所有人在它面前都是平等的。对航海者而言，海洋是"他生存的主妇，比命运更不可思议，它的表面闪闪发光，深处却暗淡无光；在他看来，这就是生命的奥秘。它时而是残酷无情的怪物，蓄意要把敢于反抗它的可怕的能量的人当作毫不足道的微粒碾碎时，毫不留情。大风折磨他们，太阳和星星高高在上地凝视着。人永远被事物的无限冷漠包围着"[2]。

水手与船的亲密关系是水手与船在抗击海洋的斗争过程中形成的。在这过程中，水手经受着生与死的考验，水手的优秀品格是经历这残酷考验而形成的。

---

1. 康拉德：《文学与人生札记》，金筑云等译，中国文学出版社 2000 年版，第 175 页。
2. Ruth M.Stauffer, *Joseph Conrad: His Romantic Realism*, Haskell House Publishers Ltd., 1922, p.85.

康拉德说："没有哪个水手爱船是因为她放进他口袋的利润。我想从来没有人这么做；船主，即使是最好的，也达不到海员对船产生的感情的深度；这种感情包含船和人在对抗不可调和的海洋世界互相支持的过程中产生的亲密无间、平等相待的伙伴之情。"康拉德根据自己的亲身体验，知道海洋对人从来不是宽宏大量的，而是残酷无情的。他说："从那一天起，他吞噬了数不清的船队和人。他的忿恨之心并没有因为牺牲品的数字——这么多的沉船和海难死者——而满足罢休。今天，如同过去一样，他从来就准备好欺骗、出卖、摧毁、淹没人的不可救药的乐观主义。"[1]

康拉德在他刚开始从事航海工作时，曾营救一艘双桅船上的9名水手，对这艘船的命运深表同情。他说，从此他用另外一副眼光看大海。"我认识到它能要多无情有多无情地出卖青年人的豪爽的热忱，对善恶都漠不关心。最卑鄙的贪婪和最高尚的英勇精神都可以出卖。我对它的伟大无边的观念已荡然无存。我如实地看待大海——那玩弄人，直到他们心肠碎断，把顽强结实的舟楫摧残至死的大海，任何东西都无法感动它充满仇恨，森然逼人的灵魂。它向一切开放，对谁也不忠，它使用它的魔力目的在于毁灭万物中最优秀的一群。"[2]

只有像康拉德这样的航海家，才能如此深刻地感受，揭示大海的真实面目——它对待人类绝非友善，而是残酷无情的。康拉德对海洋真实而深刻的感受，让人耳目一新，它把先前诗人们对大海浪漫的讴歌一扫而空，让人直面残酷无情的现实。康拉德揭示大海的狂暴，正是要凸显

---

1. 康拉德：《大海如镜》，倪庆饩译，百花文艺出版社 2000 年版，第 142 页。

2. 康拉德：《大海如镜》，倪庆饩译，百花文艺出版社 2000 年版，第 153 页。

水手对船的深厚感情，表明水手的优秀品格是在与大海生死搏斗过程中形成的。在水手们的优秀品格反衬下，人类的愚蠢、怯懦和残忍显得多么渺小、可怜！正是水手们在生死搏斗中磨炼出来的优秀品格构成了英国商船社精神的核心；康拉德对这种精神的崇尚在一定程度上冲击着他的悲观主义、怀疑主义思想，使他看到人性中除了卑劣的品性，还有值得称许的光辉的神性。尽管这种光辉的神性是在特殊条件下形成的，但它表明，人类并不是毫不足道的可怜虫，问题在于如何创造海船式的条件，使人性中光辉的神性得到彰显，让它压倒人的劣根性。

康拉德在《文学与人生札记》中的《传统》一文中，集中阐述了他所理解的英国商船社的传统。康拉德认为，商船社传统是英国海员在辛勤的工作中产生的"共同命运的同情意识"和"职业道德的严格戒律"。这种意识和戒律不仅意味着海员们"千锤百炼的忠诚"和"荣誉操行感"，也意味着他们"对职业和理想主义的热爱"。在长期孤独的海上生活中，海员们"超越了一切职业的矫饰和社会常规"，始终如一地"响应号召，尽职工作"，始终"忠诚于他们那种特殊生活的需要"。他们以生命为代价，顶着"难以忍受的压力"，以顽强的精神和艰苦的劳动创造了这一传统。这种"在工作中产生的传统"不仅使海员们超越了自己以往的弱点，塑造了他们"集体的性格"和"个人的成就"，同时也以一种"人的品质"为后来者创造了"纯朴的行为典范"。[1]

康拉德认为，在这个危机四伏、充满背叛与欺诈的世界上，宗教

---

1. 参见康拉德《文学与人生札记》，金筑云等译，中国文学出版社 2000 年版，第220—223 页。

的说教已无能为力，人们只有像商船社里的海员一样，以"特有的朴实"迎接生活的挑战，"在平常的任务中融入自我牺牲的精神"，依靠"一种直接的责任感"和"一种无形的约束"，才能拯救自己和这个摇摇欲坠的社会。[1]

（二）波兰仁人志士的英雄主义成为康拉德理想主义的"民族魂"

我们在阅读康拉德前期的创作，特别是早期的海洋作品时，常常对他作品中闪耀的理想主义光芒、对美好人性的讴歌感到惊讶，并深受鼓舞。这是我们在阅读其他现代派作品时极少遇到的情况。关于康拉德创作中的这个特点，有的论者只从他的航海生涯养成的品性去理解。笔者觉得，除了航海生涯对康拉德精神品格的塑造之外，还应该看到波兰的社会文化，特别是波兰一百多年来深受列强侵略的屈辱历史和波兰仁人志士不屈的反抗精神对康拉德潜移默化的影响。

（三）卡莱尔的浪漫主义"有机论"对康拉德的影响

卡莱尔对浪漫主义的"有机论"思想表现出一种"强烈的偏爱"[2]。

"有机论"思想是 19 世纪英国浪漫主义者所倡导的理论，它和工业化进程中形成的"进步"至上主义相抗衡。卡莱尔之所以偏爱"有机"思想，是因为他觉得"有机论"有助于抵制工业化进程中所产

---

1. 参见康拉德《文学与人生札记》，金筑云等译，中国文学出版社 2000 年版，第 216 页。
2. 罗兰·斯特龙伯格：《西方现代思想史》，刘北成、赵国新译，中央编译出版社 2005 年版，第 253 页。

生的"机械主义"对人和社会的侵蚀。在卡莱尔看来，随着工业化的快速发展，"人不仅在手上，而且在头脑和心里都已经被机械化了"。机械的"习惯"不仅"支配了我们行动的方式"，而且也"支配了我们的思想和感情方式"[1]。除了考虑机械器物对人类本身的残害之外，卡莱尔更担心"在机械的生产制度的冲击之下，有机的人类共同体将会纷纷瓦解"[2]。针对工业化带来的文化创伤，浪漫主义诗人华兹华斯、柯勒律治、雪莱和济慈等人认为，商业化的工业社会将会摧毁人的价值，而要避免这种厄运，人类就有必要在精神生活中"对头脑、对知识、对社会采取一种有机整体的观点，而不是机械的观点"[3]。

从"有机论"观点看来，作为"有机"的人，应该是全面发展的有机整体，而不应该在金钱和物质欲望的驱动下丧失自我。而作为"有机"的社会，则应该对功利主义和经济上的自由放任主义保持高度警惕，并且关注人的根本价值，要为人的生存和人性的健全完善营造一种和谐的环境。

卡莱尔以浪漫主义的"有机论"为思想基调的"工作伦理"对康拉德的道德观和社会观起到"塑形的影响"[4]。

---

1. 阿伦·布洛克：《西方人文主义传统》，董乐山译，生活·读书·新知三联书店1997年版，第159页。

2. 罗兰·斯特龙伯格：《西方现代思想史》，刘北成、赵国新译，中央编译出版社2005年版，第253页。

3. 阿伦·布洛克：《西方人文主义传统》，董乐山译，生活·读书·新知三联书店1997年版，第159页。

4. Owen Knowles & Gene M. Moore,*Oxford Reader's Companion to Conrad*,Oxford University Press, 2000, p.405.

卡莱尔曾经说过："找到了工作的人是幸福的……工作就像是用高尚的努力，从人生酸臭的泥沼中挖掘出一条畅通的水道"，这条水道"滚滚向前"，逐渐"把最遥远的草根下起腐烂作用的臭水排除，用那清澈的水流把一片恶臭的沼泽，变成一片绿色的、丰茂的草地。……'劳动'就是'生命'，它从劳动者的内心深处唤醒了他的'神赐的力量'……唤醒了—— 一切高尚的品质"。[1]

康拉德对卡莱尔的"工作伦理"心领神会，他对"工作"的意义做过如此的表述："工作就是规律。好比闲置的铁会风化成一堆废铁，又好比平静的池水会慢慢变成死水、臭水，没有行动，人的精神也会僵死，失去它的活力。""一个人就是一个劳动者。如果他不是劳动者的话，那么他就什么都不是。"[2]

卡莱尔和康拉德为何如此强调工作的重要性呢？原因在于，他们不仅把工作看作人们获取财富、实现人生价值的手段，而且他们把工作本身看作生活的"目的"和一种"美德"。[3]由此看出，在卡莱尔和康拉德心目中，工作的重要性已被提升到宗教层面，成为抗拒侵害人性和社会的"机械化""物质主义"的"精神支柱"。

---

1. 卡莱尔：《文明的忧思》，宁小银译，中国档案出版社 1999 年版，第 63 页。

2. 康拉德：《文学与人生札记》，金筑云等译，中国文学出版社 2000 年版，第 220、216 页。

3. Walter E. Houghton,*The Victorian Frame of Mind 1830–1870*,New Haven: Yale University Press, 1985, p.243.

二、康拉德的理想主义思想及其在创作中的表现

（一）康拉德的理想主义的出发点

康拉德"对人的自然本性和社会的道德秩序不抱任何幻想"，但他却非常关注"人在社会中的境遇"[1]，他既不是一个政治激进主义者，也不是完全的消极派，他或许像屠格涅夫和詹姆斯一样，"感受到了启蒙传统的分崩离析"，或许如福楼拜和哈代一样，"震慑于当时资产阶级道德的虚伪"，以及"人类在遗传和自然力量的掌握之下束手无策"的窘境。[2] 但是他并没有像当时的许多作家一样采取一种逃避和虚无的态度。他笔下那些身处冷漠世界、屡遭挫折却坚守自己的道德准则的主人公充分表明，他是个坚守自己的生活信念、对人世抱积极态度的作家。正是对人世的积极态度，成为康拉德理想主义思想的坚固基石。

在康拉德看来，世界是不确定的，而人自身的存在却是确定的。人要通过自己的活动和努力，使自身的存在变得有意义。所以对理想的追求是人类生存发展的需要，是人的本性的显示。

康拉德的理想主义可以说是有节制的理想主义。在他看来，人们应对生活抱希望，但是，不一定非得要求世界变得非常美好不可，只要相信我们能够使世界变得美好就够了。

以上论述表明，康拉德的理想主义有坚实的思想基础，它基于对

---

1. Samuel Hynes, *The Edwardian Tern of Mind*, London：Pi Mico, 1991, p.336.

2. G. Jean Aubry edited, *Joseph Canrad: Life and letters*, Vol2, New York：Doubleday, 1927, p.2.

人的现实处境的考虑和应对，基于对人的本性的考察，并且不希望实现十全十美的人生，只要求"能够使世界变得美好就够了"。

康拉德的悲观主义和理想主义成为一种"悖论"，但它们同样是从现实出发的，只不过前者着重揭示人与世界的矛盾对立，强调人的无奈，后者则着重表现人与世界的协调，强调人的主观能动性；前者更多暴露人性的弱点、人的可怜可悲状况，后者则彰显人性中光辉的一面。由此看来，康拉德是个名副其实的"积极的悲观主义者"。

（二）人类只有坚守道德准则和理想信念，才能战胜险恶的环境

在《间谍》中，温妮的妈妈为了减轻家庭负担，使儿子斯迪威有一个更宽松的生活环境，竟不声不响地躲进济贫院里度过孤寂的余生，而温妮也是始终全身心地呵护、关怀他的智障弟弟。还有，斯迪威对马车夫鞭子下那匹不堪重负的瘦弱的老马流露出怜惜之情——所有这些都表达了人类的仁爱精神，折射出崇高的生活理想；它和周围充满欺诈、背叛和残忍的肮脏环境形成鲜明的对比。人可能因受肮脏环境侵害而腐败、沉沦，就像维尔洛克和其他无政府主义者一样，但是也可能坚守自己的道德准则，追求生活理想，因而能抗拒环境的侵害。《在西方目光下》中的霍尔丁，不畏专制统治的残暴，环境的险恶，对自己的政治信念忠贞不渝，视死如归。尽管康拉德不一定同意霍尔丁的政治信念和他的暴烈的革命行为，但是在小说的字里行间他对这个人物坚定的革命意志，以及为自己的政治理想英勇献身的精神，流露出些许同情和敬意。显然，霍尔丁比起屈服于环境、念念不忘自己的前途，以至于卖友求荣的拉祖莫夫来，显得高大得多。

从康拉德笔下不同人物的命运看出，康拉德相信人类固然受肮脏的环境包围，但是，一个人若有坚强的自制力，若能坚守道德准则和健全的生活信念，他就有可能抗拒环境的侵蚀，战胜无情的世界；然而，一个人若缺乏自制力，不能坚守道德准则和理想信念，他就会成为环境的牺牲品，被无情的世界碾得粉碎。由此可知，支撑康拉德理想主义精神的是人的道德意志和理想信念。但是，这种道德意志和理想信念从何而来呢？在康拉德看来，有的人出自天性，这种人特别有自制力和坚毅的品格。但是人的道德意志和理想信念主要还是通过生活的磨炼形成的，比如英国商船社海员的优秀品格就是在艰苦的环境中，在严格的纪律约束下磨炼出来的。

（三）表现海员的优秀品格和光辉人生

康拉德赞扬英国商船社精神，是因为这种精神体现了他所崇尚的道德品质：例如，对职责的忠诚、坚强的自制力、自我牺牲精神、对团体的热爱和英勇顽强的品质，等等。实际上，康拉德笔下的优秀海员形象，或多或少都体现了英国商船社的精神，或者说，体现了康拉德崇尚的道德品质。

首先，康拉德彰显了海员忠于职守的职业道德。如前所述，康拉德从卡莱尔间接接受了浪漫主义的"有机论"及其相关的伦理道德，认为勤奋工作可以抵御资本主义工业化带来的"机械主义"对人类的侵害。康拉德所颂扬的海员，例如《"水仙号"上的黑水手》中的老水手辛格尔顿在操纵舵盘的岗位上坚守了20余小时，保证船舶在狂风巨浪袭来时安然无恙；再如《阴影线》中的茶房兰塞姆，虽然身患心脏病，但他除了供应船员的伙食之外，还悉心侍候患病的大副和在领导岗位上奋战的船长，并且还参与其他力所能及的工作，连船长约翰·聂文对他的坚毅的工作精神都赞不绝口。康拉德笔下的海员都忠于职守，对工作兢兢业业，不辞辛苦，正如康拉德在论述英国商船社海员时所说的，这是海员们在和无情的海洋搏斗中磨炼出来的品质。

其次，康拉德颂扬海员团结协作、热爱团体的精神。康拉德曾经说过："在一个冷漠的世界中，团体提供力量、保护，而且最重要的是，为他们的生活提供意义。这就是《'水仙号'上的黑水手》中的唐庚的行为对水手造成威胁的原因。"[1] 康拉德笔下的海员都自觉服从指挥，与伙伴团结一致，通力协作，因而他们成为一个坚强的战斗集体，能战胜狂风巨浪的肆虐，保证人和船的安全，胜利完成航运任务。唯独《"水仙号"上的黑水手》中的唐庚，处心积虑地挑拨水手们和领导的关系，破坏水手的团结，其目的在于泄私愤，实现利己主义的野心。《阴影线》中的前任船长更是个变态的反团体的狂人，一心一意要把他指挥的船引向毁灭的道路。但是，邪不压正，面对自觉维护团体的水手们，他的狂妄野心终究不能得逞。

再次，康拉德在他的海洋小说中以浓墨重彩表现海员在和狂风巨浪搏斗的无私无畏、英勇顽强的品格。《台风》中的老船长马克惠、《阴影线》中的年轻船长约翰·聂文就是典型的例子。马克惠在台风袭来时，沉着应战，一点不害怕、不急躁，在大副朱可士看来，他的船长简直有些呆滞。其实，倒是朱可士在面对重大灾害时，有些胆战心惊，甚至乱了方寸。马克惠对他的慌乱和不切实际的主张，毫不客

---

1. John G. Peters, *Conrad and Impressionism*, Cambridge University Press, 2001, p.151.

气地提出批评。事实证明，马克惠并不显得呆滞，倒像个久经沙场的老兵，面对险情，显得沉着淡定。当狂风巨浪袭来时，他比谁都坚强、沉着，所以，只要老船长在身旁，大副朱可士就觉得有了可靠的依傍，变得心雄胆壮。康拉德以富于表现力的细节，表现他们性格的差异，通过对比，凸显了马克惠的老到干练。而且，小说还通过马克惠写的家书体现了他与"爱妻"的奇妙关系，彰显一个把毕生精力献给航海事业的老海员的英雄品格和寂寞人生。

《阴影线》中的年轻船长同样是个英勇顽强的海员，但他的性格与马克惠迥异，他们面对的考验也不同。马克惠面对的麻烦是台风的袭击和船上运载的 200 名中国劳工的安全问题；而约翰·聂文面对的困难既有自然的，也有人为的，正所谓天灾人祸一起降临。自然方面的灾害是无风，使帆船停滞不前，人祸是船员一个个染上了热病。威胁最大的是人为的破坏——前任船长把船上储存的奎宁全偷去卖了，换上了别的什么粉剂，致使患病的船员无药可治，一个个倒下了。而且大副伯恩斯散布一种迷信传闻：前任船长的阴魂会使船舶遭难。聂文坚定信心，忠于职守，顽强奋战了几十小时，终于克服了种种艰难险阻，使船舶顺利前行，并且闯过了他的人生的"阴影线"。

第三章

悲观主义与理想主义的对立外化为陆地世界与海洋世界的对立

一、作为二元对立世界的陆地与海洋

在康拉德心目中，陆地世界与海洋世界是相互对立的世界。"对康拉德而言，海洋是上帝的真正的平和之乡。陆地是嫉妒和贪婪的领域。骚乱的人类发出的愚蠢的喧嚣声，它的自私自利的利欲熏心的忧虑从不满的土地上散发出来，像是一阵不洁的微风、像颤抖的、脏兮兮的烟雾……；而海洋以其诉求的绝对一直向前和其目的的单纯赋予基本的道德美。它保护并且安慰人们。"[1]

---

1. Ruth M. Stauffer, *Joseph Conrad: His Romantic Realism*, Haskell House Publishers, Ltd., 1922, p.81.

陆地世界是康拉德产生悲观主义、怀疑主义思想的现实因素；反过来，康拉德小说中的陆地世界又是他的悲观论、怀疑论的外化。同样，海洋世界是促成他的理想主义的现实因素，他小说中的海洋世界又是他的信仰论的外化，"一种与现实的城市生活相对立的精神出路"[1]。

康拉德小说中的陆地世界与海洋世界之所以成为对立的二元世界，是因为它们有质的区别，而且处在陆地与海洋中的人，各自的命运截然不同。

首先，陆地世界是罪恶的渊薮，充满背叛、奸诈和残忍，在那里，毁灭性力量占了上风；而海洋世界是"上帝的和平之乡"，在那里，积极性力量占了上风。

在康拉德的成名作《奥尔迈耶的愚蠢》中，人与人之间的关系尔虞我诈、钩心斗角。奥尔迈耶与他的妻子同床异梦，彼此关系形同陌路。他的女儿背叛了他，投入异族青年的怀抱。奥尔迈耶与土著民族明争暗斗，而他的义父林格对他背信弃义，逃之夭夭。奥尔迈耶就在这个与他敌对的世界中做他的"白日梦"——这是奥尔迈耶的愚蠢、可悲之处。康拉德刚踏上创作道路时，就以其慧眼洞察了陆地世界的黑暗、混沌。

康拉德的第二部小说《海隅逐客》则塑造了一个利欲熏心，专事欺诈、背叛的白人青年彼得·威廉斯。他本是个一无所能的浪荡家伙，经"闪光号"船长林格介绍到胡迪公司工作。胡迪对他很关照，

---

1. 胡强：《康拉德政治三部曲研究》，中国社会科学出版社 2008 年版，第 190 页。

威廉斯与乔安娜结婚时，胡迪送给他们一套住房作为礼物。可是，威廉斯竟盗用公司的钱，事发后，被公司开除。他对妻子也极其刻薄，自以为是他赡养了妻子和她的家人，最终和妻子闹翻，被妻子逐出家门。他和土著少女艾依莎搭上关系；艾依莎不顾父亲反对，诚心爱他，但威廉斯骨子里却瞧不起她，对她极其粗暴，声称："她，一个野蛮人，我，一个欧洲文明人，而且为人还聪明！"[1]

他的最严重的背叛行为是勾结土著商人，出卖恩主林格的利益。此外，他对一度收留他的奥尔迈耶反目为仇，以怨报德。总之，他的一连串的背叛、欺诈行为使他众叛亲离，最终成为他的情人艾依莎的枪下鬼。

康拉德艺术高峰期的作品对陆地世界罪恶的展现更为突出。在《艾米·福斯特》中他不仅表现了人类面对冷酷世界的孤独，而且揭示了妻子对丈夫残酷的背叛。小说表现一个追求幸福的农民受到命运无情的播弄，最终在一个冷漠的文明世界里凄惨地死去。

他的杰出的三部政治小说，更展现了城市生活的光怪陆离和非人性。在《诺斯托罗莫》中，对物质利益的追逐成为各派政治力量争斗的一种动力。在一些人眼里，追求物质利益是人生的金科玉律：为了物质利益，高尔德不惜背弃爱情和家庭，诺斯托罗莫则抛弃了他的道德良心。虽然银矿开采给社会带来了暂时的繁荣，但是由于银矿为少数人占有，社会的不公已埋下毁灭性的祸根。《间谍》以一个"简单的故事"，展现了城市生活的肮脏。人们生活在彼此隔膜、孤独的状

1.康拉德:《海隅逐客》，金圣华译，译林出版社 2000 年版，第 206 页。

态中。人成为谋取某种利益的工具：主人公维尔洛克既是无政府主义组织的工具，又是警察部门的"线人"，为希特探长提供情报的工具；而在维尔洛克眼里，他的妻弟斯迪威则是他实现政治阴谋的工具。《在西方目光下》展现了一个在专制独裁政府统治下的反人性、反人道的世界：掌握生死予夺大权的统治者剥夺了人民的自由，民众像生活在一个大监牢中，社会中弥漫着愤世嫉俗的情绪，杀戮、监禁、流放是反抗者的归宿。拉祖莫夫不问政治，只求个人荣耀的人生哲学最后为专制政治所摧毁，他终于倒向专制政治一边，成为背叛友谊的罪人。

和罪恶的陆地世界相反，海洋世界则是真正的"上帝的平和之乡"。在那里，从船长到水手为了一个共同的目标——让船舶安全、顺利到达目的地，各司其职，通力合作，人人忠于职守。像《"水仙号"上的黑水手》中的老水手辛格尔顿，《阴影线》中的茶房兰塞姆，在和风浪的搏斗中，连续工作了几十个小时，直至快瘫倒时才被人替换。海员之间像兄弟般平等相处、亲密无间，一种团体精神把他们紧紧地联结在一起。来自五湖四海的海员，一踏上商船，就成为这个战斗集体的一员。海船上严格的纪律养成了他们坚强的责任心和严格的自律精神。他们与船舶相依为命，在与风浪搏斗中经受严峻的考验。在《青春》《台风》《"水仙号"上的黑水手》和《阴影线》等作品中，海员们视死如归，与险恶的风浪斗争的无畏精神闪耀着人性圣洁的光辉。总之，在康拉德的海洋作品中，一种建设性的积极力量占了上风。如果说，陆地世界是阴郁的、悲剧性的世界的话，那么，海洋世界则是阳光的、喜剧性的世界。

其次，陆地世界是埋葬理想的坟场、悲剧的滋生地，而海洋世界则是彰显人的力量和智慧、实现人的愿望的场所。

不过，康拉德小说中的陆地世界并不是一潭死水，人们也为自己的理想或幻想而奋斗，但是，如前所述，他们的理想或幻想总被无情的现实所粉碎，理想追求者无不落得悲剧下场。奥尔迈耶、吉姆、温妮、拉祖莫夫、高尔德都有自己的生活理想，但是，形形色色的毁灭性力量却让他们的理想成为泡影。

而在海洋世界中，由于水手们有统一的意志、统一的指挥、严明的纪律和高度的自律精神，他们在面对无情的大海和恶劣的天气时，能够心往一处想，劲往一处使，每个人都能发挥自己的聪明才智和力量，众人拧成一股绳，所以，即使面对巨大的灾难，也能化险为夷。在康拉德的海洋世界里，的确体现了"人定胜天"的法则。

再次，在陆地世界人与人之间难以沟通，人们处于隔膜状态，深受孤独的煎熬。而在海洋世界，海员之间平等相处，像亲密无间的兄弟，形成一个和谐的团体，彼此心灵相通。

在康德拉的作品中，表现人与人之间难以沟通、彼此处于隔膜状态，显得最突出的是《间谍》。维尔洛克与他的妻子温妮可以说真正是"同床异梦"，他们不了解彼此的心思。维尔洛克一直以为温妮真心诚意地爱他，其实温妮是为了弟弟有个归宿，才离开初恋的情人，嫁给维尔洛克的。夫妻间尚且如此，更别说一般的人际关系了！正因为陆地世界的人彼此相互隔膜，他们才感到孤独。看来对人类孤独处境的深切感受是康拉德陷入悲观主义的一个重要原因。

在康拉德的海洋世界中，不能说没有表现人的孤独感。但是这种孤独感与其说是个人的，不如说是一种集体的心理。海员们在和狂风巨浪搏斗时，经常面临灭顶之灾。这时候他们深感在冷酷无情的大自然面前，人类孤独无助，随时面临死亡的威胁。但是，也正是在这时候，他们越发觉得彼此心灵相通，亲密无间，是生死与共的兄弟，这种心理和情绪在《台风》中表现得尤为突出。

综上所述，康拉德小说中的陆地与海洋体现了现实与理想的对立。在一个艺术世界里出现彼此对立的群体，这并不奇怪，但这个对立的群体既不是以阶级或人性善恶来区分，也不是现实与幻想的对立，而是对现实的阴暗面与光明面的展现。那光明面尽管带有理想的成分，但它是现实中存在的，不过是在特殊条件下形成的而已，这种情况似乎是康拉德的创作所特有的。

二、康拉德的二元对立世界构想与英国文学传统

（一）英国文学中人物形象正与邪的对立

英国文学隐含着一种道德情结，也就是说，在英国文学中贯穿着伦理批评这条思想主线。尽管英国文学中的道德内涵有所发展变化，但是，在伦理视角下，人物形象无不贯穿着正与邪的对立。从源头上说，莎士比亚的悲剧就是正与邪对立形成的悲剧。到了近代，在人道主义道德观指引下，正与邪的对立变得更为鲜明突出。例如，狄更斯在其小说创作中便以人性的善良、邪恶区分社会人群。他的早期创作尽管贯穿着民主主义思想，对下层群众表现出深切的同情，但阶级观点还不很鲜明，主要以人性的善恶区分人群。在下层群众中有好人，也有恶棍，而在资产者中也有神仙教父、教母式的人物，他们心地善良，对可怜无告者给予关怀帮助。狄更斯希望通过这些心地善良的资产者救助下层群众，改善人生，缓和社会矛盾。到了后期，他基

本上摆脱了抽象的人性观，随着他的民主主义思想的发展，阶级论在他的创作中表现得越来越鲜明。在他的中后期小说中，"坏人"基本上是自私自利、冷酷无情的资产者和贵族，而"好人"基本上是劳动群众。总的来看，狄更斯在他的创作中，以人道主义道德观为核心，构建了他的二元对立世界，从抽象的善与恶对立的世界发展到以资产者、没落贵族为一方，以劳动群众和其他下层群众为另一方的二元对立世界。

（二）康拉德的二元对立世界构想对英国文学传统的继承和发展

虽然没有证据表明，康拉德的二元对立世界构想直接受狄更斯创作的影响，但是，鉴于康拉德热爱狄更斯，从年轻时候起，他就喜欢读狄更斯的作品，对于狄更斯创作中壁垒分明的人物描写自然留下深刻的印象，这难免会对他的创作产生潜移默化的影响。不可否认，康拉德创作中的二元对立世界与狄更斯创作中善恶对立的世界有相似之处。但是在狄更斯的创作中，善良与邪恶不过是生活中两种势力对峙的表征，而康拉德创作展现的陆地世界与海洋世界是现实与理想对峙的表征。

在狄更斯的创作中，善恶的区分着眼于人性。诚然，狄更斯也把伦理道德作为衡量人性善恶的标杆。但是，善良人物和邪恶人物不过是社会中两个对立的人群，各自不能形成独立的世界。而康拉德创作中的陆地世界与海洋世界则是体现两种生存状况、两种人生命运，且相对独立的社会群体。

从某种意义上说，康拉德创作中的二元对立世界是现实主义与浪漫主义结合的产物。何以见得呢？因为他既着眼于现实，又超越现实。他在揭示人类可悲的生存状况时，又彰显人的价值和高贵，带有历险性的另一种生存状况，寄托了他的人生理想，是他寻求的一种思想出路。从这点而言，他的艺术构想带有浪漫性。但它不是脱离现实的幻想，而是从现实出发，把体现了英国商船社精神的海员作为他的理想的载体。由此可见，康拉德的二元对立世界是对英国文学传统中善恶对立世界的继承和发展。

第四章

悲观主义与理想主义的碰撞：毁灭性力量与积极性力量的博弈

作为悲观主义与理想主义外化的陆地世界与海洋世界似乎是互不干扰的，其实不然，因为悲观主义与理想主义不只是并存，而是互相纠结的，因此它们不能不发生碰撞。这种碰撞体现为毁灭性力量与积极性力量的博弈。

一、两种力量在陆地世界与海洋世界博弈的不同结果

（一）在陆地世界中总是毁灭性力量取胜

在陆地世界中，毁灭性力量与积极性力量的博弈，总是毁灭性力量占上风。例如在《吉姆爷》中，吉姆与白人海盗布朗的对立，便代表积极性力量与毁灭性力量的对立。二者博弈的结果，代表毁灭性

力量的布朗取胜。而在《诺斯托罗莫》中，物质主义是一种毁灭性意识，而高尔德太太的仁爱精神和对爱情的忠诚及对家庭的眷顾，是一种积极性意识。但是二者博弈的结果，物质主义占了上风，高尔德太太的道德理想趋于幻灭。再如在《在西方目光下》中，霍尔丁所代表的革命力量是一种积极性力量，而沙皇专制政府的残暴统治是毁灭性力量，二者博弈的结果是霍尔丁被绞杀。

（二）在海洋世界中，两种力量的博弈则是积极性力量取胜

在海洋世界中，主要矛盾是人与大自然的对立，因此毁灭性力量首先是狂风巨浪的肆虐，其次是反团体势力对集体的破坏。狂风巨浪有时使人船俱毁，但是在一般情况下，英勇顽强的船员总能战胜狂风巨浪的肆虐，使人与船安然渡过难关，顺利到达目的地。《台风》便凸显了这种精神。而在《"水仙号"上的黑水手》中，唐庚和惠特代表着起破坏作用的毁灭性力量，他们腐蚀海员的斗志，破坏海员的团结。但是在船长的坚强领导下，在老水手辛格尔顿的鼓舞带动下，水手们终于抵御了破坏性力量的侵害，并且在和狂风巨浪斗争中取得了胜利。

二、理想主义无法化解悲观主义

尽管康拉德把英国商船社精神、英国水手的优秀品格当作他的理想主义思想的载体，但是海洋世界和陆地世界毕竟是各自独立的世界。康拉德不可能把商船社的一套机制搬到陆地上，水手们的优秀品格也不可能在陆地世界产生决定性的影响，改变人们的处境和命运。正如弗吉尼亚·伍尔夫所说，"康拉德虽然坚信这个世界是建立在几个非常简单的思想观念上"，但是读者"到哪里去寻找它呢？在客厅里可没有桅杆；台风也不会来考验政客和商人的存在价值。到处探索而找不到这样的支柱。康拉德后期作品中的世界周围有一种不由自主的模糊朦胧，一种不确定性，几乎是一种令人迷惑和疲劳的幻灭感"[1]。

伍尔夫所说的康拉德后期作品的特点，正是康拉德的理想主义无法压倒、战胜他的悲观主义的结果。但是，康拉得明知他的理想有局限，甚至有点虚妄，他却不愿意抛弃它。于是如伍尔夫所说，在康拉德后期的作品中，"在黑暗之中，我们仅仅抓住了往昔的高贵和响亮的调子：忠贞、热情、荣誉、献身——总是那么美丽，但是现在有点厌倦地老调重弹，似乎时代已经改变了"[2]。

康拉德在他的后期作品中"老调重弹"，正体现了康拉德内心的矛盾、冲突和焦虑。

在《诺斯托罗莫》中，主人公诺斯托罗莫聪明能干、豪爽，富于侠义精神，他珍惜自己建立的荣誉，并为此感到骄傲。但是，他感到自己不过是达官贵人豢养的一条狗，他被利用、被使唤，却不被重视，甚至受到冷落、被出卖。于是在一个特殊的情况下，他想到把有钱人所忽视的银锭占为己有，让自己慢慢富裕起来。他认为，他这样

---

1. 弗吉尼亚·伍尔夫：《论小说与小说家》，瞿世镜译，上海译文出版社 2000 年版，第 191 页。
2. 弗吉尼亚·伍尔夫：《论小说与小说家》，瞿世镜译，上海译文出版社 2000 年版，第 191 页。

做是天经地义的，这也是他向上层社会进行报复的一个手段。但是，在他窃取银锭之后，他却觉得，这种行为有损于他作为拒腐蚀、千里挑一、响当当的工长的荣誉，他甚至没有勇气出现在人们面前。在误中维里奥老头的枪弹而命悬一线之际，他醒悟过来了：是物质利益害了他。诺斯托罗莫是"信仰论"与"怀疑论"，或者说积极性力量与毁灭性力量博弈的牺牲品，是毁灭性力量摧毁了他。

理想主义敌不过悲观主义的结果，正如伍尔夫所说，使康拉德后期的作品"有一种不由自主的模糊朦胧，一种不确定性，几乎是一种令人迷惑和疲劳的幻灭感"。这个特点在《胜利》中表现得最为突出。主人公阿塞尔·海斯特是个正派、善良、富于同情心的青年。他深受他父亲的怀疑论哲学思想的影响，对人世间的事物，包括男女之间的爱情一概抱怀疑态度。他乐善好施，先后救助过陷于困顿中的英国商人莫里森和在酒店备受欺凌的英国姑娘莉娜。可是他的慈善行为总受到酒店老板的诋毁，这使他对人世抱悲观怀疑态度，他曾对好友戴维森说："这个世界整体而言是邪恶的。"但是他相信，他到荒岛上过隐居生活"能安全地抵制这个命运"。[1]殊不知，邪恶势力也侵入荒岛。以琼斯为首的三个亡命之徒在苏姆贝格的唆使下，渡海来到荒岛上，声称要夺取海斯特从莫里森那里窃取的财宝，其实这是苏姆贝格的造谣中伤，但琼斯一伙却信以为真。开始时琼斯的秘书吕卡多侵入莉娜的房间，对她胡搅蛮缠，要她供出财宝埋藏的地点，莉娜和他斗智斗勇，使他一无所获。后来，琼斯一伙对海斯特摊牌，声称他若不

---

1. Joseph Conrad, *Victory*, New York： Doubleday Ancher Books, Inc., 1957, p.45, p.47.

交出财宝，便要他的性命。他们果真动起武来，虽然在这场恶斗中琼斯一伙均已毙命，但莉娜为保护海斯特而中弹身亡。海斯特此时才明白，这个貌似柔弱的姑娘，却显得那么英勇顽强。更使他既惊喜又伤心的是，莉娜以自己的行动证明，她是深深地爱着他的。原先他并不相信莉娜爱他；现在他对她的爱情的怀疑已烟消云散。这是生活的胜利，也是莉娜的崇高品德对他的怀疑论哲学的胜利。海斯特因失去莉娜，悲痛至极，他已没有勇气独自生活在这个邪恶的世界上，于是毅然自焚。

三、悲观主义与理想主义的对立赋予康拉德作品强劲的张力

悲观主义与理想主义的对立产生的张力，主要表现在如下几个方面。

首先，表现为陆地世界的毁灭性意识与海洋世界的主导精神的对立。

陆地世界的毁灭性意识主要是利己主义对团体的背叛，而海洋世界的主导精神则是对团体的忠诚。所以陆地世界的毁灭性意识与海洋世界主导精神的对立，实际上就是对团体的忠诚与背叛这两种道德观的对立。

在《"水仙号"上的黑水手》中，代表海洋世界主导精神的是船长阿里斯笃和老水手辛格尔顿对团体的忠诚。而代表陆地世界的毁灭性意识的则是唐庚和惠特的利己主义对团体的侵害。实际上，贯穿整篇作品的就是这两种意识或两种道德观的较量。

在《阴影线》中，贯穿于作品中的则是老船长反团体的利己主义和新船长维护团体的坚强意志的对立。

从上述两部作品看出，即使被称为"上帝的和平之乡"的海洋世界也并非世外桃源，陆地世界的毁灭性意识总会寻找机会侵入那里。

其实，不管陆地世界，还是海洋世界，各自都存在固有的矛盾。在陆地世界主要表现为理想与现实的矛盾。如前所述，在陆地世界，人类的理想或幻想总被无情的现实所粉碎，幻灭的苦恼折磨着人们，如奥尔迈耶、吉姆、温妮、高尔德太太和拉祖莫夫都从理想主义走向悲观主义。

而在海洋世界中，生活的基本矛盾表现为大自然的无情、暴虐与海员的英勇顽强的斗争精神的对立。海员们通过艰苦的斗争，不仅战胜了大自然，确保了人和船的安全，而且磨炼了自身的意志和精神品格。所以，在海洋世界中，理想主义压倒了悲观主义。这正说明了康拉德把海洋世界作为他的理想主义载体的原因。

悲观主义与理想主义的对立，也表现为人物内心的矛盾冲突。例如，在《诺斯托罗莫》中，高尔德太太原本以为银矿的开发会带来社会的进步繁荣，但听了莫尼汉医生一席话之后，她开始意识到，社会的表面繁荣掩盖着一场胜过政治压迫的巨大的社会灾难，从而引起她灵魂的撕裂，在她心里进行着光明与黑暗的博弈；追求理想的热情与幻灭的痛苦交织着。

以上所述各种矛盾冲突，特别是内心的冲突，蕴含着勾魂摄魄的强劲的张力，这是康拉德的创作所特有的。

第四篇

康拉德创作的艺术特征

第一章

康拉德创作与印象主义

19世纪90年代，英国对外国文艺和哲学持开放态度，印象主义和象征主义思潮涌入英国，开始流行起来。具有先锋意识的康拉德自然容易接受它们的影响。

康拉德是个印象主义作家，这是确定无疑的。"尽管康拉德可能不喜欢印象主义者这个标签，但是在他的创作中有许多迹象表明，它们是印象主义的，而最大多数的评论者（包括他的朋友和合作者福特）觉得，这个术语恰如其分地体现了康拉德的创作，在《论印象主义》一文中，福特把康拉德包括在印象主义作家之中……同样，绝大多数现代学者也把康拉德看作印象主义者。"[1]

---

1. John G. Peters, *Conrad and Impressionism*, Cambridge University Press, 2001, p.30.

对于康拉德来说，印象主义不只是艺术表现手法，更是一种艺术理念和把握世界的一种方法。所以，要弄清楚康拉德和印象主义的关系，首先必须了解他所接受的印象主义理念，因为这是他采用印象主义艺术手法的理论依据。尽管康拉德没有系统的美学观和创作理念，但是正如一些研究者指出的，从他的创作迹象和他关于创作的零星论述来看，他的创作观念具有鲜明的印象主义特征。

一、康拉德的印象主义艺术理念

（一）文学作品表现个人在特定的时间、地点对事物的感觉印象

印象主义者认为："在某种意义上，现实主义试图以消除个人主观性办法使意识和它的对象之间的相互作用变得文明，从而表现一个普遍性的产物。而印象主义却表述一个原始的、基本上未加调停的客体。这个客体像它实际呈现时那样呈现——在一个特定的空间和时间点上，并且通过一个特定的人的意识。"[1]

印象主义关于艺术创作的这个基本信条已被康拉德完全接受。正如伊恩瓦特所说，康拉德坚持《"水仙号"上的黑水手》"序言"中的观点，认为艺术的成功有赖于它通过知觉所传达的印象，它的全部内容与印象主义的学说完全一致。[2]

---

1. John G. Peters, *Conrad and Impressionism*, Cambridge University Press, 2001, p.21.
2. Ian Watt, *Conrad in the Nineteenth Century*, Los Angeles: University of California Press, Berkeley, 1979, p.174.

这一艺术信条内容极其丰富，它至少包含了如下几点内容。

其一，艺术表现的直觉性。

康拉德并不期望通过理性接近宇宙的秘密。自觉的心灵能够在感情的展示中起引导作用。但是世界不得不直觉地理解，而秘密的感知可能导致自相矛盾。理性的意识可能容纳科学的事实，想象却可能否定它。

正如我们看到的，康拉德是以浪漫的情怀，主观地接近现实的。他试图表现他在《潮汐之间》(*Within the Tides*)的作者注中所说的："'我自己感觉到的真实'。'感觉'这个词，它包含通过意识和想象的一切事物。寒冷这一实在的事实可以由温度计来测量。作为现实的一种形式的寒冷却可能受到感知它的人的人格的影响。"[1]

印象主义者和现实主义者都承认主体对事物的认知从自我感觉入手。现实主义者坚持自我感觉以理性为引导，或者说以文化经验为参照系，而印象主义者却排斥理性或者说文化经验的引导，而强调自我感觉的直觉性、个体性。这是印象主义者与现实主义者关于创作理念的一个主要区别。不过，有论者提出诘问：没有文化经验为参照系，印象主义者对事物的感觉从何而来？因为人毕竟是文化的动物。

其二，强调主体与客体的互动关系。

印象主义强调艺术家的主体性，但是印象主义并不单纯表现艺术家对客体的情感反应。对印象主义者而言，主体与客体是相互联系的、互动的。事实上，印象主义者对事物的表现既不单单依存与主体

---

1. Watter F. Wright, *Romance and Tragedy in Joseph Conrad*, University of Nebrasky Press, 1949, pp.53-54.

的关系，也不单单依存与客体的关系，倒不如说介于二者之间。印象主义便以这种方式背离实证主义与唯心主义。实证主义视现实存在于客体——外在世界中。唯心主义视现实存在于主体——内在世界中。印象主义居于这两个极端的中间，使主体和客体都有必要存在——但并不是从二元论的态度出发，而是让二者结合。结果它们的轮廓消除了。例如在《黑暗的心》中，马洛把非洲荒野转变为黑暗的覆盖的苍穹，赋予人类生存以神秘色彩。不过，与此同时，马洛自身也因对荒野的体验而发生变化。在这场认识论的遭遇中，无法确定马洛轮廓的终结之处和荒野的轮廓起始之处。

实证主义、唯心主义和印象主义都表现主体和客体相互作用所发生的变化。但是，实证主义和唯心主义只表述一方面的变化，而印象主义却表述两方面的交换。对实证主义而言，既然现实存在于主体之外，客体可以改变主体，但是客体自身对谁体验它们无动于衷。另一方面，对唯心主义而言，既然现实存在于主体之内，主体可以改变客体，但是主体本身却不改变，因为所有客体都是主体的成分。可是在印象主义者看来，无论是实证主义（它把主体性降到最低程度），还是唯心主义（它把客体性降到最低程度），都未能准确地体现认识论的过程。与这些两极化的观点相对照的是，印象主义表现主体与客体通过它们之间的相互影响而不断变化。从上面所引的例子来看，在马洛和非洲荒野的关系中，荒野向马洛投射它自身，而马洛也向荒野投射他自身。主体改变客体，正如客体改变主体一样——每个都产生相互影响。况且，主体和客体都由于它们周围环境的关系而变得模糊不清。

其三，因时间、地点不同，一个人对同一事物的体验也会不同。

在印象主义者看来，主体对客体的体验、认识不仅因人而异，即使同一个人在不同的时间、地点对同一事物的体验也会有所不同。例如，在《在西方目光下》中，在霍尔丁出现在拉祖莫夫房间之前，桌上的纸、笔和书籍对拉祖莫夫而言是亲切的、宝贵的，因为它们是他撰写论文所必要的，和他实现未来的荣耀有密切关系。可是，当他卷进霍尔丁事件以后，他觉得，他的前程被霍尔丁毁了；当他再看桌上这些零乱的物件时，便心生烦躁之感，觉得它们是多余的了。另外，起初霍尔丁要求拉祖莫夫帮助他出逃，虽然拉祖莫夫不十分情愿，但看在同学的份上还是答应了。他不辞辛苦，冒着严寒去找那个拉雪橇的人，可是当他看见那个家伙醉得不省人事，怎么也弄不醒时，他对霍尔丁和他所从事的所谓"拯救俄国"的事业越来越反感了。如果起初拉祖莫夫对霍尔丁还有些许同情的话，现在对他只有藐视和仇恨了。在拉祖莫夫看来，霍尔丁所依靠，或者说要拯救的人民就像那个拉雪橇的农民一样，是麻木不仁的。他清醒地意识到，能拯救人民的只有专制主义体制，于是他毅然决定向当局供出霍尔丁。

（二）否定文学作品表现的对事物体验的普遍意义，强调对事物体验的个人性质

"康拉德注意到，19世纪和20世纪初，许多作家寻求客观真实是不可能的。在他的整个创作生涯中，他拒绝尝试普遍的真实，认为主导人类体验的经常是个人的。"这是因为，"印象主义把一切现象看作在特殊的地方和时间，经过个人意识的媒介过滤的，因而所表现的认

识不是普遍的，而是个人的体验"。[1]

由于印象主义强调文学作品对事物的表现只是个人的体验，因此作为艺术生命力的"艺术真实"便是个人发现的真实，或者说"主观真实"。在《"水仙号"上的黑水手》"前言"中，康拉德写道："我试图完成的工作就是凭借书写词语的力量使你听，使你感觉，首要的是使你看。如此而已，岂有他哉。"伊恩·瓦特认为："'看'这个词的含义显然不仅指视觉印象的概念，而且包括观念。"[2]事实上，在康拉德的创作中，"看"的字面意义和它的隐喻性难解难分，"看"的含义远远地延伸了。它涉及事件的概念和它们与认识者的关系，以及这一关系对人类存在性质与西方文明性质的质疑。

康拉德坚持对事物体验的个人性质和与此相关的主观真实论，表明他对作者主体性的张扬。这正是现代主义文学理念的一个重要特征，它彰显了现代主义与现实主义的区别。

（三）文学作品的魅力在于通过感觉传达印象

小说创作无不营造吸引读者的艺术感染力。现实主义小说经常以生动的细节来表现人物的性格特征，从而形成魅力。例如，巴尔扎克在《欧也妮·葛朗台》中，为了表现老葛朗台贪财、吝啬的性格特征，采用了许多生动的细节，其中一个令人难忘的细节是，葛朗台的女仆向他报告楼梯的一些梯级坏了，需要修理，葛朗台竟回答她说：

---

1. John G. Peters, *Conrad and Impressionism*, Cambridge University Press, 2001, p.3.
2. Ian Watt, *Conrad in the Nineteenth Century*, Los Angeles：University of California Press, Berkeley, 1979, p.83.

"你就不会挑好的梯级走吗?"这个细节显然是作者在理智引导下营造的,它凸显了人物吝啬的特征。而印象主义小说家则注重以一连串的感觉来传达印象。例如康德拉的《"水仙号"上的黑水手》原先是这样开头的:"水仙号的大副白克先生走出船舱,来到黑暗的后甲板上,那时正好是九点。"小说出版时修改为:"水仙号的大副白克跨着大步,迈出他的明亮的船舱,走进后甲板的黑暗中。在船尾楼的裂口处,守夜人敲了两响钟,正是九点。"修改后的句子是原稿句子的两倍长,但是呆板的事实概括已变为活动的连续的感觉,主要是视觉,但也有听觉"两响钟",而且行文显得活跃,如"跨着大步""敲"。[1]

从上例看出,通过感觉来传达印象,比干巴巴的、概括性的陈述给读者的印象深刻得多,这样自然增强了小说的魅力。康拉德在致友人的信中表明,他的创作,"旨在给读者有刺激性的幻想"[2]。这种在真实与幻想融合的基础上形成的感觉,给读者"具有刺激性的幻想",使读者像是身临其境一样,留下深刻的印象。

(四)文学作品含义的复杂性

在康拉德看来,一件艺术作品极少局限于一个唯一的意义。由于不考虑小说作品作为一种道德力量或传播某种哲学思想的工具,康拉德就能把它作为人的生活无限复杂的想象的显示。1918 年他在给

---

1. Ian Watt, *Conrad in the Nineteenth Century*, Los Angeles: University of California Press, Berkeley, 1979, p.94.
2. William Blackurn, ed., *Joseph Conrade: Letters to William*, Blackwood and David S. Medrum Durham, N. C., Duke University Press, 1958, p.10.

巴勒特·克拉克的一封信中写道:"我想首先向你提出一个总的建议,一件艺术作品极少局限于一个唯一的意义,不必倾向于一个明确的结论。正因为如此,越是这样,就越接近艺术,它就越具有象征的性质。"[1]

康拉德关于小说含义极少局限于一个唯一的意义的理念,毫无疑问符合艺术的性质:越是伟大的艺术作品,越能表现生活的复杂性。他对小说含义复杂性的理解,显然和他的象征主义文学理念密切相关。由此可知,康拉德的印象主义文学理念与他的象征主义文学理念是相通的。这正是两者融合的基础。

把握康拉德关于"小说含义复杂性"的理念,对解读康拉德创作具有重要意义。它可以避免对康拉德创作简单化的理解,如不应该把他的成名作《奥尔迈耶的愚蠢》看作单纯对奥尔迈耶这类人物不切实际的生活理想的嘲讽。其实,这只是这部小说含义的一个方面,甚至是次要的方面;更为重要的是奥尔迈耶理想破灭的象征意蕴:它是对人类在追求理想过程中遭遇幻灭悲剧的一曲挽歌。这是康拉德后来表现陆地世界生活的一系列作品的一个中心主题。

(五)艺术世界的模糊性、不确定性

模糊性、不确定性是印象主义艺术世界的一个显著特征。这是因为印象主义强调对事物表现的直觉性,造成事物之间关系的非逻辑性、非连续性,结果形成事物的零散状态。主体与客体的相互影响又

---

1. Watter F. Wright, *Romance and Tragedy in Joseph Conrad*, University of Nebrasky Press, 1949, p.2.

造成主体与客体的边界模糊不清。另外，由于印象主义的艺术世界是个人在特定的时间、地点对外在世界感受的产物，对读者而言，它只提供观察世界的一个视角或参照系，而不具有终极意义性质，因而它是不确定的。同时，这种不确定性也是由印象主义的非理性因素造成的。在印象主义者看来，事物之间不一定存在因果关系。事物的发展变化常常带有偶然性。而且，不同人对同一个认识对象可能有不同的感觉、印象，这也构成艺术世界的不确定性。譬如，《诺斯托罗莫》中的莫尼汉医生在萨拉科的欧洲人眼里是个讨厌的怪物，受到普遍的鄙视；但他在矿工眼里是个了不起的好医生，在高尔德太太眼里他是唯一可以推心置腹交谈的人。

二、康拉德的印象主义艺术手法

（一）排除理智的干预，通过感觉表达对事物的印象

通过感觉表达印象可以说是康拉德作为一个印象主义作家的基本艺术手法。这一手法的首端"知觉"表现的是"事情怎么样"，而末端"印象"则表现知觉把握的事物"意味着什么"。这一表现过程的关键是"排除理智的干预"，"直觉地把握事物"。在康拉德看来，这样才能保持事物的原生态性质，因而小说传达的印象必然是含蓄的、模糊的、不确定的，可能具有多重意义。

康拉德的早期小说《"水仙号"上的黑水手》突出地体现了印象主义这一基本手法。这篇小说表达的事件很简单：一个名叫吉姆斯·惠特的黑人水手来到"水仙号"船上之后，使得水手们心神不宁，骚动不安。惠特的所作所为及其在水手们心里造成的感觉、印象

被客观地展现出来，没有经过梳理、安排的痕迹。

小说开始时，"水仙号"正准备出航。大副白克在甲板上召集水手点名，其中有个水手的名字模糊不清，漆黑一团。白克心想这个水手可能来，也可能不来，于是没点他的名字。不料当他转身正要离开时，听到一个响亮且带有几分霸气的叫声："回来！"他回眸一看，一个黑乎乎的、高大的汉子正跨过船舷朝他走来，他自称叫吉姆斯·惠特。惠特登场亮相的情景是通过大副白克的感觉表现出来的。

接下来，叙述者（显然是水手中的一员）用客观的语言叙述了惠特装病躲懒的种种表现和水手们的复杂的心理反应。水手们在怜悯与猜疑之间犹豫，惠特的盛气凌人引起水手们的反感和气愤，一个名叫白耳发的水手几次想扑过去揍他一通。但惠特的诉苦、哀怨和请求别人帮助的呼吁又引起水手们的同情。他们想到有朝一日自己也可能生病死去，于是他们压下心头的怒火，耐心地帮助他，甚至对他有求必应。

小说也通过人物的口对惠特的恶劣表现做了评述：大副白克向船长报告，吉姆斯·惠特扰乱了船上的和平，他把纪律破坏了。而作为叙述者的那个水手则说："他引得我们神魂颠倒，他永远不让疑问完全消灭。他好象伟大的阴影把这条船罩没了。他尽管预言迅速腐朽的来临，同时似乎连毫毛也没伤一根；他蹂躏我们的自尊心，他天天指摘我们缺乏道德的勇气；他玷污了我们的生活……他还这样作威作福地对水手们显示他那至高无上的特权，实在是太残酷无情了。"[1]

---

1. 康拉德：《"水仙号"的黑水手》，袁家骅译，载赵启光编选《康拉德小说选》，上海译文出版社 1985 年版，第 210 页。

（二）通过多重视角表现人物，使人物形象显得含糊复杂

在《吉姆爷》中，主要叙述者是马罗（马罗关于吉姆的叙述从小说第7章至第36章。后面马罗在他的信中还转述了布朗告诉他的事情，其中包含吉姆与布朗之间的冲突）。吉姆的故事（主要是吉姆在逃离"帕特纳号"船之后的经历）主要是马罗叙述的。马罗对吉姆的态度基本上是肯定、同情、支持。马罗认为，吉姆为人正派，是"我们中的一个"，他和逃离"帕特纳号"的那些主管人员不是一伙。在马罗看来，吉姆的"失足"是偶然事故，他对吉姆出事后的愧疚、痛苦深表同情，并且想方设法挽救他。吉姆之所以能到东南亚马来人聚居的帕图森去另谋出路，以赎前愆，就是马罗协商人兼生物学家斯坦因安排的。总之，在马罗眼里，吉姆是一个让人赞叹、值得同情的有缺点的英雄。

除了马罗之外，吉姆的形象还通过其他人物的视角表现出来。商人兼生物学家斯坦因是吉姆到帕图森去重振人生宏愿的主要支持者，他通过和吉姆的接触，看出吉姆是个很"浪漫"的青年，认为"这很糟糕"。他对吉姆的评语言简意赅，一语中的。他的意思是，吉姆的人生挫折多半是他的浪漫品性造成的，显然斯坦因对吉姆既同情又批评。

吉姆的情人珠宝儿显然一往情深地爱着吉姆。当吉姆因中了海盗布朗的奸计，失信于布吉斯人和他们的头领多拉明时，珠宝儿和吉姆的贴身仆人伊塔姆都劝吉姆要么逃走，要么和他们打一场。吉姆坚决不同意他们的意见，独自前往多拉明的营寨以死赎罪。事后，珠宝儿遇见马罗和斯坦因时，当着他们的面谴责吉姆虚伪、不讲信义，狠心地离开了她。斯坦因和马罗否认吉姆是虚伪的，但又讲不出来，吉姆何以逃离她。

此外，吉姆的死对头、白人海盗布朗和珠宝儿的父亲科涅柳斯对吉姆则加以诋毁、诽谤。

这种多视角表现人物的手法，让作者彻底退出故事，隐蔽了自己对人物的态度。吉姆到底是怎样一个人？读者必须对各种视角的叙述加以综合，经过分析判断才能得出自己的看法，这是印象主义描写人物的手法不同于现实主义小说之处。

（三）以"延迟解密法"表现人物的感觉印象

伊恩·瓦特认为："在《黑暗的心》创作之前，康拉德似乎就试图寻找直接的叙事表达方式，让意识从它的知觉中择定意义。它以选中的一种方法表现知觉印象，不到最后不说出它或解释它的意义，我们作为读者见证了造成个人知觉与其原委之间裂缝的每一步，以及这一裂缝在主人公的意识里被延迟了的弥合。"这种叙事方法被称为"延迟解密法"。

例如，在《白痴》和《文明路上先锋站》中，故事的高潮就是以这种方式表现的。在《白痴》里，当小说女主人公苏珊·贝卡多跳崖自尽时，一个捡海草的人看到她"立刻从他眼前消失，仿佛小岛突然从她脚下移开去"。它在知觉产生的瞬间，用上死亡或自杀的词之前，使我们直接进入观察者的意识中去。

这种方法在《文明路上先锋站》中有所改变。小说主人公凯亦兹胆战心惊地看到了幻想的一幕：他的伙伴卡利尔正走出来，朝他开枪，"忽然他听到那人把座椅往后一推，便极其灵敏地一跃而起，他侧耳倾听，却拿不准该如何是好。必须再跑！要往左跑还是往右跑？他听到脚步声，遂提着枪向左奔去。可就在此刻，他觉得就在这一瞬间，他俩迎面猛撞在一起。两人都高声尖叫起来，他们之间一声巨响，一道红焰轰然出枪，一抹浓烟消散。凯亦兹，两耳发聩、两眼失明，只是一路后跑一路想：我中弹了——全完了。他猜想另一位准要追了上来——幸灾乐祸地看他痛苦。他看到屋顶竖直立在眼前——‘完了！’接下来他听到屋子另一边传来‘砰’的一下跌倒的声音，就好像谁从椅子上头朝下翻倒在地——然后屋面一片死静。什么事也没有。他并没有死……”[1] 经过一阵荒唐的折磨之后，他才发现卡利尔死了，是被他打死的。

从上例看出，作为读者，我们参与了小说主人公凯亦兹瞬间的感觉，被迫看到他由于惊恐而昏了头，不知道他自己干了什么。

上面的例子可以说是在《青春》之前，康拉德采用的“延迟解密法”最完备的例子。下面我们再来看《青春》的主人公马罗在“朱迪埃号”船上面临燃煤爆炸时的情景：

> 木匠的工作台在主桅杆的旁边，我靠在主桅杆在抽烟斗，所以那年轻人就凑上来同我聊天。他说：“我看我们干得不错，啊？”这时我发现那傻瓜正要把工作台撞翻了，心里很不痛快，我不客气地说：“当心点，小鬼——”正说着，我突然产生一种奇怪的感觉，一种荒诞的幻觉——我好像被抛到空中。我听到周围有一种像憋足的气体爆破般的声音，好像成千个巨人同声发出“噗”地一声，我感到被什么钝器突然撞得肋骨生疼。毫无疑问，

---

1. 康拉德：《文明路上先锋站》，潘雯译，载朱炯强编选《康拉德精选集》，山东文艺出版社 1999 年版，第 25—26 页。

我是在空中……我脑海中还来得及闪过几个想法，就我记忆所及，这些想法的顺序是："我不可能被木匠一拳打飞——那是怎么回事——出什么事了——是海底火山？是煤，煤气！天啊，我们被炸飞了！都炸死了——我正在落向舱口——我看见里面有火。"[1]

上面的引文叙述主人公按时间顺序的瞬间感觉序列，读者发觉它完全是自然的，在马罗最后解说他的印象的原因"我是在空中"之前，应该有一个延缓。从技巧上说这一段对《文明路上先锋站》有所改善，一部分原因在于它是通过外部世界的具体印象取得的，另一部分原因则是我们进入主人公的意识毫无专断之意，因为不像凯亦兹的情况，我们已完全进入马罗的心灵中去了。

伊恩·瓦特认为，康拉德在创作《黑暗的心》时，发展了一种和印象主义画家相当的用言语直接演绎视觉知觉的技巧。康拉德表现主人公的直接知觉，让读者明白印象与理解之间的间隙，延迟跨过这间隙，使得事件与观察者对它滞后的理解脱节。[2]例如小说这样描写马洛的汽船上的舵轮手中了岸上黑人投来的长矛的情况：

有样高大的东西出现在窗前的半空中，步枪掉入水中，那人急忙往后退了一步，回头看我一眼，目光非常奇特、熟悉，又意

---

1. 康拉德：《青春》，朱炯强译，载朱炯强编选《康拉德精选集》，山东文艺出版社 1999 年版，第 148 页。
2. Ian Watt, *Conrad in the Nineteenth Century*, Los Angeles： University of California press, Berkeley, 1979, p.176.

味深长，然后就倒在我的脚边，他头部的一侧两次撞在舵轮上。有个像长条藤似的东西，它的一端咔嗒作响，撞倒了一只轻便小凳。看起来是他从岸上什么人手里夺过那东西，用力时失去平衡。……那时我感觉自己的脚又暖又潮，不得不低头看看。只见那人翻了个身，眼睛直盯盯地望着我；双手紧握那根长条藤。正是这根长矛的矛杆，或是从窗口扔进来或是戳进来，刚好扎在他肋骨下侧；矛尖划开一条可怕的切口，深得已经看不见了；我的两只鞋子已经灌满血。舵轮下面积了一摊血，一动不动，闪着暗红色的光；他的眼睛闪着惊人的光芒。[1]

在上面的例子中，我们依照马洛的视觉，看见那个舵轮手在马洛身旁倒下时异样的神态和一根长条腾似的东西，一端发出咔嗒的响声，撞倒了一只轻便的小凳；同时，马洛又向我们提供了他脚上又暖又潮的感觉。然后才发现，原来那舵轮手被一根长矛刺中了肋骨下侧，受到重创，流了许多血，以致马洛的鞋子灌满了血。在这个例子中，视觉知觉在前，对它的理解在后；二者中间有个间隙。这种技巧和前面所说的"延迟解密法"出于同一原理，只不过它像绘画一样强调视觉知觉罢了。

（四）以偶然事件干预事物的发展，或使人物的命运发生逆转

在康拉德看来，与人对立的世界是神秘不可知的，它经常以偶然

---

1. 康拉德：《黑暗的心》，章汝雯译，载朱炯强编选《康拉德精选集》，山东文艺出版社1999年版，第87页。

事件干预事物的发展或使人物的命运发生逆转。因此,"偶然性"成为康拉德表现他的印象世界一种不可或缺的技法。

例如,在《诺斯托罗莫》中,诺斯托罗莫和德考得驾驶驳船运载银锭出海,刚好碰上叛军运载兵员的船舶,不得不躲进海湾里,把银锭藏起来。德考得自杀后,诺斯托罗莫独自掌握了这些银锭,产生了把它占为己有的念头。这样,他便从一个拒腐蚀、"千里挑一"的工长堕落为一个窃贼。

在《在西方目光下》中,霍尔丁在刺杀沙俄政府高官之后,来到他的同学拉祖莫夫的住处寻求帮助。这桩事件不能不打乱拉祖莫夫为自己设计的人生路线,以致此后他被迫走上一条他所厌恶的道路。

在《间谍》中,维尔洛克诱骗智障的斯迪威去执行炸毁格林尼治天文台的任务。不料斯迪威在半路上被树根绊了一跤,他随身携带的爆炸装置爆炸了,斯迪威被炸得粉身碎骨。在这部小说中,这个偶然事件酿成了一出家庭悲剧。

第二章

康拉德创作与象征主义

　　"象征主义对抗传统的理性观察或分析的方法，以比较不极端的直觉或想象的形式，来领悟存在于表象之下或在其之外的精神秩序，或使其明朗化。"

　　"康拉德对法国象征主义的赞同包含两个方面：一是本体论观点，即文学所探寻的种种基本现实、认知或想象超乎外在世界所提供的一切碎片；二是在表现方法上，读者在富于特征的形式方法引导下寻求在明白叙述之外的幻象。"[1]

---

1. Ian Watt, *Conrad in the Nineteenth Century* , Los Angeles： University of California Press, Berkeley, 1979, p.84.

一、康拉德的象征主义艺术理念

（一）作品的内涵远多于明显体现的事物

康拉德把叙事对象与"较大的世界"联系起来的意图是在更高的抽象层次上构想的。1898年11月，在他开始创作《黑暗的心》之前，他表示："假如观念能有个实体，词语有种魔力，看不见的事物能被赋予形体，那该有多好啊。"[1]这话听起来像是象征主义者的祈求。在整个创作生涯中，康拉德都坚持要使作品所表现的内涵远多于明显体现的事物。

（二）一切伟大的文学创作都是象征的

康拉德晚年在他一封私人信件中，而不是正式的文章中明确表达了他的象征的艺术观，不过他并没有谈到象征作为特定的实体在文学作品中的功能。1918年5月，他在回答巴勒特·克拉克（Barrett H. Clark）询问如何恰当解释《胜利》的信中，提出了如下一般的主张："一件艺术作品极少局限于一个特有的意义，不必寻求一个明确的结论。因此越深入探讨艺术，就获得象征的性质。……我只要求你注意一个事实：一件艺术作品的象征概念具有这种优越性，以致它三倍诉求涵盖整个生活领域。一切伟大的文学作品都是象征的，以此方式赢

---

1. Jocelyn Baines, *Joseph Conrad: A Critical Biography*, London:Weidenfeld and Nichowon, 1960, p.223.

得复杂性、力量、深度和美。"[1]

"康拉德还把象征的与比喻的区别开来，他强调决不能把他的艺术方法或眼光与后一种模式混同。"[2]

二、康拉德创作的象征手法

（一）通过暗示、联想揭示事物的深层意蕴

通过暗示、联想揭示事物广泛而深刻的内涵，是康拉德小说创作一个重要的象征手法。运用这种手法较突出的是《"水仙号"上的黑水手》和《黑暗的心》。

在《"水仙号"上的黑水手》开头，大副白克召集全船水手点名时，发现名单中有个水手的姓名模糊不清，漆黑一团，他估计这个水手不会上船了。殊不知，他刚要离开，就听见后面传来一个响亮的、颇含霸气的叫声："回来！"原来这个迟到的水手是个身躯高大的黑人。这个水手在名单上的姓名显得模糊不清、漆黑一团和他本人的模样看来好像纯属巧合，实际上却隐含暗示：这是个神秘的、难以让人揣摩的家伙。果然在"水仙号"航行途中，他一直装病躲懒，水手们心里犯疑：这家伙到底是真病还是假病？看来，康拉德选择一个黑人

1. Donald C. Yelton, *Mimesis and Metaphor: An Inquiry into the Genesis and Scope of Conrad's Sgmbolic Imagery*, The Hague: Mouton & Co. Publisher, The Netherlands, pp.15–16.

2. Donald C. Yelton, *Mimesis and Metaphor: An Inquiry into the Genesis and Scope of Conrad's Sgmbolic Imagery*, The Hague: Mouton & Co. Publisher, The Netherlands, p.26.

充当这种角色，并没有种族歧视的意思，而是注重其象征意蕴，因为黑色象征昏暗、神秘。惠特和来自城市贫民窟的唐庚是难兄难弟：一个装病偷懒，另一个则刁钻古怪、好吃懒做，喜欢寻衅闹事，他们所体现的陆地世界的丑恶习性和老水手辛格尔顿所代表的海洋精神成为对立的两极。惠特对"水仙号"上水手心理的骚乱和唐庚破坏水手们团结的行为象征着陆地世界的恶习与海洋世界精神的对立碰撞。这正是《"水仙号"上的黑水手》内涵的深刻之处。

《黑暗的心》运用暗示、联想的手法更多更突出，效果也更显著。小说开头，巡航小艇"奈莉号"在等待回潮时，马洛向与海洋有关的几位朋友讲述他到非洲腹地旅行的一段经历。在他的非洲之行故事开讲之前，他指着他们所在的地方（泰晤士河出海处）突然说："这也是地球上最黑暗的地方之一。"他说起 1900 年前罗马人来到英国的情况。在当时的罗马人眼里，英国是个野蛮、黑暗的地方。他们沿着这条河向上游驶去。沙岸、沼泽地、森林、土著——几乎没有什么可让文明人吃的东西，除了泰晤士河的水，其他什么也没有。有的只是寒冷、迷雾、暴雨、疾病、流放和死亡。他们算得上是男子汉，敢于面对黑暗。[1]

这段开场白绝非多余，而是一种暗示，让读者联想当时白人殖民者在非洲的所作所为。白人殖民者把非洲看作黑暗的地方，称非洲的土著民族是未开化的野蛮人，他们宣称白人殖民者来到非洲是向这些野蛮人传播西方文明。殊不知当年罗马人来到英国这片黑暗的国

---

1. 参见康拉德《黑暗的心》，章汝雯译，载朱炯强编选《康拉德精选集》，山东文艺出版社 1999 年版，第 32—34 页。

土时，也是以传播文明自居的，可是他们对土著实行残酷统治、野蛮掠夺和屠杀。今天，白人殖民者对非洲的野蛮、残酷行径比当年罗马人的所作所为有过之而无不及，这种暗示联想便形成一种象征意蕴：自古至今，文明对野蛮的所谓教化都不过是血腥统治、残酷掠夺的幌子。

而马洛沿着刚果河溯流而上时的所见所闻形成一系列的暗示联想，构成或大或小的象征。

树丛中奄奄一息的黑人、被铁链拴着排成长列艰难行进的所谓犯罪的黑人劳工和途中散落的黑人尸体，暗示黑人受奴役的惨状；废弃的一段铁轨和翻倒的车厢，暗示西方输进的技术的低效；以寻觅、掠夺象牙为目的、手执长棍的所谓"朝圣者"，以不值钱的工业品换取珍贵的象牙的所谓交易等，暗示这就是白人殖民者所吹嘘的向非洲输入的西方文明。另外，马洛又从阵阵传来的、带有神秘意蕴的鼓声和映入眼帘的狂放、粗野的舞蹈，以及让人着迷的荒野，联想到非洲土著民族原始文明的奥秘以及土著民族的诉求和隐藏的巨大威力。这些见闻通过主人公马洛的感觉形成种种暗示、联想，最终构成一个总体的象征：西方现代文明与非洲原始文明的对立、碰撞；而这种对立、碰撞集中体现在一个象征性的人物——库尔兹身上。

库尔兹本是一个颇有才能的文化人，却加入了白人殖民主义大军，他应废除野蛮习俗委员会之约到非洲进行调查，洋洋洒洒写了17页的调查报告，结论却是"消灭这些畜生！"这是库尔兹作为文明的西方人对"野蛮的"非洲土著的立场。他从这个立场出发，使用残忍手段猎取土著手中的象牙，以惊人的业绩博得公司的赞赏。他自我膨胀，为了财富和荣誉，为所欲为。在失去监督和舆论影响的情况下，他背弃西方文明，成为非洲原始文明的精神俘虏。他参与土著的神秘仪式，享受土著的尊崇；他抛弃了家中的未婚妻，娶了一个高大壮硕的土著女子为妻。库尔兹的堕落是西方文明虚伪、脆弱的象征，它意味着貌似强大的现代西方文明终究为非洲的原始文明所击败。

（二）借助某个事物或情景作为象征物，形成象征

较大的象征如《吉姆爷》中吉姆逃离"帕特纳号"那次"跳跃"，正如吉姆自己所说，"那一跳，如同跳进无底的深渊"。因为那一跳，造成吉姆终身洗刷不掉的耻辱，使吉姆从光明的人生进入黑暗的人生，从此踏上坎坷的人生道路。这个简单的动作看似平凡，却成为决定人物命运的象征。

较小的象征，如《在西方目光下》中霍尔丁小姐的面纱。它看起来似乎不起眼，却起到了霍尔丁小姐对拉祖莫夫的感情的辅助作用：霍尔丁小姐最初掀起面纱，表明她在敞开自己的心扉；当她的面纱掉落在脚旁时，表明拉祖莫夫对她敞开自己的心扉；在她得知他的罪行后，她的面纱——就像她的感情一样——一动不动，静静地躺在地上；拉祖莫夫突然弯身抓起面纱的动作表达了他对霍尔丁小姐的强烈感情，因为此后拉祖莫夫把面纱看作他所迷恋的事物。最后，面纱成为拉祖莫夫的日记本的罩子，而他在日记本里记下了他泄露自己的秘密后每天的生活。康拉德便通过与拉祖莫夫和霍尔丁小姐相关的面纱，让可感知的客体暗示人物的心理活动。面纱不过是一个较小的象征，却使有意义的场面变得更强烈、更富于戏剧性。较小的象征，虽然只在一两个场面上显现，但它使整个场面的某些方面显得更鲜明，并留下回响，这在康拉德的某些作品中是不可或缺的。

较大的象征却不仅对直接的场面是重要的，而且为整部作品或整个故事提供了支撑。这样的象征，例如吉姆跳离"帕特纳号"船、银矿（《诺斯托罗莫》）、伦敦的城市背景（《间谍》）、老海斯特的画像和书籍（《胜利》）。这些较大的象征比起较小的象征来回响的范围大得多，它们为作品的形式和内容提供了极其重要的秩序。

（三）以某种场景形成象征

除了贯穿于康拉德创作中的或大或小的象征之外，还有场景象征。例如出租马车穿行于伦敦街道，奔向慈善之家的场景（《间谍》），德考得和诺斯托罗莫乘坐驳船运送银锭出海的场景（《诺斯托罗莫》），拉祖莫夫向霍尔丁小姐坦白自己出卖霍尔丁的场景（《在西方目光下》），马洛在布鲁塞尔公司办公室的场景（《黑暗的心》），奥尔迈耶在他的被弄脏了的办公室的场景（《奥尔迈耶的愚蠢》），以及莉娜与海斯特在他父亲画像下的场景（《胜利》），等等。这些兼有字面上的和隐喻的功能的场景，把作品的主要线索和作为整部小说或故事缩影的行动连接起来，如《间谍》中出租马车的奔驰象征着包含了无知人们的野蛮行径的伦敦场景的可憎与卑鄙。简短的场面对小说中的人性因素所作的富于戏剧性的评论，是单纯的论述无法达到的。通过对人物、事件具有聚焦作用的场景的表现，康拉德像他之前的亨利·詹姆斯一样，暗示他的重要的主旨。象征场景和大小象征结合在一起，便形成秩序与轮廓。在康拉德试图构建小说新形式时，这象征性场景成为含有深意的参照系。

在康拉德逝世若干年后，他的小说的精巧结构及对象征和象征性场景的注重被普遍认为对 20 世纪小说具有特殊的意义，他的作品对

20世纪许多重要的小说家产生了间接的影响。

康拉德的象征手法与他所主张的审美距离、叙事非人格性有密切的关系，因为象征手法的运用使作者获得超然态度。

（四）通过光亮与黑暗的对比或白与黑的对比形成象征

在《"水仙号"上的黑水手》中，康拉德第一次运用光线与颜色的对比形成的象征来表现人和事物。小说开头描写大副白克"迈出明亮的船舱，走进黑暗中"便有助于通篇小说关于"光亮"与"黑暗"二者的对比这一主要象征的确立。接下来，这一对比继续着："在通明透亮的入口处，走动的人们一闪而过的黑影非常黑。一点没减轻。"第一个海员我们看得很清楚，他"戴着眼镜，蓄着可敬的白胡须"。这是老辛格尔顿，船上最年老、最能干的海员，他正好站在甲板上的灯光下。当白克吩咐海员集合备好灯时，他已把自己和光明的意象联系在一起了。由于白克的作用，从黑暗中走出来的前甲板上的人们走进了灯的光圈里，在那里正式转变为"水仙号"的水手。但是迟到的惠特个子太高，因此他的脸庞照不到灯光，这个不祥的秘密只有当船上的勤杂工把灯举到他面前时才揭开，原来他的脸庞是黑不溜秋的。辛格尔顿的"可敬的白胡须"和惠特的"黑不溜秋的脸庞"的对比，意味着两种精神品格的对比。

这个贯穿于小说中的黑与白的对比发展为更深邃、更含蓄的联想：当"水仙号"解开了牵绳驶向大海时，它被描写为"一只奇大无比的水产黑色甲壳虫，受了灯光的惊扰，受不了日光的照射，徒劳地想逃进远处陆地的阴暗中去……在她的停泊处，一个煤烟般的黑色圆块在波浪上一起一伏"。这段描写的象征意蕴在于，它让人联想到

"水仙号"和陆地世界似乎有割不断的联系，后来惠特和唐庚的表现暗示了这一点。岸上生活与黑暗的关联是康拉德关于陆地与海洋这一总体性对照的一部分，这在《"水仙号"上的黑水手》的叙事中表现得很明显。

第三章

印象主义与象征主义在康拉德创作中的融合

一、印象主义与象征主义融合的途径

康拉德创作的种种迹象表明，印象主义与象征主义在他的作品里得到水乳交融似的结合。把康拉德的创作理念和他的作品结合起来看，发现在康拉德的作品里，印象主义与象征主义沿着下述两条途径融合。

第一，把意识对象与"较大的世界"联系起来，使主体对个别的、具体的意识对象的感觉、印象获得更高的抽象层次上的意蕴。例如在《"水仙号"上的黑水手》中，黑人水手吉姆斯·惠特来到"水仙号"船上后，他的装病躲懒的种种恶劣表现，使得船上的众多水手不得安宁。何以会这样？主要是因为水手们第一次遇上惠特这样的怪人，缺乏心理准备。惠特口口声声说他病得快死了，水手们不知道这是真的还是假的，但一想到自己有朝一日也可能陷入这种困境，便同情他、体谅他、帮助他，满足他的种种要求。但惠特对他们颐指气使，盛气凌人，他似乎享有某种特权似的。这使得水手们无比气愤，恨不得揍他一顿。面对阴阳怪气的惠特，水手们陷入了爱恨情仇的困境。从这点来看，惠特的确成为水手们心理的中枢。

但是，如果从更高的抽象层次上来看，惠特和来自城市贫民窟的唐庚都带有陆地世界的恶习：狡诈、损人利己。他们狼狈为奸，竭力破坏"水仙号"船员的团结，他们和以老水手辛格尔顿为代表的船员的关系便具有两个世界、两种精神对立的性质：陆地世界的败行恶德和海员忠于职守、团结友爱精神的对立。通过联想，把对个别事物的感觉和"较大世界"联系起来，具体的意象便获得抽象的性质，感性的意象升华为象征。

第二，以实体表现观念。前面在论述康拉德的象征主义艺术理念时，曾谈到康拉德的一个艺术愿景："假如观念能有个实体，词语有种魔力，看不见的事物能被赋予形体，那该有多好啊。"这个愿景实际上暗示了康拉德在创作实践中，探索到的印象主义与象征主义融合的另一条途径。所谓"观念能有个实体"，就是"使抽象观念具象化"，或者说让具体的意识对象成为抽象的象征意涵的载体。

例如，在《黑暗的心》中，库尔兹作为叙事的意识对象，主要是通过马洛沿途听到的关于他的传闻和最后与库尔兹本人的简短会面所获得的感觉、印象表现出来的。从马洛的感觉印象来看，库尔兹的堕落在于他自我极端膨胀，贪婪成性，并且背弃了西方文明，成为非洲原始文明的精神俘虏。库尔兹便成为西方殖民主义者人性腐败、道德堕落的象征。

再如在《艾米·福斯特》中，主人公延柯及其悲惨遭遇是通过印象主义手法表现的。小说的主旨，在于通过延柯的遭遇表现自我在面对与人为敌的世界时的孤独感。这个主旨也就是延柯命运的象征意蕴。延柯及其遭遇就是表现小说主旨蕴含的那个抽象观念的"实体"，正如在卡夫卡的著名小说《变形记》中，以主人公萨姆沙变成一只大甲虫这个实体来表现人类异化这个抽象观念一样。

二、印象主义与象征主义的融合赋予康拉德创作鲜明的特点

（一）朦胧中蕴含深邃、复杂的意涵

印象主义和象征主义都崇尚非理性主义，主张以直觉方式把握世界、表现世界。印象主义强调主体和客体之间的相互影响，因而使主体与客体的边界变得模糊不清，客体被表现为不确定的、朦胧的意象。而直觉的表现方法，强调事物之间的非因果关系，事物发展变化的偶然性和世界的不确定性。同时，象征主义强调以具体事物表现抽象的观念，并且注重揭示表象掩盖的复杂、深邃的意涵。因而，康拉德运用印象主义与象征主义融合的方法营造的世界既带有朦胧性、模糊性和不确定性等特征，又蕴含复杂、深邃的意涵。

例如在《吉姆爷》中，主人公吉姆到底是怎样的人？恐怕很难得出一个明确的结论。说他怯懦吗？是的，他有怯懦的表现。最早他在训练船上一次参与风暴中救人的训练时便表现不佳。后来他在"帕特纳号"船上担任大副时，面临事故，经不起船长等人的怂恿，跳离船舶逃生。但是，吉姆不承认自己怯懦，他认为自己有勇气面对危险

情境。果然他在帕图森的经历表现得很出色，以致土著称他为"爷"。后来，由于他中了白人海盗布朗的奸计，给布吉斯人带来巨大的损失，但面对性命攸关的危局，他没有逃跑，而是毅然以死谢罪，挽救了自己人格的尊严。

吉姆自身的矛盾使他的形象显得有些模糊，但在模糊的表象下隐藏着一个象征意涵，即英雄主义的悲剧，或者说英雄主义的失落。吉姆向往英雄主义，但可悲的是，这一理想难以实现。因为他未能超越内外两个障碍：内在的障碍是怯懦与轻信；外在的障碍是他周围的人的卑劣，如柯涅柳斯对他心怀忌恨，海盗布朗对他背信弃义。吉姆却过于善良，他既无害人之心，又无防人之意，结果中了恶棍的奸计，酿成悲剧。

（二）叙事的含蓄性、神秘性

康拉德的小说对人物、事件的表述经常显得既含蓄又带有几分神秘色彩。这是印象主义手法与象征主义手法融合造成的。印象主义和象征主义都强调艺术表现的直觉性。印象主义注重表现对人物、事件的感觉、印象，它排除理智的干预，只表现主体感觉到的人和事物的形态、特征，不关注人和人、事物和事物之间的因果关系，因而显得既含蓄又神秘。而象征主义则把关于人和事物的感性意象上升为抽象的观念时，强化了它的含蓄性、神秘性。这便造成了康拉德小说叙事的含蓄性、神秘性特点。

叙事的含蓄性、神秘性特点在《"水仙号"上的黑水手》中表现得很明显。"水仙号"解开了牵绳驰向大海时，它被描写为"一只奇大无比的水产黑色甲壳虫，受了灯光的惊扰，受不了日光的照射，徒劳地想逃进远处陆地的阴暗中去……在她的停泊处，一个煤烟般的黑色圆块在波浪上一起一伏"。这是小说中富于象征意义的黑与白、光明与黑暗对比的延续。"水仙号"被比喻为一只水产黑色甲壳虫，自然是叙事者从感觉得出的印象。但说它惧怕光亮，"徒劳地想逃进远处陆地的阴影中去"，却是前面产生的感觉的延伸，赋予原先的感觉意象以理念性的象征意蕴。海船是从陆地边沿驶向海洋的，她一下子适应不了处境的变化，仿佛依恋陆地的黑暗，不适应海洋的光明。从这里我们领悟到康拉德创作中感觉意象向象征意象转化的奥妙。事实上，印象主义与象征主义的融合，关键在于通过联想、暗示使感觉形成的意象"往更高的抽象层次上构想"。

（三）以象征支撑小说结构，使小说世界显得既零散又集中、既无序又有序

一般来说，印象主义主导下的叙事往往显得零散、无序，但在印象主义与象征主义融合情况下，由于象征起到聚焦作用，特别是大的象征和场面象征成为小说结构的支撑，于是，康拉德的小说世界便形成了既零散又集中、既无序又有序的格局。康拉德小说的精巧结构之所以对20世纪西方小说产生深刻影响，显然得益于康拉德这种独特的创作方法。

举例来说，在《吉姆爷》中，对吉姆经历的表述让人觉得很零散，加上时序的错乱，小说结构似乎显得混乱无序，但是，如果抓住吉姆经历中的中心事件，即他跳离"帕特纳号"船逃生那戏剧性的一幕，亦即小说中一个大的象征，对吉姆人生的迷局便迎刃而解。吉姆那一跳意味着吉姆人生的大转折：吉姆从生机勃发、充满理想的高处

跌落到耻辱的深渊。他可能从此一蹶不振，成为颓废的流浪者，也可能东山再起，重振人生。吉姆选择了第二条道路。把握住作为象征性的这一中心事件来看小说对吉姆人生的表现，我们便会觉得，零散的叙述都围绕这个中心展开；时序的颠倒、错乱造成的无序状态变得有序可循。这样，我们对小说便会有较清晰的领会。

第四章

康拉德独特的叙事艺术

康拉德的印象主义与象征主义艺术理念与两者融合的创作方法，对康拉德小说的叙事艺术起了主导作用，这是康拉德叙事艺术的独特之处。康拉德的艺术理念和创作方法对其叙事艺术的制约，表现在叙事的非人格性、叙事的空间性和富于诗性的叙事文体等方面。

一、叙事的非人格性

所谓"叙事的非人格性"，是指作者的思想感情不显露于叙事中，作者对人物、事件不加以褒贬、议论。这种非人格性叙事是现代主义小说叙事的一个主要特征。尽管"叙事的非人格性"不是康拉德首创的，但它成为康拉德小说叙事的主要特征，足以表明他作为英国现代主义小说先驱的特点。

叙事的非人格性是作为对英国传统小说叙事人格化的反拨出现的。传统小说叙事的人格化特点源自浪漫主义的艺术理念和诗歌创作。浪漫主义诗人声称，诗人是他的想象世界的上帝，诗人主宰他的艺术世界。在抒情诗中，诗人面对读者直叙胸臆。即使是叙事诗，例如拜伦的长诗《恰尔德·哈洛尔德游记》的主人公哈洛尔德，明眼人一看便知，他不过是拜伦的化身。这种叙事人格化特点，为后来的现实主义小说所继承、发展。狄更斯小说的叙事便明显具有人格化特点。例如《荒凉山庄》中的流浪儿乔去世时，狄更斯在叙述中直接露面，对乔的不幸遭遇表示无限同情，并且以激烈的言辞控诉达官贵人。传统小说叙事的人格化，基于这种艺术理念：文学作品不仅反映现实，而且它要对社会现实产生某种影响。因此，文学作品必须有鲜明的倾向性：它赞成什么，反对什么，都从它的主题中表现出来。而主题的倾向性基于人物的塑造和情节的安排。作者为了使其作品的倾向性表现得更鲜明、更强烈，便经常以自己的思想感情干预人物塑造和情节安排，甚至在叙述中露面，对人物事件加以评点。

在现代小说家看来，文学作品并非模仿现实，而是通过想象，对现实感应的产物。文学作品作为想象的产物，正如康拉德所说，"作者的任务是为读者观察现实提供一个视角"[1]。他还说，"小说是一种专注的努力，目的在于发现人类经验中具有恒久和本质价值的东西"，小说的主要功用就是以"特殊手法表现人类的生活"。[2]

---

1. Watter F. Wright, *Romance and Tragedy in Joseph Conrad*, University of Nebrasky Press,1949, p.1.

2. Joseph Conrad, *The Nigger of Jim of the Nacissus*, Oxford University Press, 1954, p.1.

康拉德对象征主义的推崇，自然接受了它的"本体论"艺术观。在象征主义者看来，艺术作品是独立自主的存在物，即所谓具有"本体性"。尽管象征是作者想象的媒介，但它一旦构成艺术体，便具有自足性，不仅独立于客观世界之外，而且与作者的主观意识也脱离了关系。所以，在象征主义本体论艺术观主导下，康拉德认为小说的叙事具有"本体性"，是天经地义的。作者不仅不应该在叙事中露面，而且他的思想感情也不能显露于叙事中，这便导致叙事的非人格性。

康德小说叙事的非人格性也直接受到法国著名作家福楼拜的影响。福楼拜提倡叙事的客观化。他认为作者要像上帝一样，既在他创造的世界中无处不在，又不露痕迹。作者对他创造的世界要无动于衷，对人物事件采取不偏不倚的态度。

康拉德把叙事的非人格性当作叙事艺术的一条重要原则。1911年底，他在给高尔斯华绥一封信中，严厉地责备他的朋友在《德文郡的男人和其他故事》这篇作品中，在某种程度上欠缺目的的真诚。他说："……你必须保持完全无动于衷的态度……你似乎为了他们（人物）的缘故，紧紧地怀着正确与错误的观念不放。""简言之，作家必须忠诚于他的想象，而在对待想象时，要保持客观的、不受个人情感影响的态度。"[1]

那么，康拉德如何实现叙事的非人格性呢？

---

1. Frederick R. Karl, *A Reader's Guide to Joseph Canrad*, New York: Noonday Press, 1960, p.18.

（一）采取所知有限叙事方式巧妙地处理叙述者和叙事对象之间的关系

按照叙述者与叙事对象之间的关系，叙事可以区分为两大类：所知有限叙事和无所不知叙事。前一类叙事中的叙述者是所知有限的叙述者。这种叙述者只叙述他耳闻目睹的事，因此他的叙述是有限的，但也是客观的，令人感到真实的。现代小说叙事大多属于这种叙事类型。另一种叙事的叙述者对他的叙事对象无所不知，无所不晓。传统小说的叙事大多属于这种类型。英国维多利亚时代的小说家（包括狄更斯）基本上采用这种叙事方式。

康拉德小说中的所知有限叙述者，有的是无人称的旁观叙述者，例如《吉姆爷》中开头介绍吉姆形象的叙述者；有的是复合型叙述者，即由小说中某个人物充当叙述者，例如《黑暗的心》中的马洛、《在西方目光下》中的英国语言教师。

康拉德的所知有限叙事方式的巧妙之处在于，它采用了众多的复合型叙述者，特别是出现在好几部小说中的叙述者马洛（又译为马罗）更具特色。

特色之一：马洛作为作者的替身，他不仅使作者和他所创造的艺术世界区隔开来，而且在适当场合下隐蔽地传达了作者的心声，而不至于让一般读者误会马洛就是康拉德。不过尽管马洛在某些方面传达了作者的心声，但马洛（无论他充当单纯的叙述者，还是兼作小说中的一个角色）在小说中并不起到干预事件发展或影响其他人物命运的作用。这样，即使马洛充当康拉德的替身，也不违背叙事非人格性原则。

特色之二：在康拉德的几部小说中，马洛作为叙述者的身份有所发展变化。

马洛这个人物最早出现在《吉姆爷》中。在这部小说中，马洛是一个老航海家，具有英国绅士风度。他在小说中的身份是旁观叙述者。马洛是在审理法庭上认识吉姆的。从叙事角度看，他是个所知有限的叙述者，他只知道吉姆在"帕特纳号"事件之后的经历和思想心态。他赏识吉姆的非凡品格，同情他的遭遇。要说他是个旁观叙述者也不尽然，因为他在吉姆后半段的经历中充当了吉姆的同情者和解救者的角色。比如，在吉姆走投无路情况下，马洛介绍他到他的一个性格古怪的好友开办的碾米厂工作，后来又通过商人兼生物学家斯坦因介绍吉姆到东南亚丛林地带一个叫帕图森的马来人居住区去重新开始他的生活。马洛还到过吉姆所在的村落，对他在那里的作为有所了解。尽管马洛不知道吉姆的全部人生，但是通过马洛所知有限的叙述，读者获得了关于吉姆的主要信息。

《黑暗的心》中的马洛既是小说的主人公，又充当故事的叙述者，他叙述自己刚果之行的全过程，而且库尔兹这个人物主要是通过马洛的感觉印象表现的。这部小说中的马洛，更多体现了康拉德本人的特点。马洛在非洲的经历大体上体现了康拉德当年刚果之行的情况。而且马洛在非洲之行的感触，特别是对白人殖民者的丑恶行径的抨击，对非洲黑人的观感，对库尔兹这个人物既鄙视又同情的复杂感情，同时以埋头工作（修理损坏的汽船）躲开周围令人厌恶的人和事的行事方式，无不体现了康拉德本人的思想心态。

总的说来，《黑暗的心》中的叙述者马洛比康拉德其他几部小说中的叙述者马洛更带有康拉德替身的特点。作为小说的中心人物，马洛的思想感情和心理特点表现得更充分更鲜明。他和康拉德本人的思想心态的联系也更紧密。

《青春》中的马罗是小说事件全过程的参与者和叙述者，他以回顾方式，讲述自己当上二副后第一次前往东方航行的情景。在这部小说中，马罗作为小说的叙述者和中心人物，详细地叙述了令人难忘的一次历险和感受，充分表现了年轻航海者的壮志豪情。马罗表述了当年自己的青春如何在生死考验的历险中经受磨炼，焕发出人生的光彩。马罗的叙述带有很浓的抒情性和浪漫气息。通过马罗的叙述，展现了康拉德特有的融叙事、议论、抒情于一体的叙事风格。

在康拉德的所知有限叙事方式中，除了单个叙述者之外，还包含多个叙述者的多重叙事。在多重叙事中，通过多个叙述者从不同的视角叙述同一事件和人物，而每个叙述者只叙述自己知道的一面，这样的叙述，给读者展现了人物、事件的多方面特点。读者对小说中展现的人物、事件的认识必须在综合诸方面观点基础上加以分析、判断。所以这种所知有限叙事方式不仅对人物、事件的表现更全面，而且使作者本人的思想感情得到更好的隐蔽。这种叙事方式在《吉姆爷》中运用得极其自然，因前面已谈过，此处不再赘述。

（二）中心视点的设置

康拉德小说叙事的非人格性，除了采用所知有限叙事方式之外，还采用中心视点设置技法。中心视点是贯穿于整个小说的主要视点，它在叙事中之所以起到聚焦作用，是因为它汇集了众多人物的视点。康拉德从印象主义原理出发，认为各人由于经历不同，对同一事物便会有不同的感觉。例如在《诺斯托罗莫》中，各种身份的人对银矿有不同的感觉。查尔斯·高尔德的父亲把银矿看作祸根和政府腐败的表现。高尔德太太也把银矿看作祸根，认为它腐蚀了她的丈夫，毁了他们的婚姻。莫尼汉医生则把银矿看作简直是另一种政治压迫的表现。查尔斯·高尔德却把银矿看作政治上成功、经济上富裕的象征。诺斯托罗莫的感觉却发生摇摆，他既把银矿看作致富的手段，又把它看作摧毁他小心树立起来的自我形象，使他沦落为它的奴隶的祸根。

中心的设置还表现在不同人物对革命的感觉和态度上。查尔斯·高尔德把革命看作经济上自由的斗争。维奥拉则把革命看作流氓恶棍搞的闹剧，深感"他们不懂得世界自由的意义，没有一个人为正义而斗争，只会偷窃"。莫尼汉医生则把多次革命看作换汤不换药，它们只是彼此外表不同而已。柯比兰神父把革命看作恢复教会的财产和权力的机会。德考得则把革命看作单纯是促进他和安东尼娅关系的手段。"实质上，整部小说是在探索现象在每个人物心中过滤的方式及其被改变的结果。"[1] 由此可知，中心视点的设置，有利于排除作者本人的思想感情对叙事的干扰，从而彰显了叙事的客观性，或者说非人格性。

（三）以象征显示作者的超然态度

康拉德从象征主义原理出发，认为叙事有其本体性，自然应该排除作者的思想感情在叙事中的显露，于是他借助象征来显示他对事物的超然态度。例如在《艾米·福斯特》中，康拉德通过肯尼特医生的视角，以冷静客观的态度展现主人公延柯的悲惨遭遇。并以他的悲剧

---

1. John G. Peters, *Conrad and Impressionism*, Cambridge University Press, 2001, p.44.

性人生构成一个整体的象征，表现人类面对无情的、非人性世界的孤独心理。整个叙事的绝对客观性，使作者对主人公及其遭遇的态度像是羚羊挂角，无迹可寻。

二、叙事的空间性

叙事的空间性是现代文学富于特征的叙事形式。叙事理论家约瑟夫·弗兰克（Joseph Frank）在他的论著《现代小说中的空间形式》中第一次提出了空间形式的一般概念。在弗兰克看来，"空间形式是事件不按线性和因果性，而是想象为同时性的诸多瞬间连续的形式"。杰弗雷·R.斯密腾也在他的《叙事的空间形式》一文中指出，"空间形式标示小说家用以颠覆叙事中固有的按年月顺序关联的各种技法"。[1]这种空间形式在于把信息成分切割为若干个更小的单元，明显零乱地分散于文本中。但是，事实上，它要起到连续系列的功能，就必须把它们连接起来，才能使它们变得有意义。

当空间用于小说时，它比时间更带有隐喻性，因为，"尽管空间形式是各种文学成分创造的，但小说的空间只存在于心灵中"[2]。也就是说，小说的空间形式的构成必须有读者的参与。

康拉德小说叙事空间形式的构成主要采用如下几种叙事技法。

---

1. Jeffrey R. Smitten & Ann Paghistany,eds., *Spatial Form in Narrative*, London:Cornell University Press, 1981, p.13

2. Jeffrey R. Smitten & Ann Paghistany,eds., *Spatial Form in Narrative*, London:Cornell University Press, 1981, p.44.

（一）叙事零散化

叙事零散化是印象主义艺术理念在叙事艺术中的体现。印象主义者在非理性主义引导下，把作者营造的艺术世界看作对现实中的人和事物的感觉、印象的组合。而这种组合并不遵循因果关系和连续性的原则，因而它是不规则的、零散的。

零散化叙事的主要特征是非逻辑性（或者说非因果性）和非连续性。分散、凌乱，既无因果关系又不体现时间连续性的零碎事件、场景、人物关系的片段便在读者心里呈现为空间组合成分，须经读者理性分析、梳理，探寻它们的内在关系，才能领悟这些分散的、凌乱的成分所体现的意义。

《"水仙号"上的黑水手》便是叙事零散化的典型例子。这篇作品叙述的事件很单纯：黑人水手惠特来到"水仙号"船上后，引发了船员的骚动不安。这篇小说几乎没有情节，它把惠特的装病躲懒、最后演变为真病死去，以及在这一过程中惠特和船上的水手、官员之间微妙而复杂的关系同水手们抗击风暴的斗争糅合在一起，构成一个富于象征意味的、万花筒似的世界。这个万花筒似的世界是由一个个细小的、零乱无序的情景、场面构成的；它们之间不显示时间上的连续性，也不存在因果关系，而形成重叠的样式。这种重叠的样式带有同时性意味，在读者心里便造成空间的感觉。

（二）不按时间顺序的叙事

康拉德不按时间顺序叙事的技巧可能表现为倒叙，以及直接的迂回和时序的彻底打乱。倒叙开始用于《奥尔迈耶的愚蠢》《卡兰》等作品中。康拉德早期作品中运用的不按时间顺序技巧，虽然带有传统意味，远不及后来的作品老练，但在倒叙中，康拉德仍旧遵照不按时间顺序的原则写作。《奥尔迈耶的愚蠢》中的倒叙，在五章多的篇幅里错综复杂地叙述主人公的过去、现在和将来。它不是单纯地再现过去，主人公带着对将来的想法，让过去的事情再现于现在。康拉德以这种方式把过去、现在、将来并列，把不同时间的事情置于一个平台上，打破了事件的线性关联，赋予它们重叠的意味。实际上，康拉德早期采用的倒叙技巧，是他后来运用的直接迂回和彻底混乱这些更为激进老练的叙事技巧的先兆。

康拉德的直接迂回叙事是他的最难以捉摸的不按时间顺序的叙事。《黑暗的心》是一个突出的例子。起初，这个故事显得基本上按时间顺序展开，即使由马洛承担的叙事和后来经由框架叙述者的叙事，都没有《诺斯托罗莫》或《机缘》那样时序错乱。

在《黑暗的心》中，马洛把他的听众带进史前世界时，他以回想的形式完全颠覆了最初叙述者的历史之流概念。更为重要的是，马洛在叙述过程中常常离题，似乎他忽然想到一些事，即提醒他离开主要年代顺序的其他一些事。康拉德的直接迂回手法在某些方面预示了意识流技巧。在这种技巧中，叙事之流并不由年代学而是由认识论所决定。

小说中经常出现这样的情况：叙述者在讲述故事过程中回顾某个特殊信息的片段时，读者便觉得要把握那个信息有困难，因为它并不出现在人们期待的那个按年代顺序排列的节点上。例如，马洛关于妇女的评论，并不是在妇女出现时发生的。他关于妇女的评论和他要讲的故事也并无关联。康拉德的直接迂回技巧便以这种方式模仿真正的故事讲述者的风格。在现实中，当人们讲述某个事件时，常常记起某些信息的片段。这些插入的信息片段显然破坏了他正在讲的事件的连续性，这种叙事方式具有断裂事件按年代顺序排列的效果，它与康拉德后来的创作中更为厉害的时间混乱写作技巧相似。

在康拉德的创作中，《诺斯托罗莫》《在西方目光下》《间谍》和《机缘》的叙事都彻底打破了时间顺序。

在《吉姆爷》中，马洛在讲述吉姆的故事时把平常按时间顺序的叙事单元重新加以安排。他在讲述过程中，忽然向后移动，忽然又向前移动，以这种方式让读者感到时间上的混乱。这近似于吉姆对时间的感受。马洛的叙事就以这种方式强迫读者进入吉姆的情境，让读者更强烈地感受到吉姆关于时间次序的体验。让读者与人物关联是印象主义叙事的首要目标；实际上，康拉德要通过他的特殊的叙事技巧让读者进入人物的心灵，甚至在感觉上变为那个人物，从而强化读者对意识对象的体验。

在《间谍》中，叙事时间也是彻底混乱的。在叙述爆炸后的最初后果时，叙事在各种场所（酒吧、警察总部、维尔洛克的店铺等）中前后移动。时间最初往前移到爆炸刚过，发现斯迪威的遗物，然后往后串联起爆炸后的各种事件。康拉德借助温妮对各种事件的感受进一步强调时间上的印象主义观念。事实上，温妮的感受对读者而言变为一种模式。她把警察副总监与维尔洛克讲述的事件和她在门外偷听到的维尔洛克与希特探长的谈话会集起来之后，才得知已发生的事件的主要内容。R. W. 斯托曼认为："《间谍》的年代学实际上是循环的，它像戏剧一样，在结束的地方开始……《间谍》是以循环的形式构思的。"[1] 不管是以循环的形式还是偶然的破坏事件的连贯性，这部小说的叙事方法是完全不按时间顺序的。

（三）同时性叙事

同时性叙事是指在某个时刻同时叙述几件事，或者把过去、现在、将来的事糅合在一起叙述。这是打破叙事线性和因果性的一种技巧。同时性叙事形成事件的重叠，无疑会在读者心里形成空间的感觉。这种形式类似于意识流小说的技巧。

同时性叙事在康拉德的小说里频繁出现。前面说过，在《奥尔迈耶的愚蠢》中，作者把奥尔迈耶的过去、现在和将来糅合一起叙述，成为同时性叙事的一种形式。

在康拉德小说中，更富于典型意味的同时性叙事是在某个时间点上同时叙述现在发生的几件事。例如在《黑暗的心》中，一天晚上马洛躺在汽船的甲板上正想睡觉时，听到一阵声音越来越近，他发现贸易站的经理和他的叔叔正沿着河岸散步，不一会他们站在靠船头的河岸上，正在马洛的头下边，小声交谈着。马洛本已昏昏欲睡，被他们的谈话声吵醒后，便凝神听着：原来这叔侄俩在谈论贸易站里的人事关系。在这个小小的场景中，同一时间里展现两件事：马洛躺在甲板上休息；贸易站的经理和他的叔叔站在下面的河岸上交谈，谈话涉及贸易站的人事纠纷。又如，马洛来到会计主任的办公室时，看见这个衣着整洁得出奇的会计师端坐在高高的凳子上全神贯注，一丝不苟地

---

1. R. W. Stallman, *Time and The Secret Agent*, p.113.

做着账目；而这时，一个运输队来到，嘈杂的脚步声和搬运夫的喧哗声吵得会计主任大为恼火。当马洛离开时，会计主任还趴在桌子上做着账目；刚才抬进室内的公司代理人像是快死了，而在门口台阶下50英尺的地方，就是令人心寒的死亡丛林。

如果说前面所举的同时性叙事以自然的手法展现了贸易站内部的矛盾的话，那么后面那个同时性叙事则通过不同景象的并置起到讽刺作用。

上述表明，同时性叙事不只是构成叙事的空间性的一种手法，它还是增强小说表现力的重要手段。

三、富于诗性的叙事文体

康拉德小说在叙事艺术方面的成就和特点，除了前面所说的之外，还表现在他创造了一种独特的富于诗性的叙事文体。这种叙事文体的特点表现在如下几方面。

（一）语言富于魔力

在《"水仙号"上的黑水手》"序言"中，康拉德写道："我试图完成的工作就是凭借书写词语的力量，使你听，使你感觉，首要的是使你看。如此而已，岂有他哉。"伊恩·瓦特认为："'看'这个词的含义显然不仅指视觉印象的概念，而且包括观念。"[1]然而，康拉德

---

1. Ian Watt, *Conrad in the Nineteenth Century*, Los Angeles: University of California Press, Berkeley, 1979, p.83.

自己却着重让他的读者按字面意义去理解"看"。在致布拉克沃德的一封信中，他强调按字面意义，"看"的意图是"旨在激发读者的想象力"。

确实如此，康拉德的小说无论是刻画人物、写景或展现一个场面，几句话便鲜明地凸显了人或事物的特征，不仅给读者留下难忘的印象，而且激发了读者的想象力，使读者觉得这人、这景、这场面活生生地展现在面前。

康拉德最擅长刻画人物的外表，三言两语便勾勒出人物的肖像。例如在《吉姆爷》中，他这样描写马来酋长多拉明的形象：

> 多拉明在他那个种族里是我所见过的最出众的人。他的块头对马来人来讲，算是硕大了，但是他看上去并不单单是胖；他显得仪表庄重，魁梧雄壮。这个静止不动的躯体，穿着华贵的料子，彩色的丝绸，金织的锦绣；这颗硕大的脑袋，裹着红金相间的包头；那扁平的大圆脸上，沟壑纵横，满是皱纹，还有两道半圆的纹沟，从宽大严厉的鼻孔两侧起，把厚厚的嘴唇围起来；咽喉就像头公牛的；浓重的皱起的眉毛笼罩着圆睁着的骄傲的眼睛——这一切构成一个整体，让人一见便再也不能忘记。他那冷淡安静的外表（他一旦坐下，任何一个肢体便难得一动）也像是一种尊严的展现。[1]

---

1. 康拉德：《吉姆爷》，熊蕾译，人民文学出版社 2004 年版，第 185 页。

再如《"水仙号"上的黑水手》对阿里斯笃船长外表的描写：

> 船长阿里斯笃，一副严肃的神态，颈脖上围着一条旧红围
> 巾，一天到晚老盘据在船尾楼。夜里，他频频从黑沉沉的舱口走
> 出来，好似坟墓上的鬼影，警惕而且沉默地站在繁星之下，他
> 的睡衣象一面旗帜一样漂拂着——随后他一声不吭，重新走了
> 下去。[1]

又如写景：

> 群星出现在清澈的夜空，布满了寂寂的天际。海上灿烂的星
> 星仿佛也有生命，环绕在奔驰的船身周围，比人群眈眈虎视的眼
> 睛还要亮，比人类的灵魂还要玄妙难测。[2]

康拉德也是场面描写的高手，他在绘声绘色的描绘中蕴含着叙述
者的感觉和情感。例如在《诺斯托罗莫》中，他对军阀彼得罗·蒙特
罗率领乌合之众进入萨拉科城情景的描写：

> 首先通过陆上城门，拖拖沓沓走过来的，是由各种颜色的衣

---

1. 康拉德:《"水仙号"的黑水手》，袁家骅译，载赵启光编选《康拉德小说选》，上海译
   文出版社 1985 年版，第 195 页。
2. 康拉德:《"水仙号"的黑水手》，袁家骅译，载赵启光编选《康拉德小说选》，上海译
   文出版社 1985 年版，第 194 页。

服，各种肤色、类型和程度不一的褴褛构成的手持枪械，由加马丘先生统率，自称国民卫队的乌合之众。草帽、披巾、枪管搅和在一起的大杂烩，高擎猎猎作响的黄绿相间的大旗，和着震耳欲聋的鼓声，在尘雾中沿着马路中央流动。围观者退避到两侧房子的墙根下，高呼："万岁！"在暴民队伍的后面可以看见骑兵彼得罗·蒙特罗的"军队"的长矛。彼得罗·蒙特罗在福昂第斯和加马丘两位先生的护持下，走在他那些完成在雪暴中穿越希古罗塔帕拉莫荒原壮举的草莽斗士的前头。他们每排四人并行，骑着在草原上掳掠的马匹，披挂着飞驰过本省北部时从路边小店匆忙打劫的形色各异的行头；因为彼得罗·蒙特罗迫不及待地要占领萨拉科。他们光脖子上松松系着的围巾新得刺眼，棉布衬衫的右袖筒一律齐肩剪去，为了更为利索地投掷长矛。枯寂干瘪、须眉灰白的老汉和精壮、黝黑的青年并肩而行，满面饱经沙场的沧桑，帽顶四周盘绕着一条条生牛肉，赤裸的脚跟上绑着硕大的铁马刺。那些在荒原上丢失了长矛的人用草原上牛仔使用的刺棒自我装备起来……枯槁凶悍乃是所有这些被日光灼黑的面孔特具的容颜；他们趾高气扬地用枯焦的眼睛俯视人群，或者，向上专横地翻起眼珠，相互指点着窗口女人中某个特别的脑袋。[1]

康拉德的描写之所以如此传神，是因为他使用富于表现力的词语，把观察者感觉到的最富于本色的特征显现出来。为了使观察者对

人和事物的感觉表现得更精确、更鲜明，作者经常使用富于表现力的明喻或隐喻。

（二）叙述中夹带议论、抒情，形成富于诗性的叙事文体

康拉德小说的叙事主要表达个人在特定的时间和场合对人和事物的感觉、印象。在表达感觉过程中，自然就包含了对意识对象的认知和情感。所以康拉德小说的叙事经常在叙述中夹带议论和抒情。特别是叙事中蕴含的浓郁的情感，使康拉德小说带有几分抒情诗色彩。

叙述中夹带议论、抒情的特点在康拉德的海洋小说《青春》中表现得尤为突出。

《青春》的主人公马洛讲述他年轻时的一次不平凡的航海经历。一开始，马洛对他充当二副的那艘破旧的帆船"朱迪埃号"做了富于情感色彩的描述：

> 那是一条四百吨位左右的帆船，有一台原始的起锚机，门闩是木质的，没有一件黄铜制品，船尾方而宽阔。大写的船名下面，有一些镀金剥落的涡形装饰物，还有一个仿佛盾徽的图形，上面写着"不成功毋宁死"的格言。我觉得这句格言激起我的满腔热血，它包孕着一丝浪漫，包孕着对我的青春的召唤，使我爱上了这条旧船。[1]

1.康拉德:《青春》，朱炯强译，载朱炯强编选《康拉德精选集》，山东文艺出版社 1999 年版，第 133 页。

接着马洛进一步抒发了他对"朱迪埃号"的深厚感情——那是水手的本色；同时，马洛深情地赞叹他的不平凡的青春年华：

> 我感到高兴，说什么我也不愿舍弃这样的生活体验。我有时甚至觉得兴高采烈：每当这被肢解的破船猛烈地把尾部高高竖起时，都像在向我显示船尾的一行大字"朱迪埃，伦敦；不成功毋宁死"。那是召唤，是挑战，是对满天乌云的严厉的呐喊。
>
> 啊，青春！青春的活力，青春的信念，青春的想象！对于我，"朱迪埃"不是一条为运费而东奔西颠的运煤的破船——对于我，它是生活的抗争、考验和磨炼。直到现在我想起它时，心中还充满喜悦和激情，以及惋惜——有如你想起曾经热爱过的过世的亲人，我永远忘不了它……[1]

从以上所引的片段可知，这篇作品具有浓郁的诗意，它简直就是一曲水手的颂歌，青春的颂歌！康拉德创造了一种融叙述、议论、抒情于一体的叙事文体，康拉德小说的抒情性预示了西方现代小说富于抒情的风格。

---

1. 康拉德:《青春》，朱炯强译，载朱炯强编选《康拉德精选集》，山东文艺出版社 1999 年版，第 139 页。

结　语

    19世纪末20世纪初，正是英国社会和英国文学的转型时期。英国文学的转型表现在艺术理念的嬗变和创作方法的转换上。其标志就是以实证论哲学为基础的现实主义文学的衰落和以非理性主义哲学为基础的现代主义文学的崛起。约瑟夫·康拉德的创作正处在英国社会和英国文学的转型时期。因此，他的思想和创作既带有维多利亚时代的特点，又显示了令人瞩目的鲜明的现代性；他既继承了传统的某些特点，又显示了对传统的反叛和超越。对传统的继承和反叛，在康拉德身上有时候表现为保守主义与先锋主义的胶着。比如，在文学创作与伦理批评的关系方面，他继承了英国文学注重伦理批评的优良传统，甚至在道德观念上都带有传统道德特点。比如他强调忠诚、自制力，肯定团体精神和对他人的怜悯、同情、友爱，等等；他反对背叛、奸诈、自我中心主义等恶习，尤其反对道德的虚无主义、无政府主义。他对某些道德信条显得极其坚持、执着，以致英国哲学家罗素称他为"十分古板的道德家"[1]。康拉德之所以注重文学创作与伦理批评的关系，是因为他看到伦理道德在社会生活中的作用，因而把伦理道德看作拯救这个分崩离析、摇摇欲坠的社会的灵丹妙药。在这方面，他和以狄更斯为代表的维多利亚时代的某些作家可以说毫无二致。但是，他一再声明，他的创作没有直接的道德目的，他反对把文学创作看成道德教诲的工具。他认为，告诫读者，什么该做，什么不该做；什么是好人，什么是坏人，并不是作家的职责。他重视文学创作与伦理批评的关系，在于把伦理道德当作衡量人性的标杆。主要不在于表现人们之间的伦理关系，而是要揭示人们的行为的人性特征。在他看来，社会的黑暗、腐败，是丑恶人性肆虐的结果。比如，在《黑暗的心》中，他通过对西方白人殖民者，特别是其代表人物库尔兹的野蛮行径，揭示了人性的愚昧、残忍。他的创作不在于揭露个别人物的败行恶德或某种社会制度的弊端，而是要揭示表象下的实质，也就是在揭示某个人物的行为（特别是掌握生杀予夺大权的人物）或某种制度（如沙皇俄国的专制制度）后面隐藏的人性的堕落。在康拉德看来，社会的腐败、黑暗源于人性的堕落，由此看出，尽管康拉德和维多利亚时代的作家都注重文学创作和伦理批评的关系，甚至在道德观念上他和维多利亚时代的作家，例如狄更斯也有某些相同之处，但是，他们关注道德问题的出发点和旨趣不同。例如狄更斯要通过他的创作惩恶扬善，呼唤社会良知，呼唤社会改革（不是革命，而是改

1.伯特兰·罗素：《罗素自传》(第一卷)，胡作玄、赵慧琪译，商务印书馆2002年版，第301页。

良）。而康拉德的创作固然也有惩恶扬善之意，但他的目的不只是表现人性的善恶，而是要让读者看到人类自身的弱点，明白人类悲剧的根源，他似乎要求读者把他的创作看作"人性启示录"。他不仅要让读者通过他的作品看到人性的丑恶，人生的悲哀，而且要让他们通过他的作品看到人生的壮烈、人性光辉的一面。

和伦理批评密切相关的是人文关怀问题，这不仅是英国文学，而且是整个西方文学优良传统的核心思想。显然，康拉德继承并且发扬了这一优良传统。康拉德创作中悲观主义与理想主义的并存就凸显了他的创作蕴含的深切的人文关怀。

作为一个有良知的先锋作家，康拉德刚踏上文学创作道路时就极其关注社会人生问题。他的成名作《奥尔迈耶的愚蠢》便通过小说主人公首次提出社会关注的问题：人生的目的是什么？如何实现这一目的？主人公奥尔迈耶的人生目的很简单：身处东方殖民地，但他要把他唯一的女儿培养成为受西方文明熏陶的女郎。待他赚足了钱之后把她带回到他的故国荷兰去，过显赫荣耀的生活。可是由于他的人生目的脱离了现实基础，因此无法实现。康拉德的大量创作都围绕人生的目的与实现目的的途径问题，揭示了形形色色的人生悲剧。

通过人生悲剧的展现，康拉德揭示了富于时代色彩的心灵世界：理想破灭后的失落感、挫败感以及面临人生困境的焦虑感、孤独感。康拉德通过他笔下人物的悲剧性遭遇，展现了社会转折时期人们心怀幻想、面临挫折和难以克服的矛盾时的焦灼、痛苦、失望的心态。康拉德的心理视野既广阔又富于时代特征。他对人生问题的揭示，就其广度、深度而言，是维多利亚时代许多著名作家所不及的。

在小说艺术方面，康拉德继亨利·詹姆斯之后，做出了杰出的建树。他的印象主义与象征主义融合的创作方法和独树一帜的叙事艺术极大地推进了英国小说艺术，对 20 世纪的许多作家产生了深远的影响。

　　总体而言，康拉德不愧是继往开来的文学大师，他在英国，乃至整个西方小说史上应占有重要的一席。

附录

约瑟夫·康拉德年表

1857   约泽夫·特奥多·康拉德·柯詹约夫斯基，是诗人、戏剧家、翻译家和政治活动家阿波罗·柯詹约夫斯基与伊芙琳娜（又称爱娃）·波布罗夫斯基的独子，12 月 3 日诞生于乌克兰的（或其附近）波狄切夫（Bordichev）。

1861   阿波罗·柯詹约夫斯基因参与反抗俄国统治的斗争而被捕，监禁于华沙。

1862   柯詹约夫斯基被流放到俄国北方的伏罗格达（Vologda），康拉德与其母伴随同行。

1865   爱娃·波布罗夫斯基去世。

1868   阿波罗·柯詹约夫斯基与他的儿子迁至艾尔沃夫（Lwow）。

1869	阿波罗·柯詹约夫斯基在克拉科（Cracow）去世。康拉德的舅舅塔丢兹·波布罗夫斯基成为康拉德的监护人。随后几年，康拉德因健康状况不佳，在家由家庭教师授课，偶尔上学。
1873	与其家庭教师亚当·帕尔曼一道出访奥地利、德国、瑞士和意大利北部。
1874	离开波兰，前往马赛，成为法国商船接受培训的海员，为发货人和赌博的庄家做事。
1874—1877	在"蒙特布兰克号"船上既当乘客，又当学徒，并在驶往加勒比海的"圣·安东尼号"轮船上当乘务员。
1878	因积欠赌债，自己朝胸部开枪，但伤势不重。在"玛维斯号"汽船上工作，这是他服务的第一艘英国船。在航行于英国沿海的摩托快艇上当普通海员。
1878—1880	在驶往澳大利亚的"萨特兰德公爵号"和驶往地中海的"欧罗巴号"轮船上当普通海员。
1880	通过二副考试，在开往澳大利亚的"洛奇·艾特夫号"上担任三副。
1881—1884	在"巴勒斯坦号""里夫尔斯达尔号"上担任二副。
1884	通过大副考试。
1885—1886	在驶往新加坡和加尔各答的"特尔克侯斯特号"和"水仙

号"（驶往东南亚）上担任二副。

1886　　　　成为英国公民。通过船长证书考试。

1886—1887　在"忒尔刻叟斯特号"船上担任二副，在驶往爪哇的"高
　　　　　　原森林号"船上担任大副。因在船上受了伤，进了新加坡
　　　　　　医院。

1887—1888　在"维达号"汽船（从新加坡驶往荷兰多个港市）上担任
　　　　　　大副。

1888　　　　担任"奥塔哥号"船长，从曼谷启航，驶往澳大利亚和毛里
　　　　　　求斯。

1889　　　　辞掉"奥塔哥号"船长职务，短期定居伦敦，开始创作《奥
　　　　　　尔迈耶的愚蠢》。

1890　　　　前往刚果，任一艘汽船的副指挥，短时间任船长。

1891　　　　在伦敦担任仓库管理员。

1891—1893　担任"托兰斯号"船大副（运载剪羊毛工人前往澳大利亚）。
　　　　　　在乘客中遇见约翰·高尔斯华绥。探望住在乌克兰的舅舅波
　　　　　　布罗夫斯基。

1894　　　　《奥尔迈耶的愚蠢》被出版社接受，与出版商的审稿人
　　　　　　爱德华·贾纳特相识。遇见打字员杰西·乔治（Jessie
　　　　　　George），后来与她结婚。与"艾多瓦号"签订二副协约，
　　　　　　但驶至法国便返回，从此结束了他的航海生涯。

| 1895 | 《奥尔迈耶的愚蠢》以约瑟夫·康拉德笔名出版。 |

| 1896 | 《海隅逐客》(An Outcast of the Islands)出版。与杰西·乔治结婚,在法国的布列塔尼度蜜月。开始创作《拯救》(The Rescuer)。定居于艾塞克斯,与 G. H. 威尔士过从甚密,并且开始与亨利·詹姆斯书信往来。 |

| 1897 | 与作家、政治人物 R.B. 康宁汉姆·格拉汉及斯蒂芬·克兰开始建立友谊。《"水仙号"上的黑水手》出版。 |

| 1898 | 大儿子波里斯(Borys)诞生。《不安的故事》(Tales of Unrest)出版。与福特·墨多克斯·福特结识,租住他在肯特的房子。 |

| 1899 | 《黑暗的心》连载。 |

| 1899—1900 | 《吉姆爷》连载。 |

| 1900 | 与福特前往比利时。J. B. 平克尔(J. B. Pinker)成为康拉德的文学代理商。《吉姆爷》的单行本出版。 |

| 1901 | 《继承人》(与福特合作)出版。 |

| 1902 | 《青春》和另两篇小说《黑暗的心》和《走投无路》(The End of the Tether)出版。 |

| 1903 | 《台风》与另两篇小说《艾米·福斯特》《明天》及《罗曼斯》(与福特合作)出版。 |

1904	《诺斯托罗莫》连载并出版单行本。杰西膝盖受伤，留下终生伤残。
1905	旅居卡普利。由小说《明天》改编的戏剧《又一天》在伦敦上演。
1906	旅居蒙特帕利尔。次子约翰诞生。《大海如镜》(*The Mirror of the Sea*) 在美国连载。
1907	旅居蒙特帕利尔和日内瓦。《间谍》单行本出版。迁居贝德福特郡的桑缪雷斯。
1908	《六篇故事》(*A Set of Six*) 出版。
1909	迁居肯特的艾丁顿。与福特关系破裂。
1910	完成《在西方目光下》，精神几乎崩溃。迁居肯特·奥勒斯顿的卡帕尔山庄。
1910—1911	《在西方目光下》连载并出版单行本。
1912	《一些往事回忆》(*Some Remimiscences*)(以后改为《个人纪事》(*A Personal Record*) 和《在陆地与海洋之间》(*Twixt Land and Sea*) 出版。《机缘》于纽约连载。
1914	《机缘》出版单行本，首次获得经济上成功。与家人在夏天访问波兰。因第一次世界大战爆发，受困数星期。取道奥地利、意大利回到英国。

1915	短篇小说集《潮汐之内》(*Within the Tides*) 和《胜利》出版。
1917	《阴影线》出版。
1919	迁居肯特外侬附近的"春天园林",后来又迁至靠近坎特伯雷的贝肖斯波尼地段的奥斯沃尔兹。《金箭》出版,开始写作《作者札记》(*Austhor's Notes*)。
1920	《拯救》(*The Rescuer*) 出版。
1921	访问科西嘉岛,为创作《流浪者》(*The Rover*) 和《悬而未决》(*Suspense*) 搜集材料。
1922	由小说《间谍》改编的戏剧在伦敦上演。
1923	访问美国,受到无比热烈的接待。《流浪者》在美国连载,并且出版单行本。
1924	婉拒爵士封号。8 月 3 日在奥斯沃尔兹家中死于心脏病,终年 67 岁,葬于坎特伯雷墓地的罗马天主教区域。《罪行的性质》(*The Nature of a Crime*,与福特合作) 出版单行本。
1925	《听来的故事》(*Tales of Hearsay*)[包括《武士精神》(*The Worrior's Soul*)、《罗曼亲王》(*Prince Roman*)、《故事》(*The Tale*)、《黑伙伴》(*The Black Mate*)] 与《悬而未决》(*Suspense*) 出版。
1926	理查德·库勒 (Richard Curle) 编的《最后的随笔》(*Last*

Essay）出版。

1928   《姐妹们》(片段) 出版。

［参照 J. H. Stape ed., *The Cambrge Companion to Joseph Canrad*, Cambridge University Press, 1996。(上海外语教育出版社 2000 年版，第 15—18 页]

参考文献

Joseph Conrad, *Almayer's Folly*, New York: Dover Publication, Inc., 2003.

Joseph Conrad, *Victory*, New York: Doubleday Ancher Books, Inc.,1957.

Joseph Conrad, *Chance*, New York: Penguin Books, 1974.

Joseph Conrad, *Undef Western Eyes*, New York: Doubleday Books, Inc, 1963.

Joseph Conrad, *The Secret Agent*, New York: Doubleday Anchor Books, 1953.

Joseph Conrad, *Typhoon and Other Tales*, New York: New American Library, 1962.

Joseph Conrad, *A Personal Record*, Bernandian, CA., USA, 2014.

Joseph Conrad, *Tale of Unrest*, Zhingoora Books, USA, 2012.

Joseph Conrad, *Suspense*, Doubleday Page & Company, 1926.

Joseph Conrad, *The Dover*, Wordsworth Classic, 2011.

Joseph Conrad, *The Arrow of Gold: A Story Between Two Notes*, New York: Doubleday, Page & Company, 1919.

Joseph Conrad, *The Ressue: A Romance of Shallows*, Doubleday Page & Company, 1922.

Frederick R.Karl, *A Reader's Guide to Joseph Conrad*, New York: Noonday Press, 1960.

Norman Page, *A Conrad Companion*, The Macmillan Press Ltd., 1986.

Albert J.Guerard, *Conrad the Novelist*, Harvard University Press, 1979.

Gordon John Dozier, *Joseph Conrad*, The Making of A Novelist, Harvard University Press, 1941.

H. M. Daleski, *Joseph Conrad: The Way of Dispossession*, Faber and Faber Ltd., 3 Queen Square London WCI, 1977.

John Batcherlor, *The Life of Joseph Conrad: A Critical Biography*, Blackwell Publishers, 1994.

Thomas Moser, *Joseph Conrad: Achievement and Decline*, Cambridge: Harvard University Press, 1957.

John E. Saveson, *Joseph Conrad: The Making of A Moralist*, Rodopi NV Amsterdan, 1972.

J. H. Stape(ed.) , *The Cambridge Companion to Joseph Conrad*, Cambridge University Press, 1996.

Ian Watt, *Conrad in the Nineteenth Century*, Los Angeles: University of California Press, Berkeley, 1979.

Christopher Cooper, *Conrad and Human Dilemma*, London: Chatto Windus LTD, 1970.

Norman Sherry(ed.), Joseph Conrad, A Commemoration, Macmillan Press, Ltd., 1976.

Donald. C. Yelton, *Mimesis and Metaphor: An Inq, uing into the Genesis and Scope of Conrad's Sgmbolic Imagery*, The Hague: Mouton & Co. Publishers, The Natherlands.

John G. Peters, *Conrad and Impressionism*, Cambridge University Press, 2001.

Olives & Begt, *Conrad: The Psychologist as Artist*, Edinburgh, 1968.

R.W. Stallman, *The Art of Joseph Conrad: A Critical Symposium*, Edited with an Introduction Michigan State University Press, 1960.

Waltter F. Wright, *Romance and Tragedy in Joseph Conrad*, University of Nebrasky Press, 1949.

Bruce Johnson, *Conrad's Modes of Mind*, Minneceppolis: University of Minnesota Press, 1971.

Gusstav Morf, *The Polish Hesitage of Joseph Conrad*, London.

Richard Curle, *The Last Twelve Rears of Joseph Conrad*, New York, 1960.

Ford Madox Ford, *Joseph Conrad: A Personal Remembrance*, New York: The Ecco Press, 1989.

Michael P. Jones, *Conrad's Heroism: A Paradise Lost*, Ann Arbor, Michigan: UMI Research Press, 1985.

Richard Curle, *Joseph and His Characters*, London, 1957.

Ruth M. Stauffer, *Joseph Conrad: His Romantic Realism*, Haskell House Publishers Ltd., 1922.

Gavin Young, *Insearch of Conrad*, London, 1991.

Schwarz Daniel, *The Transfomation of The English Novel*, 1890–

1930, Macmillan Press Ltd., 1995.

Edward Staid, *Joseph Conrad and the Fiction of Autobiography*, Harvard University Press, 1966.

Ted Billy(ed.), *Crritical Essays on Joseph Conrad*, Massachusetts: G.K. Hall & Co.Boston, 1987.

David Thoyburn, *Conrad's Romanticism*, New Haven, CT: Yale University Press, 1974.

Harold Bloom(ed.), *Joseph Conrad: Modern Critical Views*, New York: Chelsea House, 1986.

Mircea Eliade, *Myth and Reality*, New York: Harper TorchBooks, 1968.

Norman Sherry, *Conrad and His World*, London: Thames and Hudson, 1973.

Con Coroneos, *Space, Conrad and Modernity*, New York: Oxford University Press, 2000.

Ian Watt, *Essay on Conrad*, New York: Cambridge University Press, 2000.

Mark A. Wallaeger, *Joseph Conrad and the Fiction of Skepticism*, California: Stanford University Press, 1990.

Owen Knowles, *A Conrad Chronology*, London: Macmillan: Boston: Hall, 1989.

John Rowald, *The History of Impressionism*, New York, 1980.

Walter Allen, *The English Novel*, New York: E. P. Dutton & Co. INC., 1954.

Alan Friedonm, *The Turn of The Novel: The Transition To Modern Fiction*, Oxford University Press, 1966.

康拉德:《吉姆爷》,熊蕾译,人民文学出版社 2004 年版。

康拉德:《海隅逐客》,金圣华译,译林出版社 2000 年版。

康拉德:《大海如镜》,倪庆饩译,百花文艺出版社 2000 年版。

康拉德:《在西方目光下》,赵挺译,上海译文出版社 2014 年版。

康拉德:《胜利:荒岛上的爱情》,何明霞、王明娥译,新华出版社 2015 年版。

康拉德:《诺斯托罗莫》,刘珠还译,译林出版社 2001 年版。

康拉德:《间谍》,张健译,外国文学出版社 2002 年版。

康拉德:《文学与人生札记》,金筑云等译,中国文学出版社 2000 年版。

朱炯强编选:《康拉德精选集》,山东文艺出版社 1999 年版。

赵启光编选：《康拉德小说选》，上海译文出版社 1985 年版。

F. R. 利维斯：《伟大的传统》，袁伟译，生活・读书・新知三联书店 2002 年版。

罗兰・斯特龙伯格：《西方现代思想史》，刘北成、赵国新译，中央编译出版社 2005 年版。

全增嘏主编：《西方哲学史》，上海人民出版社 1985 年版。

钱乘旦、陈晓律：《英国文化模式溯源》，上海社会科学院出版社 2003 年版。

侯维瑞：《现代英国小说史》，上海外语教育出版社 1985 年版。

邓颖玲：《康拉德小说的空间艺术》，湖南师范大学出版社 2005 年版。

胡强：《康拉德政治三部曲研究》，中国社会科学出版社 2008 年版。

王佐良、周钰良主编：《英国 20 世纪文学史》，外语教学与研究出版社 2006 年版。

弗雷德里克・R. 卡尔：《现代与现代主义：艺术家的主权 1885—1925》，陈永国、傅景川译，中国人民大学出版社 2004 年版。

阿伦・布洛克：《西方人文主义传统》，董乐山译，生活・读书・新知三联书店 1997 年版。

卡莱尔：《文明的忧思》，宁小银译，中国档案出版社 1999 年版。